Barbara Bierach

Das dämliche Geschlecht

Barbara Bierach

Das dämliche Geschlecht

Warum es noch immer kaum Frauen im Management gibt

2., aktualisierte Auflage

WILEY-VCH

WILEY-VCH Verlag GmbH & Co. KGaA

2. Auflage 2011

Bibliografische Information der Deutschen Nationalbibliothek
Die Deutsche Nationalbibliothek verzeichnet diese Publikation in der Deutschen Nationalbibliografie; detaillierte bibliografische Daten sind im Internet über http://dnb.d-nb.de abrufbar.

Printed in the Federal Republic of Germany

Gedruckt auf säurefreiem Papier.

Satz Mitterweger & Partner, Plankstadt
Druck und Bindung CPI – Ebner & Spiegel, Ulm
Umschlaggestaltung Adam-Design, Weinheim

ISBN: 978-3-527-50601-9

Inhaltsverzeichnis

Das dämliche Geschlecht Barbara Bierach

ISBN 978-3-527-50601-9

Vorwort zur Neuauflage
Veränderung nur in homöopathischen Dosen

> »Es sind deine Fehler, die du
> für die Umstände hältst.«
>
> *Seneca*

In diesen Tagen streiten sich zwei Bundesministerinnen um die Quote. Ursula von der Leyen, zuständig für Arbeit und Soziales, will eine gesetzliche Frauenquote von 30 Prozent für Aufsichtsräte und Vorstände deutscher, börsennotierter Gesellschaften. Kristina Schröder, zuständig für Familie, Senioren, Frauen und Jugend, sieht in einer Quote nur die Ultima Ratio in der Frauenfrage und ist dagegen. Darüber thront mit Angela Merkel der erste weibliche Kanzler der deutschen Republik und schüttelt ein weises Haupt: Eine Quote sei mit ihr nicht zu machen. Sodann erklärt Josef Ackermann, Vorstandsvorsitzender der Deutschen Bank, Frauen in Führungspositionen machten das Leben »farbiger und schöner« und Verbraucherschutzministerin Ilse Aigner faucht: »Wer es farbiger und schöner mag, soll ins Museum gehen.«

Im Frühjahr 2011 streitet die Regierung um die Frauenfragen und der Rest des Landes wundert sich, dass es mit der Gleichberechtigung nicht vorangeht, obwohl die deutschen Unternehmen sich eigentlich doch schon vor zehn Jahren selber verpflichtet haben, endlich Chancengleichheit ausbrechen zu lassen.

Der interessierten, aber distanzierten Beobachterin fällt an dem ganzen Geschrei auf: Erstens gibt es inzwischen jede Menge einflussreiche Frauen in der Politik. Die jedoch sind in der Frauenfrage vor allem mit sich selbst und einem Zickenkrieg beschäftigt. Zweitens ist die Zahl der weiblichen Entscheider in deutschen Konzernen nach wie vor vernachlässigbar klein und drittens reißen manche Dinosaurier wie Josef Ackermann immer noch dieselben infantilen Kalauer.

Aber wo sind die Frauen selber? Die karrierebewussten Frauen und Mütter, die angeblich nur darauf warten, dass die Unternehmen ihnen endlich die Chancen einräumen, die sie verdienen? Von ihnen ist nicht viel zu sehen, stattdessen erscheint ein neues Buch der Jour-

Das dämliche Geschlecht Barbara Bierach

ISBN 978-3-527-50601-9

nalistin Bascha Mika, die sich in Rage darüber schreibt, wie elendig und feige sich die Frauenbewegung festgetreten hat. Die *Zeit* schreibt dazu: »Dass Generationen von Frauen sich von ihren Träumen verabschiedet, ihre schönen Ausbildungen, die besten Jobs auf den Müll geworfen haben, warum? Weil sie 'Geisel eines Hormonkomplotts' sind! Männern nachhecheln! Sich ihnen unterwerfen, Stockholm-Syndrom! Weil sie sich zum ›dienstbaren Frauchen‹ machen, Babys wollen. Am 'Kümmersyndrom' leiden, für den Mythos Mutti alles liegen lassen, 'wie ein Wischmopp' durch ihre Wohnungen fegen statt nach oben durch die Glasdecken in die Karrierejobs! Das Reihenendhaus zur Kuschelzone erwählen, statt sich den Frösten der Freiheit zu stellen, sich dem Sog einer neuen Sexualisierungswelle hingeben, statt Ehen auf Augenhöhe zu praktizieren. Verkrümelmentalität statt Selbstverantwortung!«

Spätestens jetzt fühle ich mich wie in einer Zeitschleife – zehn Jahre zurückversetzt. Zehn Jahre der Vorträge, Streitgespräche und Paneldiskussionen, die vielleicht in der öffentlichen Debatte was verändert haben, aber ganz offensichtlich nur wenig in den Köpfen der Otto-Normalverbraucher-Frauen, um die es ja eigentlich geht. Denn zumindest was die Wirtschaft betrifft, sind und bleiben weibliche Top-Entscheider eine Randerscheinung. Laut dem Deutschen Institut für Wirtschaftsforschung liegt der Frauenanteil in den Vorständen der 200 größten deutschen Unternehmen bei 3,2 Prozent. Von den 490 Vorständen der 100 größten Unternehmen sind 11 weiblich, das sind 2,2 Prozent. Unter den Aufsichtsräten sind etwa zehn Prozent Damen – doch die sind der Mitbestimmung und den Betriebsrätinnen geschuldet, mit der Vertretung der Kapitalgeberinteressen und der Repräsentation echter Macht haben sie nicht viel zu tun.

Schon zur Jahrtausendwende habe ich mich gefragt, woran die spektakuläre Missrepräsentation der Frauen in der deutschen Wirtschaft liegen mag. Denn mangelnde Intelligenz oder schlechte Ausbildung konnten die Gründe nicht sein – Frauen hatten damals schon die besseren Noten und stellten in vielen Fächern bereits die Mehrheit der Studenten. Ich fragte mich: Wo sind eigentlich meine hoch ambitionierten, super ausgebildeten Kommilitoninnen geblieben? Lange habe ich geglaubt, was damals alle glaubten: Das liegt an der Verschwörung der alten Jungs, dass Frauen es nicht ins Topmanagement schaffen, in der Politik zu wenig Gehör finden und von Scheidungsrichtern benachteiligt werden.

Bis mir irgendwann die erste Personalberaterin sagte: Ich werde von vielen Kunden oft nach Frauen gefragt, aber es gibt keine mit der nötigen Erfahrung für eine Topmanagementrolle. Als gute Journalistin habe ich dann angefangen zu recherchieren und bemerkt, dass es im Ausland wesentlich mehr Frauen mit Entscheidungsmacht gibt als hier.

Je mehr Gespräche ich führte und je mehr Studien ich las, desto markanter wurde der Eindruck, es liegt nicht nur an den Männern, es liegt ganz wesentlich an den Frauen selber, die häufig keine Lust haben, sich dem steten Ringkampf im Unternehmen auszusetzen und sich mit Mitte 30 mit einem Seufzer der Erleichterung ins Privatleben zurückziehen.

Und so entstand dieses Buch, dass 2002 zum ersten Mal unter dem Titel *Das dämliche Geschlecht – warum es keine Frauen im Mangement gibt* erschienen ist. Seine Kernthese lautete: An den Männern liegt es nicht, dass Deutschlands Frauen nach wie vor unterrepräsentiert sind. Die Frauen selber verhalten sich oft einfach dumm. Viele von ihnen sind dämlich, faul und unaufrichtig. Dämlich, weil sie sich nicht einfach nehmen, was ihnen zusteht. Faul, weil ihnen der stete Kampf um Projekte, Budgets und Personal spätestens mit Mitte 30 zu anstrengend und zu politisch wird. Unaufrichtig, weil sie nicht zugeben, dass sie sich freiwillig ins Privatleben zurückziehen, sondern die Glasdecke vorschieben. »Eigentlich wäre ich auch eine Karrierefrau«, so das Credo der Vorstadtbewohnerin, aber schließlich habe man als Mutter die eigenen Ambitionen eben auf dem Altar des kindlichen Wohlbefindens geopfert. Ich habe mir damals öffentlich die Frage erlaubt, ob es hier wirklich um das Wohl der Kinder geht oder nicht vielmehr um die Bequemlichkeit von deren Vätern? Denn die könnten sich ja schließlich auch anteilig um ihren Nachwuchs kümmern.

Und die Bemerkung, dass die Situation einer 52 Prozent starken, inzwischen sogar besser ausgebildeten Mehrheit im Lande – richtig, ich rede immer noch von den Frauen – auch etwas mit den Entscheidungen dieser Mehrheit zu tun haben muss. Möglicherweise mehr als mit einer männlichen Verschwörung gegen Frauen auf der Karriereleiter.

Damals war das Buch ein Tabubruch. Davor war die Diskussion nämlich steckengeblieben in der »strukturellen Frage« – diskutiert wurden also nur die »männlich geprägten Strukturen« und wie diese die Frauen seit Jahrhunderten an der Selbstverwirklichung hindern. Ich habe seinerzeit den Aspekt der Selbstverantwortung mit ins Spiel gebracht und zu erklären versucht, dass die Situation der Frauen auch irgendwas mit den Frauen selber zu tun haben muss und dass es folglich auch an denen sei, nicht mehr nur Veränderungen zu fordern, sondern selber Veränderung zu leben. Das Leben regnet schließlich nicht einfach so auf uns herab, sondern ist nicht zuletzt auch die Folge unserer eigenen Aktionen.

Das war und ist keineswegs arrogant gemeint: Jede soll so leben wie sie will, denn jeder Weg zum Glück ist gleich viel wert. Aber erst aus dem Spiel um die Entscheidungsmacht aussteigen, mit Mitte 30 Hausfrau werden und dann ein Leben lang meckern, dass das Land in Männerhand bleibt, ist grob unsportlich. Auch wollte ich nicht den schlecht ausgebildeten, sozial schwachen, alleinerziehenden Sozialhilfeempfängerinnen Vorwürfe machen – die haben auch ohne mich schon Probleme genug – nein, mit dem »dämlichen Geschlecht« waren Akademikerinnen gemeint, die das Ticket zur Welt der Entscheidungen in der Hand halten, es aber nicht nutzen.

Zehn Jahre später, mitten in einer Quotendiskussion und nach wie vor verschwindend geringen Zahlen an weiblichen Vorständen, stellen der Verlag und die Autorin fest: Viel geändert hat sich nicht. Wohl war, die Gleichheitsdebatte ist wieder lebhafter geworden und die eigentlich schon in den 1980 er Jahren verstorbene Bewegung Feminismus ist wieder im Gespräch – doch die überwiegende Mehrheit der Frauen lebt ihren Ehrgeiz weiterhin nur im Privatleben aus. Die Thesen und Themen des »dämlichen Geschlechts« sind leider keineswegs veraltet und daher muss das Buch nun noch einmal erscheinen. Große Teile dieses Buchs sind daher überarbeitet worden, aber nicht, weil die Grundthesen nicht mehr stimmig wären, sondern weil das Zahlenmaterial oft einfach zu alt war.

Seit seiner ersten Publikation ist viel passiert. Dank einem gewaltigen Rascheln im Blätterwald wurde das Buch bei seinem ersten Erscheinen zum Bestseller, auch wenn viele Besprechungen den Tenor der *Bild* Zeitung nachmachten, die seinerzeit schrieb: »Diese Frau beleidigt alle deutsche Frauen«. Aus dem Publikum allerdings habe ich auch viele Briefe und Anrufe von Frauen erhalten, die meinten: Endlich sagt es mal eine, ich denke mir das seit 15 Jahren. Ein Psychoanalytiker schrieb mir gar von seinen Erfahrungen mit den Damen in seinem Wartezimmer, über 40, oft geschieden und ohne Job, Kinder fast erwachsen, die unglücklich seine Hilfe suchen und die nur nach langer Therapie einsehen, dass ihr Leben vor allem etwas mit ihren eigenen Entscheidungen zu tun hat.

Am wenigsten differenziert allerdings reagierten manche Männer auf meine Thesen. Die wären nämlich die ersten, die ein Problem hätten, wenn ihre Frauen das täten, was ich ihnen vorschlage: Dann müssten sie sich nämlich anteilig um ihre eigenen Kinder kümmern. Für viele Männer ist das offenbar ein Affront: Sie fühlen sich in ihrem Biotop als Alleinverdiener bedroht.

Viele Gattinnen waren jedoch auch sehr böse mit mir: Man darf in Deutschland alles Mögliche sagen, aber nicht, dass die Fehlrepräsentation der Frauen in Deutschland auch etwas mit den Frauen selber zu tun haben muss. Ich finde das bedenklich, denn die in Deutschland weit verbreitete Haltung: »die Männer sind schuld« nimmt nämlich eine gut ausgebildete, hoch leistungsfähige 52-prozentige Mehrheit in diesem Lande – die Frauen – nicht ernst. Wer alle Schuld in bei den Männern und den von ihnen geprägten Strukturen sucht, sagt doch nur: Die Frauen sind nicht mal in der Lage, ihre eigenen Interessen durchzusetzen.

Ich nehme Frauen dagegen sehr ernst und sage: Ihr habt selber die Verantwortung dafür, was aus eurem Leben und eurer Karriere wird. Ich habe noch nie eine privilegierte Gruppe erlebt, die freudig und aus freien Stücken auf ihr vermeintliches Recht verzichtet hätte. So lange ihr also die Macht nicht wirklich wollt in den deutschen Unternehmen, werdet ihr sie auch nicht kriegen. Und deswegen war *Das dämliche Geschlecht* schon 2002 ein im Grunde zutiefst feministisches Buch. Daran hat sich nichts geändert.

Nach der ersten Publikation meiner Thesen hatte ich unzählige Lesungen, Podiumsdiskussionen und Panelveranstaltungen zu bewältigen. Dabei hätte ich gerne diskutiert, warum

- so viele Frauen so wenig hilfreiche Studienfächer wie Ökotrophologie (beschönigend für Ernährungslehre) oder Theaterwissenschaften (beschönigend für Zur-Schauspielerin-reicht-es-nicht) studieren und sich damit von vorneherein aus jedem Erfolgsanspruch katapultieren;

- warum Seniorenarmut immer noch weitgehend weiblich ist in unserem reichen Land;
- warum sich auch bei Scheidungsraten von 50 Prozent noch so viele Frauen darauf einlassen, ihre Altersvorsorge gänzlich dem Ehemann zu überlassen. Dieselben Frauen übrigens, die bei der Verwaltung des Familienbudgets durchaus informiert und clever agieren.

Diese Diskussion fand aber nicht statt, nie und nirgends. Denn das Gespräch landete jedes einzelne Mal unausweichlich beim Thema der Rabenmutter und dem Schuldkomplex, den deutsche Frauen mit sich herum schleppen, die es wagen, eine Familie *und* einen anspruchsvollen Job zu haben. Die klassische Frage aus dem Publikum dazu lautete: »Warum kriegst du überhaupt Kinder, wenn du sie dann doch bloß wieder weg organisierst?«

Schon die Wahl des Verbs klingt fast nach Euthanasie der kindlichen Seele. Die Mutterkreuzphilosophie lautet im Wesentlichen: »Wer seinen Kindern nicht um ein Uhr mittags höchstpersönlich das Mittagessen serviert, ist eine schlechte Mutter und hat das Glück der Empfängnis nicht verdient. Fremdbetreute Kinder sind arme Würmer, neurotisch und schlecht in der Schule.«

So langsam dämmerte mir: Der wesentliche Unterschied zwischen Deutschland und dem Rest der Industrienationen, wo es deutlich mehr Erfolgsfrauen gibt, liegt weder in der unterschiedlich stark ausgeprägten Mutterliebe begründet, noch in den verschieden breit vorhandenen Kinderbetreuungseinrichtungen. Und schon gar nicht in unterschiedlich frauenfreundlichen Gesetzen oder Unternehmen. Der Unterschied zwischen uns und unseren Nachbarländern gründet vor allem im Bild der Frauen von sich selber. In Deutschland ist eine Stimmung machende Mehrheit noch immer der Meinung,

- dass man entweder Kinder haben kann oder eine Karriere;
- dass Fremdbetreuung kleinen Seelen schadet;
- dass Ganztagesschulen die Familien zerstören;
- dass erfolgreiche Frauen das vor allem deshalb sind, weil sie keinen Mann gefunden und folglich auch sonst nicht viel Brauchbares zu tun haben;
- dass Macht Frauen hässlich macht und jeden möglichen Liebhaber in die Impotenz treibt.

Dieselben Frauen sind übrigens mit dem gleichen Brustton der Überzeugung der Meinung, dass es in den Unternehmen viel zu kalt, zu hart und zu profitgierig zugeht und dass dort alles viel besser und vor allem netter wäre, wenn mehr Frauen im Betrieb was zu sagen hätten. Logisch ist das nicht, aber es ist immer noch deutsche Realität.

Wenn es nicht so zum Heulen wäre, müsste man lachen.

Dann passierte, was immer passiert, wenn Ideen in der Luft liegen: Die richtigen Leute treffen aufeinander. Im Frühling 2005 besuchte ich den mir seit Jahren vertrauten Gesprächspartner Heiner Thorborg, der als Personalberater in den Beletagen der Deutschland AG ein- und ausgeht. An diesem Tag machte der sonst so erfolgsverwöhnte Mann ein langes Gesicht. »Ich werde von meinen Klienten ständig nach weiblichen Aufsichtsräten gefragt. Aber in Deutschland gibt es keine. Hier gibt es nicht mal Frauen mit genug General-Management- Erfahrung für eine Beiratsposition bei einem großen Mittelständler. Das ist fast schon peinlich.«

Dann hellte sich sein Miene auf: Er habe sich jetzt aber im Ausland umgesehen und – meine Güte! – was gäbe es da tolle Frauen. Sogar in Spanien und Polen sei er fündig geworden! Klug, erfahren, erfolgreich und flexibel. »Und die meisten haben obendrein Familie!« Natürlich kam sofort die Frage auf: Warum können die das – und die deutschen Frauen nicht? Warum wird die Londoner Börse von einer Frau geführt, während es in Deutschland undenkbar blieb, dass auf den seinerzeit frisch entfernten Werner Seiffert von der Deutschen Börse AG eine Frau folgt? Warum kann mit der französichen Areva eines der größten Energiekonglomerate Europas von einer Frau geführt werden, während im Vorstand von RWE und E.ON mit Regine Stachelhaus nur eine einzige Dame zu finden ist? Warum gibt es inzwischen sogar hinter dem Ural mehr weibliche Chefs als bei uns?

Eine hitzige Diskussion später stand fest: Dazu müsste man vor allem die Erfolgsfrauen anderer Länder nach ihren Erfahrungen und Erlebnissen befragen. Und zwar nicht nur im Wischiwaschi-Stil die Ausbildungsstationen und die diversen Positionen auflisten, sondern wirklich tief schürfen und Lebenseinstellungen und Überzeugungen herausarbeiten. Wie lebt es sich so mit drei Rollen gleichzeitig, als Topmanagerin, Mutter und Ehefrau? So entstand die Grundfrage, die ein weiteres Buch leitete: *Oben ohne – Warum unsere Chefetagen immer noch frauenlos sind* (Econ, 2006).

Thorborg und ich haben dann gemeinsam an die 20 weibliche Topmanagerinnen besucht und interviewt, die größtenteils auch Mütter sind. Darunter Damen wie Gail Rebuck, Chairman und CEO von Random House Group, einem der bedeutendsten Literaturverlage der Welt, zwei Kinder, Patricia Barbizet, CEO von Artémis, der Privatholding des französischen Unternehmers François Pinault, in dessen Konglomerat von Luxusunternehmen Pinault-Printemps-Redoute sie auch Aufsichtsrätin ist, ein Kind, oder Sari Baldauf, ehemals Executive Vice President des Mobilfunkgeräteherstellers Nokia und die bekannteste Managerin Finnlands.

Die wesentlichen Erkenntnisse dieser Interviews, die mit zu dem Spannendsten gehören, was ich in einer langen Journalistenkarriere gemacht habe, wirken bis heute nach und beeinflussen auch die nun vorliegende, überarbeitete Ausgabe des *dämlichen Geschlechts*. Ich habe in diesen Gesprächen gelernt, dass natürlich auch die »äußeren« und strukturellen Faktoren eine Rolle spielen. In der Tat haben viele Länder mit einem höheren Anteil an weiblichen Entscheidern eine bessere Familienpolitik, die Serviceeinrichtungen für Familien bereithält, statt Steuererleichterungen und Kindergeld. Wo es wie in Großbritannien eine lange Tradition der Nanny gibt oder wo wie in Frankreich seit je her die Ganztagesschule regiert, fühlen sich die Frauen besser in ihrer Doppelrolle als Erzieherin und Chefin. Ganz besonders die USA sind uns 40 Jahre voraus: Frauen wie Condoleezza Rice oder Hilary Clinton haben schon vor Dekaden Jahren gehört: Mädchen können alles. Hier werden solche Töne erst seit maximal 20 Jahren laut.

Wichtiger und entscheidender für die Unterschiede zwischen dem Rabenmütterland und anderen Nationen jedoch erscheinen mir die »inneren« Faktoren, von denen diese ausländischen Managerinnen viel sprachen. Da ging es viel um Authentizität und die Notwendigkeit für Frauen, sie selbst zu sein und sich weder den Ehrgeiz noch die Müttergefühle zu verkneifen. In den Gesprächen begegnete mir ein sehr dezidiertes Selbstbild, zu dem unbedingt Unabhängigkeit gehört. Die Chefin der britischen Atomaufsichtsbehörde, Lady Barbara Judge sagte mir in London mit einem schiefen Lächeln: »Stell dir vor, du sagst deinem Mann: Ich brauch ein paar neue Schuhe – und der Gatte entgegnet: Aber Schatz, du hast doch schon zwei Paar.«

Die meisten dieser Frauen waren entweder Kinder des gehobenen Bürgertums, wo Bildung und Selbstverantwortung traditionell großgeschrieben wird, oder aber in ihren Ländern hungrige Emigrantenkinder. Damit meine ich nicht unbedingt physischen Hunger, sondern eine Mentalität, die noch nicht so saturiert ist und damit Kinder, die noch neugierig auf die eigenen Stärken sind – und auch getrieben von dem Wunsch, sich der finanziellen Opfer, die die Eltern für die Erziehung ihrer Kinder erbrachten, würdig zu erweisen und im neuen Land ein gutes, komfortables Leben aufzubauen. In beiden Fällen jedoch haben diese Frauen als Kinder arbeitende Mütter erlebt und gesehen, dass das geht: Kids und Karriere. Alle hatten die eigene Kindheit mit einer berufstätigen Mutter in guter Erinnerung.

Und nicht zuletzt herrschte in dieser Gruppe ein anderes Frauenbild, was ich schon am Anfang eines jeden Gesprächs erfuhr bei meinen Versuchen, den Ausdruck »Rabenmutter« zu übersetzen. Dieses Wort wird im Englischen oder Französischen schlicht nicht verstanden. Mit abstrakten Konzepten von der eigenen Mutterschaft hielten sich diese Frauen ohnehin nicht lange auf, sie hatten vielmehr konkrete Entscheidung getroffen, und die dann auch durchgezogen. Wie die Agenturchefin Shelley Lazarus beispielsweise: Sie erzählte, wie sehr sie ihren ersten Sohn liebte, wegen dem sie ihren Job aufgegeben hatte – aber dass sie nachmittags um vier kaum noch weiter Babysitten konnte vor lauter Langeweile. Also suchte sie sich wieder einen Job und erfuhr: Kinder sind dann glücklich, wenn auch ihre Mutter glücklich ist. Bei der Reise durch USA, England, Frankreich, Finnland und Spanien drängte sich mir überhaupt der Eindruck auf: Überall da, wo vor allem die Mütter selber die konkreten Situation ihrer Kinder ernster nehmen als den von außen an sie heran getragenen Schuldkomplex, gibt es weibliche Vorstandsvorsitzende, in deren Leben Businesslunch und Bauklötzchen nebeneinander stattfinden.

Auch stellte ich schnell fest, Vorurteile und Sprüche wie die von Josef Ackermann sind keine deutsche Besonderheit, Frauen erleben überall auf der Welt Machos und ihre Allüren, nur lassen sich die Frauen im Ausland davon nicht so leicht in die Suppe spucken. Merke: Wer sich früh von der weiblichen Zwangsneurose verabschiedet, immer lieb sein zu wollen, empfindet Macht nicht per se bedrohlich und dunkel, sondern als Chance, zu gestalten.

Oben ohne entstand, um zu zeigen, dass das Glas halb voll ist und um zu vermitteln: Frau kann das machen, Kinder und Topkarriere verbinden. Es geht. Es gibt Frauen, die erfolgreich Milliardengeschäfte und Zehntausende von Mitarbeitern führen – nur halt nicht bei uns. Dieses Gefühl prägt – bei allen Zweifeln am Gestaltungswillen der weiblichen Mehrheit – auch die Neuauflage dieses Buches.

Sydney, im Juni 2011 *Barbara Bierach*

Vorwort: Und – nicht oder!

»Glück ist ein Wie, kein Was.
Ein Talent, kein Objekt.«

Hermann Hesse

Ein netter Abend bei Freunden, vier Paare sitzen um einen Tisch. Die Pasta ist verspeist, fröhliche Gespräche gehen mit ziemlich viel Wein einher. Schließlich erzählt Petra, die schon den ganzen Abend ungewöhnlich still erschien, von einem Streit mit ihrem Chef. Jetzt werden die Hausfrauen am Tisch eifrig: Immer diese rechthaberischen Männer, die frau zu nix kommen lassen. Diese ewige Glasdecke! Verschwörung der alten Jungs! Hört das denn nie auf? Petra sagt nicht mehr viel, denn eigentlich wollte sie konkrete Hilfe bei der Frage, wie sie inhaltlich mit Ihrem Chef zurecht kommen soll und nicht die immergleiche Leier hören über dominante Männer und unterdrückte Frauen. Petra denkt: Was haben eigentlich Mann- oder Frausein damit zu tun, dass mein Chef und ich uns über den sinnvollen Arbeitsablauf streiten? Aber das sagt sie nicht laut, denn sonst wäre der Abend vollends gelaufen.

Meine Freundin Jacqueline droht, durch die Magisterprüfung zu hageln. Der Professor ist schuld. Der wollte was von ihr und seitdem sie ihn abwies, ist er sauer und die versaute Prüfung ist die Rache. Eine Bekannte steht kurz davor, Partnerin in der Kanzlei zu werden, für die sie schon lange schuftet. Ihre Sorge, ob sie diesem neuerlich anwachsenden Stress gewachsen ist, löst sich über Nacht auf: Sie ist schwanger und hört erst mal für ein Jahr auf – von Partnerschaft kann keine Rede mehr sein.

Meine Schwägerin, akademisch gebildete Mutter von vier Kindern, fragt mich allen Ernstes, ob mir die Gespräche mit ihr nicht zu langweilig seien. Schließlich sei sie ja nur Hausfrau. Entweder mangelt es ihr auf Grund ihrer Rolle an Selbstvertrauen, das ist traurig. Oder sie kritisiert unterschwellig eigentlich mich: Ihr Karrierefrauen meint immer, Erziehen mache doof.

Das dämliche Geschlecht Barbara Bierach

ISBN 978-3-527-50601-9

Bei Burda – einem Verlag, mit Frauentiteln wie Elle oder Freundin im Angebot – beobachtete ich wiederholt, dass Kolleginnen einander nicht das Schwarze unterm Nagel gönnen. Vordergründig wird um Fragen gestritten wie: Wer kommt mit dem Chef besser klar? Wer darf das tolle neue Projekt betreuen? Wer für die spannende Reportage nach Berlin fliegen? Hintergründig wird ein anderes Spiel gespielt. Eigentlich geht es um das Thema: Wer ist jünger, dünner, schöner?

Sie fragen sich jetzt wahrscheinlich, was mein Bekanntenkreis mit Ihnen zu tun hat. Nichts natürlich, außer, dass Sie den gleichen haben. Auch in Ihrem Freundeskreis finden sich Frauen, die – wenn irgendwas schief geht – die Schuld dafür grundsätzlich bei anderen, vorzugsweise Männern, suchen; Frauen, die emotional werden, wo eigentlich ein professioneller Auftritt angemessen wäre; Frauen, die Angst vor der Verantwortung haben und sich immer dann zurückziehen, wenn es ernst wird; Mütter, die massiv an Selbstvertrauen einbüßen, wenn sie mit einer berufstätigen Frau sprechen und dann aggressiv werden; Kolleginnen, die sich gegenseitig fertig machen, wo immer sie eine Chance dazu wittern ... Ihnen sind spontan garantiert ein paar Damen eingefallen.

Warum erzähle ich Ihnen das? Weil es in Deutschland ein letztes großes Tabu gibt. Die Leute erzählen in nachmittäglichen Talk-Shows im Privatfernsehen, dass sie von Sex mit ihrem Schäferhund träumen oder heimlich Windeln tragen. Heute kann man alles sagen, öffentlich, im Fernsehen. Der Satz jedoch, dass die Situation der Frauen in Deutschland zuvorderst etwas mit den Frauen selbst zu tun hat, bringt ziemlich viele Leute in Rage.

Ich weiß das deswegen so genau, weil ich in der Wirtschaftswoche – dem Magazin, bei dem ich derzeit meine Brötchen verdiene – diesen simplen Satz mehrfach publiziert habe. Das Ergebnis war interessant. Nicht nur habe ich von jeder vierten Frauenbeauftragten in diesem Land einen Brief bekommen mit dem Tenor, ich wäre »absolut daneben« und würde mich mit den »Aggressoren identifizieren« (gemeint sind die Männer). Der Spiegel ließ sich herab, meine Ansichten zu zitieren und schließlich lud die ZDF-Moderatorin Maybrit Illner mich zu einer Talkshow mit der Bundesministerin für Jugend und Familie, Christine Bergmann, und der damals noch aktiven bayerischen Ministerin für die gleichen Themen, Barbara Stamm. Beide

Frauen bemühten sich, mir zu erklären, dass der alleinerziehenden Sozialhilfeempfängerin am Stadtrand unbedingt geholfen werden müsse und meine Attacken seien da ausgesprochen kontraproduktiv.

Daran ist zweierlei interessant: Wenn sich so viele Menschen über die simple Aussage aufregen, dass die Situation der Frauen in Deutschland etwas mit dem Verhalten der Frauen zu tun haben muss, trifft sie wohl einen wunden Punkt. Und warum bemühen sich zwei wichtige Ministerinnen für Frauenfragen einer kleinen Journalistin beizubiegen, dass Frauen arm und schwach sind?

Dabei tue ich nichts anderes, als Hunderte von Personalchefs in diesem Land. Ich frage mich: Warum stehen zehn Jahre nach den Trainee-Programmen – die jedes ordentliche deutsche Unternehmen mittlerweile mit einem Frauenanteil von 50 Prozent startet – die dort teuer ausgebildeten Frauen den Unternehmen nicht mehr zur Verfügung?

Die meisten Frauen glauben, die Männer sind schuld. Am Krieg, an der Kälte im Unternehmen, an der Abwesenheit der Frauen in allen wichtigen Funktionen des öffentlichen Lebens.

Ich glaube das nicht mehr und deswegen wurde dieses Buch geschrieben. Meine These ist: Frauen sind nicht unterprivilegiert in diesem Land und unterdrückt, sondern Frauen verhalten sich häufig einfach saublöd. Gegen Frauen muss Mann sich nicht verschwören, Frauen erledigen sich schneller und gründlicher selber, als Männer das je könnten.

In den kommenden Kapiteln erläutere ich, was ich damit meine, nur Geduld. Hier sei so viel gesagt: Frauen lernen das Falsche, lesen das Falsche, wollen das Falsche und benehmen sich falsch. In dem alten Kalauer »Herren sind herrlich und Damen dämlich« steckt ein dickes Korn Wahrheit.

Dabei rede ich nicht von den schlecht ausgebildeten Frauen, die sich als alleinerziehende Mütter mit Sozialhilfe durchschlagen, und die unsere Ministerinnen für »Familie, Frauen und Gedöns« (Gerhard Schröder) zu recht so hingebungsvoll verteidigen. Gemeint sind die Akademikerinnen, die alle Voraussetzungen mitbringen, ihre Position in der Wirtschaft, Politik und Wissenschaft dieses Landes auszufüllen. Die Frauen, die nach dem Studium in einer Kanzlei, einem Krankenhaus, einem Konzern anfangen, sich nach oben durchzukämpfen – und mit Mitte 30 in einer Villa am Standrand verschwinden. Wo sind ihre Ambitionen geblieben? Und warum sind sie so unzufrieden und voller Komplexe, wenn man ihnen beim Abendessen im Freundeskreis wieder begegnet?

Dieses Buch geht mit den Frauen hart ins Gericht. Trotzdem ist es eigentlich ein Buch über Erfüllung und Selbstverantwortung. Und darüber, warum es so vielen Frauen so schwer fällt, sie zu finden. Doch sprechen wir zunächst über Erfüllung. Mihaly Csikszentmihalyi – ein ungarischer Professor an der Universitiy of Chicago, dessen Name sich ungefähr wie Tschick-sent-me-high ausspricht – hat vor zehn Jahren ein wunderbares Buch über die Frage geschrieben »Was ist Glück?«. Dabei hat er sich nicht auf die alten Philosophen verlassen, sondern ganz normale Menschen gefragt, wann sie glücklich sind. Im Lauf der Jahre haben rund 7000 Probanden in verschiedenen Teilen der Welt jeweils eine Woche lang aufgezeichnet, bei welchen Aktivitäten sie Erfüllung finden. Dabei kam Spannendes zu Tage. Erstens eine Definition für Glück und zweitens eine ziemlich gut fundierte Theorie darüber, wann und warum Menschen glücklich sind. Glück entsteht durch Flow. Was das ist? Nun zum Beispiel das Gefühl, das ein begeisterter Skifahrer erlebt, der gerade eine wirklich schwierige Tiefschneeabfahrt souverän gemeistert hat. Das Gefühl, das ein Chirurg erlebt, der seinen Beruf liebt, wenn er sich in eine anspruchsvolle Operation vertieft, oder ein hingebungsvoller Manager mitten in einer Verhandlung. Programmierer beschreiben Flow, wenn sie an einer kniffligen Stelle ihrer Software anlangen und Lösungswege am Horizont sehen. Flow erleben wir, wenn wir etwas gerne und gut tun und wenn die Aufgabe gerade so schwer ist, dass wir sie noch ebenso hinkriegen. Überforderung und Kontrollverlust erleben nahezu alle Menschen als Stress. Glück dagegen ist, wenn wir völlig konzentriert und angestrengt in einer Aufgabe aufgehen, die uns interessiert und dabei Feedback kriegen: Hallo, das funktioniert! Dann ist kein Raum mehr im Bewusstsein für Gedanken und Gefühle, die nichts mit der Sache zu tun haben. Jede Gehemmtheit schwindet, wir fühlen uns stärker als gewöhnlich. Stunden vergehen wie Minuten, das ganze Sein einer Person verschmilzt mit der einen Aufgabe. Der Mensch ist in der Regel also selber höchst beteiligt an seinem Wohl. Ein erfülltes Leben – eben Glück – hat sehr viel mit dem zu tun, was wir im Leben machen. Zwar sagen die meisten Menschen, sie würden gerne weniger arbeiten und mehr faulenzen, aber wenn sie tatsächlich eine Woche lang aufschreiben müssen, wann sie sich richtig gut fühlen – was Mihaly Csikszentmihlayi sie gebeten hat zu tun – kommt raus: Die Wissenschaftler stießen fast nie auf Berichte von Flow-Erfahrungen bei passiven Freizeitbeschäftigungen wie Fernsehen oder Ausruhen. Aber überraschend oft auf Flow-Berichte vom Arbeitsplatz. Gefühle wie Konzentration, Kreativität und Befriedigung entstehen für die meisten Menschen im Job. Doch die Arbeit kann noch so befriedigend sein: Allein macht sie nicht glücklich. Die meisten wirklich zufriedenen Leute gaben in der Befragung an, ihnen sei die Familie wichtiger als die Karriere, auch wenn ihre täglichen Gewohnheiten ihre Äußerungen Lügen strafen. Csikszentmihalyis Untersuchungen ergaben sogar, dass Frauen Berufstätigkeit positiver erleben als Männer. Die Befragung von berufstätigen Paaren ergab, dass Frauen über mehr positive Gefühle berichten als Männer, wenn sie am Computer arbeiteten, Konferenzen abhielten, telefonierten oder berufsbezogene Texte durcharbeiteten. Es gibt nur eine berufliche Tätigkeit, die Frauen schlechter gefällt als Männern: Wenn Sie zu Hause an Projekten arbeiten, die sie aus dem Büro mitgebracht haben. Vermutlich weil sie dort lieber die Hausarbeit machen, die sonst liegen bleibt.

Was bedeutet das alles? Wer sich auf die Entscheidung Beruf ODER Familie einlässt, schneidet sich selber eine wesentliche Quelle für sein Lebensglück ab. Männer tun das nicht. Sie finden es normal, einen Beruf zu haben UND eine Familie. Nur Frauen akzeptieren, dass die Frage »Kind oder Karriere« ausschließlich als Frauenthema behandelt wird. Dabei hat jedes einzelne Kind dieser Welt meines Wissens einen Vater.

Die Entscheidung »Kind oder Karriere« ist gar keine. Nicht nur, weil dieses »oder« unsere Glücksmöglichkeiten einschränkt. Sondern auch, weil es ökonomisch gefährlich ist, nicht zu arbeiten (siehe Kapitel 4 »Frauen leben länger – aber wovon?«), und den Unternehmen und damit der Volkswirtschaft schadet (siehe Kapitel 11 »Bossa nova? Wenn Frauen managen, sind sie richtig gut«). Im 21. Jahrhundert ist Familie kein Heldennotausgang für Frauen mehr, wenn der Job mal wieder so verdammt fordernd ist: »Die Ehen halten ja alle nicht«, sagt Uli Borchert, eine bekannte Kölner PR-Beraterin. »Die Frauen sitzen mit den Kindern rum, die Männer langweilen sich und gehen fremd«. Selbst wenn das flapsig klingt, es ist wahr: Jede dritte Ehe wird geschieden, in Großstädten jede zweite. Jeder muss nach seiner Fasson selig werden – aber Frauen müssen sich endlich klar darüber werden, welche ihrer Entscheidungen welche Konsequenzen nach sich ziehen. Es dauert maximal 15 Jahre bis ein Kind aus dem Gröbsten raus ist. Danach kommt es bestenfalls abends auf der Suche nach Nahrung und frischer Kleidung nach Hause. Ein weibliches Leben dauert in der Regel aber mindestens 75 Jahre. Wenn Sie mit 30 den Job drangeben, was werden Sie dann mit 45 tun? Wer da draußen wartet dann noch auf Sie – in den Unternehmen oder auch sonst? Und glauben Sie ernsthaft, Ihre Teenager werden es Ihnen danken, dass andere Karriere gemacht haben, während Sie Ihren Schlaf bewachten? Warum kann Ihr Mann Vater sein UND erfolgreich? Wo steht, dass Sie ein schlechter Mensch sind, bloß weil Sie Mutter sind UND Anwältin, Ärztin, Personalchefin oder Kommunikationsberaterin? Und falls Sie derzeit Hausfrau sind: Wer kümmert sich um Ihre Altersvorsorge? Ist Ihnen klar, wie wenig Ihnen bleiben wird – materiell und auch sonst – falls Ihr Mann sich von Ihnen trennt, Kinder hin oder her?

Und damit sind wir bei der Selbstverantwortung angelangt. Die Situation regnet nicht einfach auf die Menschen herab, sondern jedes einzelne Leben ist die Folge von einst getroffenen Entscheidungen. Hand aufs Herz: Wer hat den größten Einfluss auf den Verlauf Ihres Lebens? Die einzig mögliche Antwort: »Ich« ist eine der schmerzhaftesten überhaupt. Aber auch eine der schönsten: Das Wissen, für das eigene Leben selber verantwortlich zu sein, birgt eine gewaltige Chance. Es ist nicht die Aufgabe Ihres Mannes, Ihrer Kinder, Ihres Arbeitgebers, Ihres Chefs, Sie glücklich zu machen. Es ist Ihre eigene. Niemand wird dafür sorgen, dass Frauen was zu sagen haben. Es sei denn, die Frauen tun es selber.

Flow entsteht weder nur im Job, noch nur zu Hause. Glückliche Menschen haben enormes Potenzial, andere glücklich zu machen. Dasselbe gilt für unglückliche Menschen.

Noch einmal: Der Mangel an Frauen in Wirtschaft, Politik und Wissenschaft liegt vor allem am Verhalten der Frauen. Falls Sie anderer Meinung sein sollten: An ihrer Unterlegenheit liegt es jedenfalls nicht (siehe Kapitel 1: »Die Nadel im Heuhaufen oder Warum Frauen so unsichtbar sind«). Am Kinderkriegen auch nicht (siehe Kapitel 8

»Die Mutterkreuzphilosophie oder Ein Kind braucht seine Mutter«). Woran also dann?

Köln im Frühjahr 2002 *Barbara Bierach*

PS: Ich zitiere viele Frauen in diesem Buch, Hausfrauen und Berufstätige, Mütter und Singles. Manchmal liegt das Gesagte dabei schon einige Zeit zurück. Da das Leben der modernen Frau in der Regel ziemlich unruhig verläuft, ist es also durchaus möglich, dass die eine oder andere seither den Arbeitgeber oder die Branche gewechselt, ein weiteres Kind bekommen oder das Land verlassen hat. Falls das so ist, sehen Sie's mir bitte nach, denn für die Relevanz der einzelnen Statements spielt es keine Rolle.

1.
Die Nadel im Heuhaufen oder Warum Frauen so unsichtbar sind

»Freiheit wird einem nicht gegeben.
Man muss sie sich nehmen.«

Meret Oppenheim

Paula und Christian lernten sich in der Kantine eines großen süddeutschen Konzerns kennen, wo er Software entwickelte, und sie freiberuflich als PR-Beraterin an einem Projekt mithalf, um sich und ihre kleine Tochter aus erster Ehe zu ernähren. Und plötzlich brach die Liebe aus. Es dauerte nicht lang und die beiden fanden ein altes Haus am Stadtrand, wo Paula sich ein Büro einrichtete. Freiberuflich arbeiten kann man schließlich überall. Ohne dass es ihr bewusst wurde, änderte sich Paulas Leben gewaltig. Früher hatte sie mehrere Stunden am Tag telefoniert und Konzepte entworfen, jetzt schien sie die Hausarbeit völlig in Anspruch zu nehmen. Sie tauschte die Kostümchen gegen weite Flanellhemden, pflegte den Garten und die Betten und begann hingebungsvoll zu kochen. Irgendwie schien es ihr nicht mehr zu gelingen, Aufträge an Land zu ziehen. Trotzdem gaben ihr Christian und der Umzug auf's Land ein Gefühl der Sicherheit, das sie seit ihrer Kindheit nicht mehr gekannt hatte. Sie baute ein gemütliches Nest und bekam ein zweites Kind. Sie beschrieb ihr neues Leben als »richtig« – in Wirklichkeit aber meinte sie wohl »bequem und sicher«. Denn letztlich war ihr die Freiheit, die sie als alleinerziehende Karrierefrau hatte, immer ziemlich unheimlich gewesen. Ganz allmählich änderten sich ihre Erwartungen an Christian: Er war jetzt der Ernährer und sie erholte sich von den Jahren, in denen sie recht und schlecht versucht hatte, für sich selbst verantwortlich zu sein.

Ohne jedes Ritual fiel sie in die traditionelle Rolle zurück: Hausfrau und Mutter, eben diejenige, die den anderen den Rücken freihält, damit die ihre Träume leben können. Kurz, sie übernahm genau das, was sie noch vor wenigen Monaten selber als »Sklavenarbeit« bezeichnet hatte. Und es machte ihr sogar Spaß, denn Sklavenarbeit ist so wunderbar sicher. Die kann man ohne diese Angst erledigen, die

Das dämliche Geschlecht Barbara Bierach

ISBN 978-3-527-50601-9

mit richtigem Geldverdienen einhergeht. Im Austausch für ihre Sklavenarbeit erwartete Paula von Christian natürlich sehr bald eine Gegenleistung, nämlich ökonomische Sicherheit. Ihr Hausfrauentum war wie ein Schuldschein, den sie dem Liebsten jederzeit präsentieren konnte: Deinetwegen sitze ich hier! Unterschwellig allerdings spukte die Idee in ihrem Kopf, es sei normal, dass Christian härter arbeitet und größere Risiken auf sich nimmt, schließlich ist er ein Mann. Natürlich hatte sie in ihrem früheren Leben Simone de Beauvoir gelesen und sich über Sätze wie diesen eher amüsiert: »Frauen akzeptieren die untergeordnete Rolle, um den Anstrengungen aus dem Wege zu gehen, die mit der Gestaltung eines authentischen Lebens verbunden sind«.[1]Dass sie selber drauf und dran war, ein authentisches Leben gegen ein geliehenes zu tauschen, merkte sie jetzt aber gar nicht mehr.

Weitere drei oder vier Monate später begann Paula, Christian um Erlaubnis zu fragen, wenn sie abends in die Stadt fahren wollte, um ihre Freundin zu sehen oder sich ein paar Schuhe zu kaufen. Unvermeidlich entwickelte sich Abhängigkeit. Derweil kam Christian schnell voran, war voller Vertrauen, konnte gut mit Menschen umgehen – der Erfolg schien förmlich auf ihn zu warten. Paula dagegen nörgelte und kritisierte ihn wegen der kleinsten Kleinigkeiten, vermutlich weil sie ihn beneidete und sich im Vergleich mit ihm machtlos fühlte.

Frauen neigen dazu, ihre Aggressionen in konstanter Mäkelei auszudrücken. Ängstliche Menschen mit wenig Selbstvertrauen schaffen so gerne die Illusion, dass sie es besser machen würden, wenn man sie nur lassen würde – ungefähr wie ein Beifahrer, der dem Fahrer ständig Ratschläge erteilt. Die meisten schlechten Beifahrer können allerdings gar nicht Auto fahren.[2] Die amerikanische Autorin Colette Dowling hat ein ganzes Buch über Geschichten wie die von Christian und Paula geschrieben. Sie kommentiert die nörgelnde unzufriedene Hausfrau: »Dies ist die verborgene Moral der Schwachen (oder aller die darauf beharren, sich so zu sehen). Es ist die Bürde der Starken, uns mitzuschleppen. Tun sie das nicht, geben wir ihnen mehr oder weniger deutlich zu verstehen, dass wir nicht überleben werden«.[3]

Am Ende war Paulas Beziehung zu Christian völlig verkorkst – er hatte sich schließlich in eine selbstständige, verantwortungsvolle Frau verliebt und nicht in eine vorwurfsvolle, abhängige Hausfrau.

Und obendrein mochte Paula sich selbst nicht mehr. Dabei vertraten die beiden eigentlich das gleiche Konzept – theoretisch zumindest. Beide glaubten, Frauen seien so kompetent und intelligent wie Männer und sollten daher auch die Verantwortung für sich selbst übernehmen. Doch aus irgendeinem Grund fühlte Paula sich schwächer als Christian, zweifelte an ihrer körperlichen Attraktivität und erwartete, dass Christian sie aus ihrer Misere aufhob und für sie sorgte.

Das Ende dieser Geschichte ist offen, denn Erwachsensein bedeutet, die Wahl zu haben. Entweder wird Christian möglichst wenig zu Hause sein, um seiner Jammertante zu entkommen, geht schließlich fremd und sucht sich eine Neue, um dasselbe Spiel mit einer Jüngeren von vorne zu beginnen. Oder Paula kapiert, dass die paar Jahre der Berufstätigkeit nicht der Ausflug eines frühreifen Mädchens in ein Erwachsenenleben war, aus dessen Gefahren sie früher oder später ein Prinz retten würde, sondern der einzige Weg, ein wirklich erwachsenes Leben zu leben. Merke: Freiheit ist immer auch gefährlich – und : Niemand rettet dich, wenn du es nicht selber tust.

Frauen können nicht mehr in die alte Rolle zurück, das Weibchen ist keine Alternative, selbst wenn wir uns das oft wünschen, weil Frausein so anstrengend ist. Und auch der Prinz ist verschwunden – die meisten Männer langweilen sich ziemlich schnell mit einer Hausfrau und suchen sich dann im beruflichen Umfeld eine Neue. Mark Wössner, von 1980 bis 1998 Vorstandsvorsitzender der Bertelsmann AG, schildert ganz offen, woran seine erste Ehe zerbrach: »Wenn eine Frau über Jahre hinweg ihrem Mann zu Hause zur Seite steht, dann findet man sich nach 20 Jahren in völlig verschiedenen Welten wieder. Sie weiß alles über Kinder und Haushalt und man selbst alles über den Beruf und die Welt da draußen«.[4]

Apropos Prinz: Gemessen an den Anforderungen der modernen Welt ist er nicht stärker, klüger oder mutiger als wir. Dennoch sind Frauen Männern unterlegen. Das weiß jeder, der je Frauen beim Tennisspielen und Einparken großer Autos beobachtet hat. In Fragen körperlicher Schnellkraft und des räumlichen Vorstellungsvermögens sind Männern einfach besser. In allen anderen Gebieten jedoch sind die Geschlechter gleich auf, Frauen sind in einigen Bereichen sogar deutlich überlegen, beispielsweise sind sie zäher und halten Schmerzen besser aus. Außerdem leben sie deutlich länger. Dass Frauen Männern intellektuell um nichts nachstehen, bedarf heute keiner weiteren Ausführungen mehr – und falls doch: Inzwischen sind nicht nur über 55 Prozent der Schüler jedes Abiturjahrgangs, sondern auch 51 Prozent der Studienabsolventen weiblich.

Doch eigentlich muss man nur mal Business Class fliegen, sagen wir von Düsseldorf nach London und zurück, um den wirklichen Stand der Dinge zu erforschen. Jede Menge langweiliger, alter Männer in Anzügen, Frauenanteil vielleicht bei zehn Prozent. Oder offenen Auges in die Zeitung gucken:

Nur drei Prozent der 668 Spitzenpositionen in Deutschlands börsennotierten Unternehmen werden derzeit von Frauen besetzt[5] – dabei sind von 100 Arbeitnehmern 46 Frauen[6]. Chefinnen auf der zweiten, dritten Ebene? Weitgehend Fehlanzeige, die Frauenquote dümpelt seit Jahren zwischen und 15 Prozent und 25 Prozent, je nach Untersuchung und Definition. Mittlerweile haben die Frauen im Ausbildungsniveau gewaltig nachgeholt, schon jede dritte in der Altersgruppe zwischen 20 und 30 hat heute Abitur. Mit Blick auf diesen Nachwuchs argumentierten viele hoffnungsfrohe Feministen: »Die Frauen werden schon noch kommen. Erst jetzt gibt es genug Frauen mit dem Ausbildungsniveau für eine Führungsposition. Sie beginnen gerade erst den Weg durch die Institutionen«.

Leider trügt wohl auch diese Hoffnung: In den ersten Jahren sind Frauen mit den Männern gleich auf, wenn es um die entscheidenden Jobs geht, jenseits der 30, jedoch sinkt der Frauenanteil an den Entscheidern ins Bedeutungslose. Traditionell hoch ist der Anteil weiblicher Chefs nur in der Gastronomie – Putzen, Kochen, Einkaufen zu organisieren, traut frau sich offenbar zu.

Lange hielt sich auch die Hoffnung, dass sich Frauen wenn schon nicht in der Großindustrie, dann doch wenigstens im Mittelstand durchsetzen, weil es da einfach persönlicher zugeht und der Chef schneller kapiert, was er an wem hat. Auch dieses zarte Pflänzchen Hoffnung ist verblüht: Zwar stehen bei jedem vierten von Intes Stiftung für Familienunternehmen untersuchten kleinen und mittleren Unternehmen mit maximal 500 Mitarbeitern Frauen mit an der Spitze der Geschäftsführung, die Zahl der Frauen in der Leitung von Familienunternehmen nimmt allerdings mit der Unternehmensgröße ab. Bei sehr großen Familienunternehmen sind Frauen im Vorstand ähnlich stark unterrepräsentiert wie in den Dax-30-Unternehmen.[7]

Auch in der Wissenschaft sind Frauen weitgehend Fehlanzeige: Obwohl inzwischen die Hälfte der Studierenden weiblich ist, sind es nur 15 Prozent der Professoren. Das Geschwätz, dass Frauen dabei wären, sich über Netzwerke selber an die Macht zu befördern, darf ins Reich der Märchen verbannt werden, so zumindest äußern sich viele Netzwerkerinnen: »Die Frauen wollen oft gar nicht Karriere machen«, ist von Gabriele Reich-Gutjahr, der ehemaligen deutschen Vorsitzenden des Netzwerks European Women's Management Development zu hören. Auch die derzeit so breit getretene Idee, dass Frauen schon aus der Deckung kommen werden, wenn ihnen nur eine Quote dabei hilft, ist dummes Zeug. Norwegen schreibt seit 2006 gesetzlich vor, dass alle börsennotierten Gesellschaften 40 Prozent weibliche Aufsichtsräte haben müssen. Konzernen, die dem nicht nachkommen, drohen dragonische Strafen: Schlimmstenfalls werden sie aufgelöst. Kleines Wunder also, dass im hohen Norden nun tatsächlich vier von zehn Aufsichtsräten weiblich sind. Aber wo bleiben die Frauen im operativen Management, da wo Tag für Tag und nicht nur bei gelegentlichen Sitzungen die Macht getragen wird? Der Anteil der weiblichen Firmenchefs hat sich auch in Norwegen nicht verändert: Er liegt – genauso wie vor der Einführung der Quote – bei 16 Prozent.[8]

Personalberater Heiner Thorborg sagt dazu: »Meiner langjährigen Erfahrung nach liegt der Anteil der karrierebewussten Frauen, die tatsächlich an einer Top-Position im Großunternehmen interessiert sind, bei maximal 20 Prozent.« Das liege nicht etwa an den unwilligen Unternehmen, sondern daran, »dass viele Frauen zwar gerne arbeiten und entscheiden, die geringere Sichtbarkeit der zweiten oder dritten Ebene aber der Exponiertheit der ersten vorzuziehen scheinen.«

Trauriges Fazit: Die Leistungsfähigkeit und Leistung der Frauen und ihre Position in der Gesellschaft klaffen meilenweit auseinander. Einer Analyse der Weltbank zufolge leisten Frauen zwar zwei Drittel der Arbeit auf diesem Planeten, bekommen dafür aber nur zehn Prozent des Lohnes und besitzen nur ein Prozent des Weltvermögens. Dabei stellen Frauen rund 52 Prozent der Menschheit. Würden Frauen entschlossen Frauen wählen, wäre längst jede Demokratie fest in weichen Händen. Und entsprechend gestaltbar wären die Regeln zu Mutterschutz und Erziehungsurlaub. Frauen stellen die leistungsfähigere Mehrheit – und gelten immer noch als das schwache Geschlecht. Warum?

Die übliche Antwort auf diesen bemerkenswerten Teil der deutschen Gegenwart ist eine Verschwörungstheorie: Schuld am miesen Schicksal der Frauen sind die Männer. Genauer, das Netz der alten Jungs in Wirtschaft, Verwaltung und Wissenschaft, das dafür sorgt, dass Frauen in der Schlacht um die Karrierejobs den kürzeren ziehen, von Scheidungsrichtern benachteiligt und in der Politik nur per Quotenregelung gehört werden.

Ich denke über all die Paulas dieser Welt nach und finde: Frauen sind nicht schwach, Frauen sind nur dämlich, faul und unaufrichtig. Die akademisch vorgebildete Weiberschaft in diesem Land könnte längst die Hälfte der Chefsessel in den Ämtern, Universitäten und Unternehmen unter dem Hintern haben, wenn sie endlich handelte, statt dem Spielfeld beleidigt den Rücken zu kehren und mit einem »Die lassen uns nicht« von dannen zu ziehen.

Dämlich sind Frauen, weil sie sich nicht einfach die Hälfte des Himmels nehmen. Was wohlmeinende Studien zum weiblichen Führungsverhalten als Stärke attestieren, grenzt in vielen Fällen eher an eine »Déformation sexuelle«. Sanft, einfühlsam und teamorientiert lassen sich Frauen immer noch mit den Krümeln von den Tellern der Macht abspeisen. Es reicht in vielen Fällen, einer Frau vorzuhalten, sie sei egoistisch und machtgeil, um sie zu stoppen. Wenn Frauen über ihre Interessen wachen, gelten sie als intrigant und herrschsüchtig, wenn Männer dasselbe tun, sind sie durchsetzungs- und führungsstark. Was für Männer ein Kompliment ist, beleidigt Frauen.

Noch immer stilisieren sich Frauen zur behinderten Minderheit, die besonderen Schutzes bedarf und verbringen ganze Seminartage mit ideologischem Geplänkel über die Abschaffung des Patriarchats, anstatt sich – weniger visionär, aber umso wirkungsvoller – endlich pragmatisch einen möglichst großen Batzen vom Kuchen der Macht zu sichern. Frauen »verlangen zu wenig« ist auch das Fazit von Sonja Bischoff, Professorin an der Hochschule für Wirtschaft und Politik in Hamburg. Sie weiß, wovon sie spricht. Seit Mitte der achtziger Jahre diagnostiziert sie in regelmäßig wiederholten Großbefragungen von Chefs und Chefinnen den Stand der Geschlechterfrage in deutschen Unternehmen.[9]

Das traurige ist: Anderswo kriegen die Frauen ihren Anteil, auch ohne Bürgerkrieg und hospitalisierende Kinder. Die Situation der

Frauen im europäischen Ausland und in den USA ist wesentlich besser als die deutscher Frauen. Ob das wohl daran liegt, dass dort nettere Männer verständnisvollere Unternehmen leiten? Unsinn. Die Frauen jenseits unserer Grenzen verhalten sich einfach anders. Was also kann Mommy besser als Mamma? Warum gibt es in Finnland 23,4 Prozent weibliche Topmanager und hier auch dann nur rund zehn Prozent, wenn man Vorstände und Aufsichtsräte zusammen betrachtet? So weit ist inzwischen auch schon die Türkei.[10] Warum schaffen auch Jahrzehnte mit Frauenbeauftragten, Quotenregelungen und Förderprogrammen immer noch keine amerikanischen Verhältnisse? Und warum lassen sich deutsche Frauen wahnsinnigerweise immer noch mit einem Viertel weniger Gehalt für die gleiche Arbeit abspeisen? Auch das muss keineswegs sein. Statistiken der EU beweisen, dass deutsche Frauen rund 24 Prozent weniger verdienen als Männer im gleichen Job. Größer sind die Gehaltsabstände nur noch in Estland und Österreich.

In den immer wieder kehrenden Befragungen von Frauen im mittleren und oberen Management gibt regelmäßig über die Hälfte der Teilnehmerinnen an, im Job schon mal gehindert zu werden – durch die Übertragung anspruchsloser Aufgaben beispielsweise ausgeprägte Ellenbogenmentalität oder Missachtung bei Beförderungen. Leider fragt nie jemand vergleichbar viele Männer in vergleichbar guten Positionen – das Ergebnis wäre nämlich dasselbe. Alle Arbeitnehmer erleben in regelmäßigen Abständen Zurücksetzung und Ungerechtigkeit. Die Welt ist leider schlecht – aber mitnichten nur für Menschen mit Eierstöcken. Die neigen in Deutschland nur offenbar besonders dazu, jeden Mist der ihnen widerfährt, mit ihrem Geschlecht in Verbindung zu bringen. Seien wir ehrlich, das Leben in deutschen Unternehmen ist knallhart und es wird jährlich härter. Sich in der Industrie durchzusetzen, ist kein Zuckerschlecken – auch nicht für die Männer. Auch von all den hoffnungsfrohen männlichen Einsteigern endet nur ein Bruchteil in einem Vorstandsbüro. Erfolg hat viele Voraussetzungen und Hindernisse, für Männer und Frauen gleichermaßen. Unternehmen sind letztlich nur daran interessiert, ordentliches Wachstum und noch bessere Gewinne zu erzeugen. Wer ihnen die herbeischafft, ist ihnen egal. Nicht nur Frauen scheitern an dieser Aufgabe, auch jede Menge Männer. Aber ein Mann verfügt nicht über den Heldennotausgang: »Ich kriege jetzt ein Kind«. Ein Mann hat nur die Wahl, sich als Verlierer zu disqualifizieren, oder sein Berufsleben irgendwie durchzustehen. Frauen jedoch benutzen ihre Familien, um sich zurückzuziehen, ohne zugeben zu müssen, dass ihnen letztlich ein Job in der City zu anstrengend war.

Denn »Karriere« klingt glamourös, ist aber in Wirklichkeit zuvorderst harte Arbeit. Eine verantwortliche Position wirklich auszufüllen, bedeutet in den meisten Branchen 50 Stunden Arbeit die Woche, jede Menge Ringkämpfe mit Kollegen und Konkurrenten und massiven Verzicht auf's Privatleben. Vielen Frauen wird das spätestens mit Mitte 30 zu anstrengend und zu politisch. Entnervt von dem ständigen Ringkampf um Positionen und Budgets ziehen sie sich in Vorstädte zurück und werden Mutter – so wie die Paula in unserer Geschichte.

Anstatt die Ärmel hochzukrempeln und genauso hart zu arbeiten wie die Männer, flüchten sie sich in die Mär von der Glasdecke. Die besagt, dass es in jedem Unternehmen eine unsichtbare aber undurchdringliche Ebene gibt, die Frauen den Zutritt in die Chefetage verwehrt. So wahren sie ihr Gesicht als moderne Karrierefrau, obwohl sie sich ins Privatleben verdrücken. Dagegen ist auch nichts einzuwenden, es muss jeder nach seiner Fasson selig werden.

Unaufrichtig ist dieses Verhalten nur dann, wenn Frauen nicht zugeben, dass sie sich bewusst gegen Macht und Verantwortung entschieden haben. Sich erst zurückzuziehen und dann zu lamentieren, dass andere weitermachen, ist kindisch. Dieselben Frauen würden das übrigens jederzeit ihren Kindern sagen, wenn die das Fußballfeld verlassen und dann anschließend greinen, dass andere jetzt die Tore schießen.

Dennoch findet es die »schweigende Mehrheit« auch im dritten Jahrtausend noch ganz toll, wenn die Tageschau-Sprecherin Eva Herman vom *Eva Prinzip* und einem harmonischen Heim schwadroniert, das nur von einer apfelkuchenbackenden Hausfrau herzustellen sei. Einige Kritiker wie die Publizistin Thea Baum wundern sich zwar über die Nähe von Hermans Vokabular zur Nazi-Zeit, aber inhaltlich finden viele die Eva-Thesen gut. Schließlich ergab eine Umfrage im Mai 2008, dass immer noch 37 Prozent der befragten Frauen folgendes Modell zur Arbeitsteilung in der Familie am besten finden: »Der Mann arbeitet Vollzeit, die Frau arbeitet Teilzeit und kümmert sich um Kinder und Haushalt«. Weitere 14 Prozent finden es richtig, wenn Er arbeitet und Sie ganz zu Hause bleibt.[11] Kleines Wunder also, dass Martina Rißmann, lange Jahre Personalchefin bei der Boston Consulting Group sagt: »Die persönlichen Überzeugungen der Frauen hindern sie eigentlich noch viel mehr am Karrieremachen als der vermeintliche Druck, ein wenig männlicher auftreten zu müssen für den Erfolg.«[12]

Erfolg im Unternehmen oder im Amt unterliegt harten Regeln und Gesetzen, denen alle ausgeliefert sind: Männer und Frauen. Sich erst zu drücken und dann zu jammern, dass die Macht anderswo sitzt, ist zumindest unsportlich. Wer mitreden will, muss die Voraussetzungen dafür erfüllen. Weiblich zu sein, ist einfach nur eine nette kleine Ausrede, die Arbeit nicht zu machen.

Wann immer eine Frau an der Uni oder im Job scheitert, lag es an einem Professor, Ehemann oder Vorgesetzten, der in seiner männlichen Borniertheit schuld ist und die Frau in ihrem Schaffensdrang an die Wand gespielt hat. Wenn die Kinder dann aus dem Haus sind, und frau sich langweilt, sind wieder die Männer schuld: Und Dir habe ich meine Karriere geopfert!

Dieses anhaltende Gejammer derselben Frauen, die vorher jahrelang das Weibchen gaben, bringt nicht nur den Christian aus meinem Einstiegsbeispiel auf die Palme, sondern sogar eingefleischte Feministinnen. Die englische Auflagenmillionärin Fay Weldon, deren Bücher übrigens im wesentlichen von Frauen gelesen werden, sagt: »Wenn ihr unzufrieden seid, beschuldigt nicht eure Männer. Ich kenne viele Frauen, die glauben, dass die Männer sie vom wahren und guten Leben abhalten. Und sobald die Kinder aus dem Haus sind, trennen sie sich, leben allein – nur um festzustellen, dass das wahre Leben weiter auf sich warten lässt«.

Männer finden dieses selbstzerstörerische Verhalten übrigens ausgesprochen praktisch – eine Verschwörung gegen das schwächere Geschlecht ist völlig überflüssig, denn Frauen erledigen sich in der Regel selber. Schneller und gründlicher als irgendein Männerbund das könnte. Dabei zeigt die Geschichte, dass Frauen sich ihren Teil nehmen können, wenn sie es nur wollen: Die deutschen Kaiserinnen Theophanu und Katharina die Große (jawohl, Madame stammten aus Stettin) haben schon vor Jahrhunderten bewiesen, dass auch in Deutschland Macht und Weiblichkeit kein Widerspruch in sich sind (Falls Geschichte Sie interessiert, siehe auch Exkurs 1 »Geschichte«).

In unseren Tagen tragen Beatrice Weder di Mauro vom Sachverständigenrat zur Begutachtung der gesamtwirtschaftlichen Entwicklung oder Nicola Leibinger-Kammüller, die den Maschinenbaukonzern Trumpf leitet, die Fackel weiblichen Erfolgs. Auch in der deutschen Gegenwart gibt es viele Frauen, die ihren Einfluss genießen und trotzdem nicht auf ihre Weiblichkeit verzichten.

Die meisten Frauen werden jetzt einwenden, diese Vorwürfe seien unfair, schließlich kriegen immer noch wir die Kinder – und um die muss sich schließlich jemand kümmern. Dem Thema Mütter ist ein eigenes Kapitel gewidmet. Trotzdem vorab hier schon mal so viel: An der Mutterschaft alleine kann es nicht liegen, dass Frauen im öffentlichen Leben Deutschlands unterrepräsentiert sind, denn Französinnen oder Britinnen kriegen auch Kinder. Und schließlich gibt es auch in Deutschland ein Heer von Anwältinnen, Beraterinnen, Designerinnen und Managerinnen, das es sehr wohl schafft, Kinder und Karriere zu verbinden.

Aber ignorieren wir einfach mal, dass heute sowieso 40 Prozent der deutschen Akademikerinnen unter 40 kinderlos bleiben werden und nehmen an, die Babypause wäre in der Frauenfrage tatsächlich kriegsentscheidend. Wäre dem so, müsste dann nicht der öffentliche Dienst vor Karrierefrauen nur so überquellen? Das deutsche Beamtenrecht ist das frauenfreundlichste der Welt, Gleichstellungsbeauftragte wachen über seine Einhaltung, fühlt frau sich übergangen, kann sie klagen. Befördert wird weitgehend nach Seniorität – und da macht es gar nichts, wenn eine mal ein paar Jahre mit Erziehung beschäftigt war. Dennoch sind in den Bundesministerien im Jahr 2011 nur drei von 25 beamteten Staatssekretären weiblich.[13]

Und erst recht an den Universitäten. Ist die Berufung auf den Professorensessel erst einmal erfolgt, ist fürs Kinderkriegen alle Zeit der Welt. Fünf Monate im Jahr sind vorlesungsfrei und sonst beträgt die Lehrverpflichtung acht Stunden in der Woche. Je nach Bundesland unterschiedlich, gibt es die Möglichkeit, Frei- oder Forschungssemester einzulegen, in denen die Zeiteinteilung allein im Gusto des Forschenden liegt. Von einer C3- oder C4-Vergütung kann auch eine Alleinerziehende komfortabel leben. Aber nicht nur in den Unternehmen bleibt von den Frauen wenig zu sehen – weil es da auch deutlich schwieriger ist, Mutter und beruflich erfolgreich zu sein – sondern auch in Verwaltung und Hochschule. Im höheren Dienst der Bundesbehörden arbeiten nahezu gleich viele Frauen wie Männer, doch auf Abteilungsleiterebene stellen Frauen knapp 15 Prozent des Personals.[14]

In den Unternehmen ist es ähnlich, zumindest bei der Einstellung von Nachwuchskräften. In jeder ordentlichen Firma sitzen in den Trainee-Programmen heute 50 Prozent junge Frauen. Nur zehn Jahre später stehen die meisten – sehr zum Kummer der Personalchefs übrigens – dem Unternehmen nicht mehr zur Verfügung. Mittlerweile ist es sogar so, dass Unternehmen gerne mehr Frauen auf ihren Chefsesseln hätten und sich wundern, wo sie bleiben. »Heute fragen die meisten Unternehmen gezielt nach Kandidatinnen für Posten im Topmanagement«, sagt Barbara Hartmann, Geschäftsführerin der Personalberatung Heads. Doch der Markt sei wie leergefegt. Wie kommt man an Frauen für Führungspositionen? Personalberaterin Ulrike Wieduwilt, Partnerin von Russell Reynolds, suchte verzweifelt eine Führungsfrau mit internationaler Erfahrung für den Einzelhandel: »Eine solche war nicht zu finden.«[15] Was auch damit zusammenhängen mag, dass in einer aktuellen Umfrage nur 25 von 100 befragten Frauen sagen, sie hätten gerne eine Führungsposition inne. Bei den Männern hätten immerhin 42 Prozent gerne das Sagen. Witzigerweise finden in der gleichen Umfrage aber nur vier Prozent, dass Frauen zu wenig Ehrgeiz hätten – ist es doch viel leichter, berufliche Benachteiligung vorzuschieben. [16]

Es ist jetzt bald 20 Jahre her, dass die berühmten US-Trendforscher Patricia Aburdene und John Naisbitt[17] den »Megatrend Frauen« herauf dämmern sahen. Ihre These lautete, dass sich in den neunziger Jahren des vergangenen Jahrhunderts in allen Bereichen – Politik, Sport, Wirtschaft – Frauen nicht nur durchsetzen, sondern auch das Zepter in die Hand nehmen würden. Für die Wirtschaft erwarteten die Trendforscher sehr viel von den neuen Technologien: Das enorme Wachstum in diesem Bereich würde für qualifizierte Frauen alle Möglichkeiten aufreißen. Mit dem Boom der Neuen Medien hatten Aburdene/Naisbitt recht – aber das war es dann auch schon. Weder qualifizierten sich Frauen für technische Karrieren (siehe auch Kapitel 2: »Den Kopf nur für den Friseur?: Frauen wollen, lesen und lernen das Falsche«), noch haben sie es verstanden, den Mangel an Führungskräften, der mit dem Hype einherging, für sich zu nutzen.

Auch in den innovativen Unternehmen im Wesentlichen die Männer das Sagen. Nachwuchs ist nicht in Sicht: Im IT-Bereich ist der Frauenanteil sogar gesunken: Im Jahr 2001 lag der Frauenanteil bei Azubis in den IT-Berufen immerhin noch bei 14,2 Prozent, 2008 waren nur noch neun Prozent aller Auszubildenden weiblich, meldet der Hightech-Verband BITKOM.[18] »Die Vorstellung davon, was der Arbeitsmarkt in den Neuen Medien verlangt, ist bei vielen Frauen sehr ungenau und auch sehr naiv«, findet Pia Bohlen, Gründerin der Internet-Agentur Xbyte in Düsseldorf. Statt sich wie die Männer das nötige Fachwissen anzueignen, wollten Frauen lieber eine jahrelange Schulung und ein Zertifikat. »Sie denken, damit sei es getan. Aber was gebraucht wird, ist ein hohes Maß an Eigeninitiative«.

Daran mangelt es offenbar nicht nur in der New Economy. Seit Jahren verlassen sich Frauen darauf, dass Quotendebatten und Frauenförderung es irgendwie schon schaffen werden, den Frauen zu einer Stimme zu verhelfen. Verwunderlich daran ist nur, dass sich offenbar nicht einmal die Frauenbeauftragten selbst fragen, warum sie in all den Jahren offenbar nichts Nennenswertes zustande gekriegt haben. Eigentlich sind die Deutschen Weltmeister im Organisieren – bei 25 Jahren Projektlaufzeit und ordentlicher Finanzierung hätte sich die Situation der Frau doch dramatisch verbessern müssen. Hat sie aber nicht. Das kann entweder daran liegen, dass Frauen gar nicht zum Jagen getragen werden wollen, oder aber daran, dass die Förderlobbyistinnen seit anno dazumal auf die falschen Spatzen zielen. Genau das ist das Herz von Sonja Bischoffs Theorie: Traditionell arbeiten die deutschen Programme nämlich an der besseren Vereinbarkeit von Beruf und Familie. Die ist aber gar nicht das Problem der Frauen, wie Bischoffs empirische Forschungsergebnisse zeigen. Sie hat 2004 zum vierten Mal – nach 1986, 1991 und 1998 – jeweils 1 000 Männer und Frauen in Führungspositionen in Deutschland befragt. Ergebnis: Der Anteil der kinderlosen Frauen geht zurück! Auf der ersten Führungsebene haben die Damen heute zu knapp 67 Prozent Kinder und auf der zweiten Ebene noch zu 45 Prozent. Frauen, die auch am Kapital ihres Arbeitgebers beteiligt und daher Unternehmerinnen sind, erfreuen sich zu 80 Prozent ihres Kindersegens, trotz längerer Wochenarbeitszeiten.

Bände spricht auch, dass Bischoffs jüngster Studie zufolge 56 Prozent der von ihr befragten Chefinnen in Unternehmen arbeiten, in denen es gar kein Frauenförderprogramm gibt. Betrachtet man das Bild nach Gehaltsklassen, kommt auch kein schönerer Eindruck heraus: 64 Prozent der Topverdienerinnen sitzen in Unternehmen ohne spezifische Fördermaßnahmen. Die Managerinnen selber können übrigens gut ohne das Getrommel leben: Nur ein Prozent der Frauen und fünf Prozent der Männer glauben, dass entsprechende Projekte den Frauenanteil schnell und nachhaltig erhöhen; beide Gruppen sind eher der Meinung, sie seien als »zeitgemäße PR-Maßnahmen zu interpretieren«. 15 Prozent der Frauen ist gar der Meinung, dass Damenprojekte eher die Abwehrhaltung der männlichen Entscheidungsträger fördern als das Vorankommen der Frauen.

Viel sinnvoller wäre es wohl, den Frauen endlich gleiches Geld für gleiche Arbeit zu bezahlen – schon weil sie dann leichter ihre Kinderbetreuung finanzieren könnten. Außerdem ginge dann die Diskussion abends am Küchentisch »Schatz, ich bin schwanger. Wer bleibt denn nun von uns beiden zu Hause?« nicht grundsätzlich zu ungunsten der Mütter aus. Ein Blick auf die Bruttojahresgehälter zeige jedoch – »den schon bekannten Einkommensnachteil der Frauen«, wie Bischoff erforschte. Beispielsweise hatten 33 Prozent der befragten männlichen leitenden Angestellten über 100 000 Euro auf dem Gehaltszettel, aber nur elf Prozent der weiblichen. Das Allerschlimmste kommt aber noch: Steigt in einem Unternehmen der Anteil der Frauen in Führungspositionen, sinkt anschließend das Einkommensniveau für Frauen und Männer.[19]

Was zum Teufel haben die Damen Frauenbeauftagten bloß 20 Jahre lang gemacht?

Es kann aber auch sein, dass eine komplette Generation Frauen einfach darin versagt hat, die von den feministischen Müttern erkämpfte Freiheit auch zu nutzen. Sogar Alice Schwarzer – die nun nicht verdächtigt werden kann, übermäßig kritisch mit Frauen ins Gericht zu sehen, sagt: »Die äußeren Fesseln sind gefallen. Die Tore zur Welt stehen den Frauen offen. Und was geschieht? Angesichts der Fröste der Freiheit scheinen die Frauen zu schaudern.« Offenbar trippele die innere Emanzipation immer noch, während die Äußere in Siebenmeilenstiefeln voranstürme.[20]

Fazit: All die neuen Chancen helfen nichts, solange die Frauen sie nicht nutzen. Jeder, ob Mann oder Frau, muss Verantwortung für das eigene Leben übernehmen, und jeder Pfad zum privaten Glück ist gleich viel wert, ob er ins Hausfrauendasein oder auf den Vorstandssessel führt. Aber: Frauen müssen sich von der kollektiven Lebenslüge »Die Männer lassen uns nicht« verabschieden. Verweigerung und Schuldzuweisungen führen nicht an die Macht. Ob eine Vorstand wird oder Hausfrau, hat vor allem etwas mit den eigenen Entscheidungen und innerer Haltung zu tun, alles andere ist ein bequeme Illusion.

2.
Den Kopf nur für den Friseur? Frauen wollen, lesen und lernen das Falsche

»Es ist kein kleines Kreuz, seinen Verstand dem zu unterwerfen, der keinen hat«

Dein Theater Stuttgart

Deutschland ist ein Immerhin-Land. Immerhin sitzt mit Angela Merkel ein promovierter, weiblicher Physiker in Berlin im Kanzleramt und versammelt ein paar Ministerinnen um sich. Immerhin gibt es ein paar Unternehmensberaterinnen mit Profil, ein paar bekannte Volkswirtinnen, ein paar weibliche Piloten. Immerhin, Barbara Kux bekommt Verstärkung. Die Schweizerin war lang die einzige Frau im Vorstand eines Dax-30-Konzerns. Sie ist bei Siemens für den Einkauf zuständig und verwaltet damit ein Budget von mehr als 40 Milliarden Euro. Jetzt haben es, Kux eingerechnet, vier Frauen in die oberste Führungsriege der deutschen Wirtschaft geschafft: Angelika Dammann verantwortet beim Softwarehersteller SAP das Personalressort, Brigitte Ederer übernimmt diese Aufgabe bei Siemens. Regine Stachelhaus ist im Vorstand von E.ON für Personalfragen und Recht zuständig. Immerhin haben sich ein paar Konzerne wie die Deutsche Telekom eine Frauenquote verordnet – das allerdings vermutlich nur deswegen, um die Einführung einer gesetzlichen Quote noch irgendwie zu verhindern (siehe dazu auch Kapitel 9).

Dennoch stehen im Jahr 2011 im *Spiegel* folgende Sätze: »Männer brauchen ihre Karriere, um glücklich zu sein. Frauen sind auch als Hausfrau zufrieden. Ergebnisse einer DIW-Studie bestätigen das.«[1] Und darauf folgt kein Aufschrei der Frauenlobby? Nein. Nur der lapidare Kommentar, dass die weibliche Genügsamkeit eine eingeübte Zufriedenheit sei, weil Frauen halt jahrzehntelang nicht wirklich die Wahl hatten.

Ist das wirklich der einzige Grund? Findet sich doch auf der gleichen Seite des Magazins diese gruselige Grafik, der eine TNS-Befragung von 1000 Personen zugrunde liegt. Da antworten auf die Frage »Würden Sie gerne eine Führungsposition einnehmen« ganze 25 Prozent der befragten Frauen mit »Ja«. Selbst in der Altersgruppe 30

Das dämliche Geschlecht Barbara Bierach

ISBN 978-3-527-50601-9

bis 44 Jahre – also in den Jahren, in denen Erfolge geschmiedet werden – bejahen nur 33 Prozent den Wunsch nach einer Entscheiderrolle. Und die *Wirtschaftswoche* meldet, dass sich 59 Prozent aller Frauen unter 45 auf einen Teilzeitjob beschränken wollen.[2] Selbst Bascha Mika, kurzzeitig immerhin mal Chefredakteurin der fundamental-feministischen *Emma*, kann hinter solchen Lebenshaltungen nicht nur männliches Fehlverhalten entdecken. In ihrem Buch *Die Feigheit der Frauen* schreibt sie: »Sich abhängig machen war immer schon ein weibliches Erfolgsrezept.«[3] Das Ergebnis? Pyramiden-Organisationen: Je mehr Basis, desto Frau – je mehr Spitze, desto Mann. Und die mageren drei Prozent Top-Führungskräfte in Deutschland, die weiblich sind, stecken dann gerne auch noch in so genannten weichen Branchen wie Mode oder Gastronomie. Oder sie arbeiten in den gerne als »weich« bezeichneten Feldern wie Personal oder Marketing.

Seit einigen Jahren gibt es mehr Abiturientinnen als Abiturienten und mehr Studentinnen als Studenten und obendrein haben die Mädchen die besseren Noten, doch noch immer ist jede dritte Frau in einem Frauenberuf tätig, hat also einen Job, der zu 80 Prozent von Frauen gemacht wird – arbeitet also als Erzieherin, Kranken- und Altenpflegerin, als Verkäuferin oder in der Gastronomie. Nur jede fünfte Frau hat es in eine Domäne geschafft, in der das Geschlechterverhältnis in etwa ausgeglichen ist. Dafür bleiben Ingenieure, Chemiker, Physiker und Mathematiker sowie Lager-, Minen- und Transportarbeiter nach wie vor unter sich. Das sind reine Männerberufe mit einem Anteil von über 80 Prozent. Geschäftsführer und Bereichsleiter in allen Branchen sind zu 75 Prozent männlich, Unternehmensberater, Wirtschaftsprüfer, Steuerberater und Controller zu 65 Prozent.[4] Kurz: Die neuen Bildungschancen und die erzielte Qualifikation der Frauen schlägt sich bislang weder in den Gremien noch im Geldbeutel nieder. Frauen machen mehrheitlich nach wie vor gerne »was Soziales« für wenig Geld, Männer treffen dafür die Entscheidungen, erklären anderen, wo's langgeht und lassen sich ihr Herrschaftswissen entsprechend gut bezahlen.

Diese Einteilung in Männer- und Frauenwelten – die eine Seite macht das Geld, die andere den Dreck weg – mag früher mal funktioniert haben mit einem Scheidungsrecht, dass den Frauen den gewohnten Lebensstandard auch über das Ende einer Ehe hinaus sicherte. Doch diese Zeiten sind vorbei. In den Städten scheitert heute schon jede zweite Ehe und sobald ihr jüngstes Kind acht Jahre alt ist, wird heute von geschiedenen Frauen erwartet, dass sie sich selbst ernähren. Es wäre also hoch an der Zeit, dass Frauen mit einem anderen Bewusstsein an ihre Berufswahl und an die Rollenverteilung in ihrer Ehe herangehen.

Vielleicht wird dann endlich auf jeder Ebene für alle Beförderungen eine Frau zur Verfügung stehen – dann nur wird die eine oder andere den Weg durch die Instanzen auch ohne gesetzliche Quotenregelung schaffen. Doch leider verschwinden immer noch unendlich viele gut ausgebildete Frauen mit Mitte 30 in den Erziehungsurlaub, aus dem nur rund die Hälfte der Frauen wieder zurückkommt, die anderen gehen meist in nachrangigen Teilzeitjobs unter. In anderen Worten: Bislang fängt jede Generation Studienabsolventinnen in den Unternehmen wieder von vorne an, von Rollenmodellen und Vorbildern keine Spur. Und die berühmten Macho-Chefs brauchen sich auch gar nicht erst an weibliche Gesichter in ihren Konferenzen zu gewöhnen.

Das zu ändern, geht nur, wenn Frauen es auch ändern wollen. Und »wollen« setzt einiges voraus: Jedes Spiel hat Regeln – mitspielen darf nur, wer sie beherrscht. Das heißt, Frauen müssen sich endlich in den Berufen qualifizieren, die in der Wirtschaft gefragt sind. Als Natur- und Wirtschaftswissenschaftlerinnen, Ingenieurinnen und Juristinnen.

Tatsächlich haben wir da seit der Jahrtausendwende ein paar Fortschritte gemacht. Damals waren die beliebtesten Fächer der Frauen noch Germanistik und Kunstgeschichte. Mittlerweile jedoch studieren ähnliche viele junge Frauen wie Männer Betriebswirtschaftslehre. Und unter den zehn beliebtesten Fächern der Studentinnen finden sich heute erfreulicherweise Jura und Wirtschaftswissenschaften. Das sind die guten Nachrichten. Die schlechten sind: Auf der aktuellen Liste verbleiben jedoch auch Germanistik, Pädagogik, Anglistik und Psychologie, Fächer, die bei jungen Männern abgeschlagen rangieren. Bei denen sind nach der BWL die attraktivsten Fächer Maschinenbau, Informatik, Wirtschaftsingenieurwesen, Elektrotechnik. Wer die Karrieren machen wird, ist damit schon weitgehend definiert.

Bleibt die Frage: Studieren Frauen so häufig weiche Fächer, damit sie erst gar nicht in die Verlegenheit kommen, Erfolg zu haben? Oder haben Frauen in der Privatwirtschaft so wenig Erfolg, weil so viele von ihnen die falschen Fächer studieren? Vermutlich beides. Mit einem Abschluss in Germanistik oder Anglistik wird man in der Regel nicht Vorstand – egal, ob Mann oder Frau. Ganz offenbar finden viele Frauen den Heiratsmarkt noch immer attraktiver als den Arbeitsmarkt, frei nach dem Motto: »Wer im zweiten Semester noch keinen Doktor hat, muss ihn selber machen«. Das mag daran auch liegen, dass sich Männer ihre Frauen treu (90 Prozent), zärtlich (86 Prozent) und humorvoll (85 Prozent) wünschen, aber nicht unbedingt unabhängig (nur 63 Prozent), das zumindest ergibt eine Umfrage von Elitepartner.de.[5]

Ins Bild passt, dass noch zur Jahrtausendwende von vornherein nur 28 Prozent der weiblichen Abiturienten angeben, an einem hohen sozialen Status interessiert zu sein, aber 40 Prozent der Jungs mit Reifezeugnis.[6] Und selbst heute noch glaubt Helga Lukoschat, Geschäftsführerin des Hochschulkarrierezentrums für Frauen in Berlin, femtec, dass nur etwa ein Drittel »Ausnahmefrauen sind, die entschieden ihren Weg gehen wollen. Bei denen gibt es etwas wie ein inneres Band, das sie zieht.« Die anderen? Na ja, irgendwo müssen die ganzen Teilzeit-Jobberinnen ja herkommen.

Gedanken machen Wirklichkeit. Ein ganze Reihe von Untersuchungen belegt, dass der Intelligenzquotient von Männern in relativ enger Beziehung zu ihren Leistungen steht. Bei Frauen besteht diese Beziehung häufig nicht. Diese Diskrepanz verdeutlicht eine Langzeit-Studie der Stanford-Universität: Dort beobachten Forscher regelmäßig über 600 Kinder mit einem IQ von über 135 bis ins Erwachsenenleben. Ergebnis: Zwei Drittel der Frauen mit einem Geniewert von 170 endeten als Hausfrauen oder Büroangestellte.[7] Das Material geht sehr weit zurück – die ersten Kinder wurden schon im Jahr 1941 untersucht – und ich hoffe, dass die Ergebnisse ähnlicher Untersuchungen mittlerweile anders aussehen. Selbst wenn es Frauen laut einer Studie der amerikanischen Wayne State University und dem Deutschen Institut für Wirtschaftsforschung immer noch nichts ausmacht, wenn sie keinen prominenten Job haben: Männer sind mit zunehmend herausgehobener beruflichen Stellung auch zufriedener, bei Frauen hingegen variiert der Grad des Wohlbefindens nicht zwischen Hausfrau, Sachbearbeiterin oder Managerin.[8]

Da liegt die Beobachtung nahe, dass Frauen zwar über die gleiche Intelligenz verfügen wie Männer, sie aber oftmals anders einsetzen.

Häufig eben nicht so, dass sie zu einem Posten führt, auf dem frau auch über den Verlauf ihres Tagwerks mitreden kann. Häufig führt ihre Geisteskraft zu gar nichts, weil viele Frauen sich für nichts interessieren, das auch nur entfernt mit Politik, Wirtschaft oder Forschung zu tun hat – den Bereichen, in denen die wirklich wichtigen Themen diskutiert und entschieden werden. Kurzsichtigerweise lassen Frauen damit auch jeden Einfluss auf die Bereiche fahren, die sie vielleicht noch interessieren: Denn wie viel Geld für Soziales, Bildung und Kultur zur Verfügung gestellt wird, hängt natürlich auch von der Kraft der Wirtschaft ab und von den Entscheidungen der Politiker.

Im April 1999 – auf einem der Höhepunkte der Kosovokrise – ergab eine Untersuchung durch Renate Köcher von Institut für Demoskopie Allensbach, dass der Konflikt für 42 Prozent der Frauen kein Thema war. Generell sprechen Frauen weniger über Politik als Männer. Während sich 71 Prozent der Männer in politischen Diskussionen im privaten Kreis engagieren, tun das nur 45 Prozent der Frauen. 38 Prozent der Frauen geben an, sich bei derartigen Gesprächen aufs Zuhören zu beschränken. »Es ist bemerkenswert, wie wenig sich die Diskussionsfreude von Männern und Frauen in den vergangenen Jahrzehnten angenähert hat«, wundert sich Meinungsforscherin Köcher. In den vergangenen 30 Jahren haben Frauen in Schul- und Allgemeinbildung weitgehend gleichgezogen, aber der Anteil der Frauen, die Mitreden wollen, hat sich seit 1969 nur von 40 auf 45 Prozent erhöht. Warum? »Frauen fürchten sich vor aufgeladenen Kontroversen«, so Köcher. Nahezu jede zweite Frau hält Gespräche über Politik für einen Streitauslöser und wünscht sich lieber Harmonie.

Ach du meine Güte! Wenn Frauen nicht einmal im privaten Kreis über das sprechen möchten, was ganz wesentlich die Bedingungen betrifft, unter denen sie leben, wie sollen sie dann als Arbeitnehmer eine Meinung bilden und die formulieren? Wie sich auseinandersetzen über Projekte und Budgets?

Der Hauptgrund für die weibliche Zurückhaltung ist jedoch Desinteresse. 56 Prozent der deutschen Männer interessieren sich für Politik, aber nur 33 Prozent der Frauen. Das ist übrigens seit Jahrzehnten immer gleich und wird sich nach Meinung der Allensbach-Forscher auch nicht so bald ändern. Das Ergebnis macht betroffen:

In einem großen Test prüfte der *Spiegel*, was die Bürger über Geschichte und Politik wissen. Eine Viertelmillion Menschen machten mit und herauskam, dass Frauen rund die Hälfte der Fragen zur Allgemeinbildung in Geschichte beantworten konnten, Männer aber zwei Drittel.[9]

Vollends schlecht wird einem, wenn man sich anguckt, was Frauen lesen. Von den an Flachheit kaum zu überbietenden Frauenmagazinen wie Freundin, Elle, Gala oder Cosmopolitan und Glamour will ich dabei gar nicht reden – denn sie dienen der Erholung nach eines langen Tages Mühen. Artikel wie »Hilfe, trockene Spitzen!« (gemeint sind Haare!) oder »Was Männer im Bett wirklich wollen« (ich dachte, das wüsste nun wirklich jede) dienen zwar nicht dem beruflichen Fortkommen, aber sie machen Spaß. Eben weil sie so dusslig sind. Sehr wohl ein Problem ist dagegen die Nutzung der Tageszeitung. Innenpolitik lesen 61 Prozent der Frauen, aber 76 Prozent der Männer; Außenpolitik interessiert zwei Drittel der Männer, aber nur vier von zehn Frauen. Dieselben Untersuchungen in Amerika ergeben ein ganz anderes Bild: Uncle Sam interessiert sich genauso stark für Politik wie Aunt Samantha. Und in den USA sind im Vergleich zu uns ungefähr doppelt so viele der Menschen im mittleren Management weiblich. Ein Schelm, wer da einen Zusammenhang sieht?

In anderen Bereichen, die die Zukunft entscheidend prägen, sind Frauen ähnlich desinteressiert wie an der Politik. Den Wirtschaftsteil studieren 47 Prozent der Männer, aber nur 22 Prozent der Frauen. Auch die Rubrik »Technik und Wissenschaft« ist seit den 50er Jahren unverändert eine Männerdomäne – gelesen wird sie nur von 13 Prozent der Frauen. Riskante Techniken am liebsten ganz verbieten möchten 52 Prozent der Frauen, aber nur 32 Prozent der Männer.

Und was lesen Frauen stattdessen? Jede zweite konsumiert regelmäßig die Anzeigen und Leserbriefe, Berichte aus dem Alltag, also »Vermischtes« und die Frauenseite. Kein Wunder also, wenn Männer Frauen oft nicht ernst nehmen. Sie sind einfach schlecht informiert. Oder wie Renate Köcher sich vornehmer ausdrückt: »Im Zuge der Globalisierung und des technischen Fortschritts, der immer mehr Chancen, aber auch mehr Risiken bedeutet, öffnen sich erkennbar neue Gräben zwischen Männern und Frauen«.[10]

Die haben sich auch mehr als eine Dekade später nicht geschlossen. Die *Brigitte Kommunikationsanalyse 2010*, die das Mediennutzungsverhalten von Millionen deutscher Frauen zwischen 14 und 70 analysiert, malt folgendes Bild: Das erfolgreichste Produkt für die Besitzerin eines Hirns ist mit 6,5 Prozent Reichweite der *Spiegel*, Konkurrent *Focus* kommt auf 5,6 Prozent, die *Zeit* nur auf 2,1 Prozent. Sehr viel häufiger genossen werden dagegen *Bild der Frau* (15 Prozent), *Bild am Sonntag* (10,4 Prozent) oder die *Brigitte* (10,3 Prozent). *Spiegel*-Leser wissen mehr!

Nach ihren Werten und Leitlinien gefragt, antworten 64 Prozent der befragten Damen in der *Brigitte*-Studie, dass Familie große Bedeutung habe. Ihrem Beruf messen jedoch nur 34 Prozent hohen Wert bei, über ihr Vorwärtskommen im Leben sagen das jedoch nur 24 Prozent. »Einfluss haben« finden nur vier Prozent der Damen bedeutsam, »Eigentum« immerhin noch 17 Prozent. Und beim Thema »Chancengleichheit« kreuzt nur jede dritte deutsche Frau an, dass dieser Wert für sie von hoher Bedeutung sei. Sobald es nicht um das eigene Leben und die persönlichen Präferenzen geht, sondern um ihre allgemeine Disposition, sagen jedoch witziger weise die gleichen Frauen mehrheitlich, dass der Job für die Frau genauso wichtig sei wie für den Mann. Das heißt im Klartext: »Die Nachbarin kann ja gerne arbeiten gehen, Karriere machen und gleichberechtigt sein, das ist okay, aber ich selber geh doch lieber mit den Kindern ins Schwimmbad!« Ganz offensichtlich haben deutsche Frauen genau die Verhältnisse im Land, die sie sich wünschen.[11]

Glauben Sie nicht? Wir empfehlen wie gesagt die Lektüre der *Brigitte*-Studien. Nach ihren Interessen gefragt, nennen Frauen da – in der Reihenfolge – Partnerschaft, Gesundheit, Wohnen und Einrichten, Kochen, Internet, Bücher, fremde Länder, Produktvergleiche und Psychologie. Stark für Beruf und Karriere interessieren sich gerade mal 19 Prozent, für Altersvorsorge immerhin noch zwölf Prozent. Für Wirtschaft jedoch nur fünf Prozent, für Immobilienbesitz, Lebensversicherungen oder Geldanlage jeweils vier Prozent und für Börsenkurse nur noch zwei Prozent. Da fragt sich der Kenner verblüfft, wie wohl die an Altersversorgung interessierten Frauen die ihre betreiben, wenn sie sich für keines der dazu gehörigen Instrumente interessieren? Vermutlich feuern sie den Gatten an, schnell die Karriereleiter hoch zu krabbeln, damit der sich dann um die Moneten kümmert. Einen anderen Schluss lassen diese Zahlen kaum zu.

Männer nennen zwar auch Urlaub und CDs wenn es um ihre Interessen und Kompetenzen geht, finden aber Versicherungen und berufliche Weiterbildung ähnlich spannend. Wunderbar ins Bild passt auch, dass Super-RTL und RTL die bei den Frauen beliebtesten Fernsehsender sind – Kanäle eben mit Romanzen und US-Serien, bei denen man selten mit Ereignissen aus dem richtigen Leben belästigt wird.

Frauen wollen nicht nur das Falsche, lesen das Irrelevante, sie lernen auch das Verkehrte. Ein Drittel aller weiblichen Auszubildenden lernt einen der fünf häufigsten Frauenberufe: Einzelhandelskauffrau, Bürokauffrau, Verkäuferin, Friseurin und medizinische Fachangestellte. Die männlichen Altersgenossen wählten hingegen eher Fertigungsberufe wie Kraftfahrzeugmechaniker, Industriemechaniker, Einzelhandelskaufmann, Koch und Elektroniker. Mit den seit 2000 regelmäßig stattfindenden Girls' Day Aktionen sollen mehr junge Frauen motiviert werden, sich für die zukunftsfähigen, technischen Berufe zu interessieren. Doch die Erfolge sind bescheiden, denn seither ist der Mädchenanteil im IT-Bereich sogar weiter gesunken. Lag der Frauenanteil bei den Auszubildenden in diesem Sektor 2001 noch bei 14,2 Prozent, lag er 2008 nur noch bei neun Prozent von allen Auszubildenden. In anderen Branchen ist das Bild noch düsterer: der Mädchenanteil bei den Lehrlingen in den Metallberufen: 2,7 Prozent. Bei den Elektroberufen: 4,2 Prozent.[12] Man hat fast den Eindruck, dass all die Medien-Geschichten von den starken Mädels in Deutschland nur eines erreichen: Dass genau die so viel beschworenen Alpha-Mädchen von heute sich noch entspannter auf die alten Muster einlassen. Motto: »Wenn die Emanzipation längst Wirklichkeit ist, kann ich selber ja ruhigen Gewissens Kindergärtnerin werden und mich mit der ersten Schwangerschaft aus dem Erwerbsleben verabschieden.«

In diesem Klima ist es egal, ob Unternehmen wie die Deutsche Telekom AG sich eine Frauenquote verordnen und gerne mehr Ingenieurinnen einstellen würden, denn die Ingenieurinnen machen sich weiterhin rar. Trotz bester Berufsaussichten hat der Mädchenanteil an den technischen Studienfächern zwar die 20-Prozent-Hürde erklommen. Die Hoffnung auf Nachwuchs für die Unternehmen schwindet jedoch schnell, wenn man genauer hinguckt. Wenn sich Frauen auf Ingenieurwissenschaften überhaupt einlassen, studieren sie meist Architektur oder umweltschutzbezogene Fächer. Ihr Anteil an den Architekten mag zwar bei 25 Prozent liegen, doch bei den

Fahrzeugingenieurinnen – die Automobilindustrie ist in Deutschland schließlich eine der wichtigsten Branchen – liegt er gerade mal bei knapp sechs Prozent.[13]

Gerade Frauen müssen endlich kapieren: Die meisten unserer Auffassungen sind erlernt. Inuitkinder lernen, dass traniges Walross köstlich schmeckt und Navajokinder lieben geröstete Heuschrecken mit Honig. Hier ist man der Meinung, es gehe nichts über Milchreis mit Marmelade. Und dass gute Ingenieure Männer sind. In der ehemaligen DDR beispielsweise war es im Gegensatz zu den alten Bundesländern dagegen ganz normal, dass Frauen sich in Ingenieurwissenschaften immatrikulierten. In der Bundesrepublik Deutschland dagegen galten und gelten immer noch Zahlen, Daten, Fakten als klassische Männerdomäne, und das merkt man auch. Folgerichtig waren im Osten der Republik zur Jahrtausendwende noch 24 Prozent der angehenden Ingenieure weiblich, im Westen nur 18 Prozent. Was lernen wir daraus? Unser Denken bestimmt unser Sein. Nur weil Frauen glauben, Natur- und Ingenieurwissenschaften seien eher was für Kerle, sind sie eher was für Kerle. Bauarbeiter ist in Russland übrigens ein typischer Frauenberuf. Ähnliche Denkblockaden gibt es offenbar für viele freie Berufe: Am häufigsten sind Frauen vertreten unter Psychotherapeuten, darstellenden Künstlern und Publizisten. Bei den Patentanwälten, Wirtschaftsprüfern oder beratenden Ingenieuren dümpelt der Frauenanteil bei um die zehn Prozent.[14]

Der Boom der New Economy und die verzweifelte Suche nach Ingenieuren und Technikern in der deutschen Wirtschaft, wo tausende entsprechend qualifizierte Leute gesucht werden, wäre eine Riesenchance für arbeits- und aufstiegswillige Frauen. Hätten sie denn die richtige Ausbildung dafür. Bleibt nur zu hoffen, dass Geschichte sich wiederholt. Denn als die Schreibmaschine erfunden wurde, glaubte man zunächst auch, dass nur gut ausgebildete Männer sie bedienen könnten. In anderen Worten: Die ersten Tippsen waren Kerle. Sobald die Schreibmaschinen auf jedem Tisch standen und klar wurde, dass jeder Heinz und Klaus sie bedienen konnte, wurde Tippen ein Frauenjob.

Wer sich fürs Spiel qualifiziert hat, muss sich dann aber auch einen guten Verein suchen, regelmäßig trainieren und auch zum Spiel erscheinen, wenn angepfiffen wird. Wer dann die Tore schießt, wird vom Trainer auch wieder aufgestellt und eingesetzt. Mit diesen

Gesetzmäßigkeiten, die im Sport niemals irgendwer in Frage stellen würde, haben Frauen die größten Probleme, sobald es um ihr eigenes Leben geht. Menschen verbringen ein Drittel ihrer Lebenszeit mit Schlafen und ein weiteres Drittel mit Arbeiten. Aber Frauen gehen häufig die Wahl eines Urlaubsortes für 14 Tage mit mehr Sorgfalt an als ihre Berufswahl. Leider wird in der Gegenwart die Verweigerungshaltung der Frauen in Bezug auf die karriereträchtigen Themen gerne auch noch zur Tugend stilisiert. Frauen hätten eben ein besseres Gespür für die wahren Werte im Leben und würden sich schon deshalb dem Kampf um Macht und Einfluss entziehen. Wenn Frauen bewusst auf Distanz zu berufsorientierten Lebenskonzepten gehen, wird ihnen das oft auch unter der Rubrik »weibliche Wärme« hoch angerechnet. Doch wenn sie Familie, Freunde und Freizeit für genauso wichtig halten wie Geldverdienen, berufliche Ambition und Spaß an der Arbeit, heißt das doch im Grunde nur, dass die guten alten drei Ks »Kinder, Küche, Kirche« durch die drei Fs ersetzt wurden: »Familie, Freunde, Freizeit«. Modernere Worte für die gleichen Beschäftigungen. Und es bedeutet auch, dass sie sich beim Verdienen des Familienunterhalts immer noch nur liebend gerne auf ihren Papi oder den Gatten verlassen. Ohne sein Geld sähe es mit dem im Freundeskreis erlebten Freizeitspaß nämlich ganz schnell traurig aus.

Bislang wurde argumentiert: Frauen können nichts werden, weil Männer ihnen in der Regel die Aufstiegschancen verwehren. Und in dem daraus resultierenden Frust, ziehen sie sich eben ins Privatleben zurück. Nun regiert bei der Deutschen Telekom die Frauenquote, Volkswagen holt sich mit der Schwedin Annika Falkengren, die Vorstandsvorsitzende der Skandinaviska Enskilda Banken in den Aufsichtsrat und das Land diskutiert die Frauenfrage mit neuer Vehemenz – der rote Teppich für die Damen ist hiermit ausgerollt und man darf gespannt sein, welche Ausreden nun erfunden werden, um zu begründen, warum viele gut ausgebildete Frauen lieber in Hiwi-Jobs herumbasteln, als sich um die Topjobs zu bewerben. Vermutlich wird es nun heißen, in den Unternehmen ginge es für den weiblichen Geschmack nach wie vor zu kalt und profitorientiert zu. Selbstverwirklichung ist für frau da nicht zu haben.

Entsprechende Studien ergeben aber genau das, was die empirische Beobachtung ohnehin zeigt: Auch nicht alle Männer werden

Vorstandsvorsitzender. Fast drei Viertel aller Beschäftigten müssen sich im Verlauf ihres Berufslebens eingestehen, dass sie ihre Träume am Arbeitsplatz nur bedingt oder gar nicht ausleben können. »Selbstverwirklichung am Arbeitsplatz ist eine Legende und bleibt für die meisten Beschäftigten ein Wunschtraum. Viele verlagern deshalb 'heimlich' ihre Verwirklichungswünsche in außerberufliche Lebensbereiche wie Hobby, Sport und Urlaubsreisen«, kommentiert Freitzeitforscher Opaschowski solche Ergebnisse.

Aha. Das Leben ist also nicht nur für Frauen schwierig, auch für viele Männer. Nur wenn die sich auch ins Privatleben zurückziehen würden, wer ernährte dann die Familie? Eigentlich verwunderlich, dass die Männer sich das gefallen lassen: Madame lässt genervt den Griffel fallen und Monsieur muss weiterarbeiten bis zum Infarkt. Aaron Kipnis, ein amerikanischer Therapeut, stellt da gar die ketzerische Frage: »Was ist mit den Frauen, die ihre Männer jeden Tag zur Arbeit schicken? Behalten sie ihre Seelen, weil sie sich nicht die Hände schmutzig machen?«.

Zumindest viele erfolgreichen Frauen sind genervt von der Verweigerungshaltung ihrer Schwestern. So antwortete Christine Lagarde – zur fleischgewordenen Sensation gekürt, weil sie zur Vorsitzenden des Executive Committee der globalen Anwaltskanzlei Baker & McKenzie ernannt wurde – auf die impertinente Frage eines Reporters, wie sie sich bei dem Meeting, auf dem sie zum Chef gewählt wurde, als einzige Frau unter 40 Männern fühlte: »Ich habe mich geschämt«. Und die Chefredakteurin und Buchautorin Bascha Mika sagt: »Es ist nicht nur die männerdominierte Gesellschaft, die uns unten hält und uns keine Chance auf ein gleichberechtigtes Leben gibt. Damit lügen wir uns in die Tasche!«[15]

Die Irrationalität vieler weiblicher Lebenslügen ist in der Tat schwer nachzuvollziehen. Beispiel Stewardess, auch »fliegende Hausfrau« genannt. Der Job ist eigentlich gar nichts für Frauen: Weltweiter Einsatz, ständige Gespräche mit arroganten Geschäftsmännern, Arbeitstage von elf Stunden – gekrönt von der Notwendigkeit, fern von zu Hause im Hotel zu übernachten. Die Dienstpläne sind familienunfreundlich, die Bezahlung ziemlich traurig. Eigentlich verwunderlich, dass so viele fremdsprachenkundige Abiturientinnen Flugbegleiter werden wollen und nicht Pilotin. Die Arbeitsbedingungen wären ähnlich, aber Bezahlung, Image und Karrierechancen ungleich besser. Warum lieber »Saftschubse« (so der Branchenjargon) als Steuerfrau im Cockpit? Warum lieber Stewardessen-Ballett à la »die Notausgänge sind mit dem Wort Exit gekennzeichnet« als heroische Ansagen: »In wenigen Minuten überfliegen wir Frankfurt«?

Und warum überhaupt ist die Mehrheit der Krankenschwestern weiblich und die Mehrheit der Oberärzte im Krankenhaus männlich, obwohl der Job im Schichtdienst vergleichsweise belastend ist? »Sind Frauen selber schuld, wenn sie die falschen Berufe wählen? Oder werden sie in die besseren nicht gelassen?«, fragte der geschätzte Journalisten-Kollege Ansbert Kneip im »Spiegel« schon 1998. Das ist zumindest bei der Lufthansa nicht der Fall. Seit vielen Jahren bildet der Kranich auch Frauen zu Piloten aus, doch ihr Anteil im Cockpit liegt leider immer noch bei 4,7 Prozent – in der Kabine jedoch arbeiten zu 80 Prozent Frauen.

Das ist schmerzhaft und leider keine singuläre Erscheinung. In der Werbung beispielsweise preisen Frauen hochwirksam Fleckenreiniger an, stellen beim Kaffee mit den Freundinnen fest, dass die Tassen nicht sauber sind oder sie drehen wahnsinnig empanzipiert an der Ernährung ihrer Männer – doch auch in den Agenturen gilt nach wie vor: Mann oben, Frau unten. In den Art Director Clubs im Ausland ist jedes vierte Mitglied weiblich, der Club für Deutschland hatte 2007, als zum letzten Mal einer nachguckte, jedoch nur zehn Prozent weibliche Mitglieder. In den zehn Jahren davor stieg ihr Anteil um ganze 0,1 Prozent. Am Nachschub kann's nicht liegen, an der Hochschule für Gestaltung in Offenbach am Main sind zum gleichen Zeitpunkt 66 Prozent der Studierenden weiblich. Woran dann? Ist der deutsche adc ein Art »Art Dinosaurs Club«, wo die Männer die dicken Positionen kriegen und die Frauen die Protokollführung im Meeting?

Ganz so einfach ist es nicht, im Branchenfachmagazin *Beef* sagt Kerrin Nausch, Creative Director im deutschen Büro von Leo Burnett, sie erinnere sich nicht, je diskriminiert oder untergebuttert worden zu sein. Und Susann Schronen, die Geschäftsführerin des deutschen adc haut in dieselbe Kerbe: »Ich kann mich an keine Frau erinnern, die sich in den letzten fünf Jahren um die Mitgliedschaft beworben hätte und abgelehnt worden wäre.« Woran liegt es dann, dass in den Agenturen unten 60 Prozent Frauen rein gehen und oben nur zehn

Prozent mit Direktorenstatus wieder rauskommen? Shelly Lazarus, eine der wenigen Frauen, die es als CEO von Ogilvy&Mather ganz nach oben geschafft hat, beklagt das »brave-Mädchen-Syndrom«: Wir sind als brave Mädchen erzogen worden, die Haare gekämmt, die Schuhe immer sauber, alle Details müssen sitzen. Aber wenn man ein großes Unternehmen führt, ist nichts perfekt. Da muss man die Details opfern, damit die großen Sachen passieren. Frauen sind oft so mit Kleinigkeiten beschäftigt, dass sie das große Ganze aus den Augen verlieren. Außerdem sind sie zögerlich, wenn es darum geht, aufzustehen und eine konträre Meinung zu äußern. Das ist auch ein Teil des brave-Mädchen-Syndroms: Man redet nicht, wenn man nicht gefragt wird.«[16]

Dasselbe Bild beherrscht die PR-Agenturen. Angeblich können Frauen ja besser zuhören, sind kompromissbereiter und teamfähiger als Männer und diese Fähigkeiten prädestinieren sie geradezu für einen Job in der PR-Branche. In der Tat: Seit Jahren zählt die Public Relations zu den Berufsfeldern, in denen weit überdurchschnittlich viele Frauen arbeiten. Neueren Statistiken zufolge liegt die Frauenquote in der Ausbildung für Öffentlichkeitsarbeit sogar bei über 80 Prozent. Doch die Führungsetagen bleiben auch da trotzdem eine Männerdomäne. Dass die Fehlrepräsentation der Frauen in den Topetagen der PR-Branche nicht nur »gefühlt« ist, belegt eine Studie des Münchner Instituts für Kommunikationswissenschaft und Medienforschung an der LMU München: Frauen verdienen im Schnitt 900 Euro weniger pro Monat als ihre männlichen Kollegen. »Selbst auf gleicher Hierarchiestufe und bei gleicher Aufgabenstruktur verdienen Frauen weniger«, sagt die Studienleiterin Prof. Romy Fröhlich.[17]

Frauen haben also offenbar schon mit dem Satz »Hey Boss, ich will mehr Geld« erhebliche Probleme. Botschaft an die zumeist männlichen Chefs: Wer nicht einmal für seinen eigenen Geldbeutel zu kämpfen in der Lage ist, wird für gar nichts kämpfen. Und solange das so ist, wird sich auch trotz der vielen »-in« in den Stellenanzeigen nichts ändern: Frauen werden Bürokauffrau, Grafikerin oder Verkäuferin. Männer bleiben Geschäftsführer, Art Director und Filialleiter. Das lapidare Fazit des Kollegen Kneip von vor über zehn Jahren: »Frauen kriegen Kinder und machen den Haushalt, Männer kriegen einen Dienstwagen und machen Karriere« ist also nach wie vor brandaktuell.

3.
Macht ist eklig oder Die Angst der Frauen vor der Verantwortung

»Der Gescheitere gibt nach! Eine traurige Wahrheit; sie begründet die Weltherrschaft der Dummheit.«

Marie von Ebner-Eschenbach

Beate Seewald ist eine erstaunliche Frau. Sie ist die Chefin des Reha-Zentrums Lübben, einer Klinik für Orthopädie und Onkologie in einem ostdeutschen Naturschutzgebiet, die sie selber geplant und gebaut hat und nun auch betreibt. Kurz, eine Frau, die es nicht ausstehen kann, wenn eine nicht weiß, was sie will. Aber es gibt auch andere. Birgit Lampe zum Beispiel, von der Europäischen Akademie für Frauen in Politik und Wirtschaft zu Beate Seewald nach Lübben in den Spreewald geschickt, damit sie dort lerne, wie frau auf einen grünen Zweig kommt. Da sitzt sie nun in Lübben reserviert und zögerlich vor ihrer neuen Chefin. Bisher hatte sie nur Erfahrung mit Frauenforschung und Dritte-Welt-Politik – in Alternativprojekten also, wo es sich nicht schickt, das Wort Karriere auch nur auszusprechen. Danach machte sie ein Praktikum bei der UNO, wo sie offenbar begriff, dass Macht nicht nur ein schmutziges Wort ist, sondern auch ein Werkzeug sein kann, die Welt zu verändern. Nun ist sie im Spreewald und weiß nicht recht. Nach einem Personalgespräch sagt Seewald, die ein 220-Betten-Zentrum zu schmeißen hat: »Wer seinen Job nicht bewältigt, muss weg«. Lampe schluckt. Muss das sein?[1]

Nun, Macht und Erfolg sind nicht immer lustig. »Beginnen die Frauen, herauszufinden, was wirklich zählt, wenn man erfolgreich aufsteigen will, überfällt die meisten regelrechte Angst vor der Zukunft«. Mit diesem bitteren Fazit meint Beth Milwid die Macht. Die Unternehmensberaterin, die für RHR International psychologische Beratung für Manager anbietet, befragte 125 Frauen aus den unterschiedlichsten Berufen und Branchen zu ihrem Alltag als Arbeitnehmerinnen. Darunter Börsenmaklerinnen, Anwältinnen, Werbe- und Computerexpertinnen auf allen Stufen der Karriereleiter. Die Gespräche fanden in Unternehmen, Kanzleien, Agenturen, Hotels, Wohnzimmern und Restaurants statt. Die meisten Frauen waren zwischen

Das dämliche Geschlecht Barbara Bierach

ISBN 978-3-527-50601-9

30 und 40 Jahren alt und hatten mehr als zehn Jahre Berufserfahrung. In diesen Interviews kamen ein paar wesentliche Muster zu Tage, die mehr oder weniger allen Frauen zu denken geben, egal wo und was sie arbeiten. Milwid selber schreibt: »Die berufstätigen Frauen in allen Industrieländern sehen sich in der Bewältigung ihres Berufsalltags vor ähnliche Probleme und Herausforderungen gestellt, und zwar fast mit identischen Ablaufmustern«.[2]

Ein wesentliches Thema dabei ist Macht. Für die meisten Frauen war das Problem der Machtbeziehungen im Unternehmen auch das emotional aufwühlendste. »Hier wurde die größte Bitterkeit spürbar, flossen die meisten Tränen«, so Milwid. Gefragt nach Macht, schilderten die Frauen sichtlich erregt Episode um Episode von Korruption, Erpressung, Ausnutzung, die den Alltag im Unternehmen häufig vergiften. Alle betonten, dass sie als Berufseinsteigerinnen niemals mit so viel Gier und Aggression im Geschäftsleben gerechnet hätten.

Aber, was ist das eigentlich: Macht? Die nach wie vor treffsicherste Definition stammt von dem großen Volkswirt und Soziologen Max Weber, der schon 1920 starb. Er schrieb: Macht ist die Fähigkeit, die eigenen Ziele auch gegen Widerstand durchzusetzen.[3] Macht ist also Ausdruck sozialer Ungleichheit und unterschiedlicher Befugnisse einzelner Gruppen. Bestimmte Mitglieder einer Gemeinschaft sind auf Grund ihres Status in der Lage, Einfluss auf das Verhalten der anderen auszuüben und dadurch die Richtung für alle zu bestimmen.

Folglich hat Macht von Hause aus zwei Gesichter: Sie ist einerseits nötig, um Regeln überhaupt erst aufzustellen, ohne die das Faustrecht regieren würde. Zum Selbstzweck entartet, wird sie andererseits jedoch zur gefährlichen Waffe gegen Andersdenkende.

Beruhen kann Macht auf simpler physischer Stärke – wie im Kinderzimmer: Der Große haut den Kleinen. Oder auf Wissen und Können – wie im Klassenzimmer: Der Schlauere sagt dem Dümmeren, wo es langgeht. Manchmal beruht Macht aber vor allem auf Charisma, auf der natürlichen Fähigkeit, andere führen zu können. Auf der Kommunikationsfähigkeit und dem Selbstvertrauen, im richtigen Augenblick die richtige Entscheidung zu treffen. Persönliche Autorität eben.

Glaubt man Daniel Goleman, der es mit seinen Büchern über Emotionale Intelligenz zu Weltruhm gebracht hat, ist persönliche Kompetenz der einzige Weg, über den es Menschen in Unternehmen dauerhaft zu Erfolg bringen. Seine Argumentationskette lautet wie folgt: Menschen mit hohen Intelligenzquotienten sind nachweislich nicht die erfolgreichsten im Unternehmen. Korreliert man den IQ mit dem tatsächlich erreichten Punkt auf der Karriereleiter, zeigt sich, dass intellektuelle Begabung nur 25 Prozent zum Erfolg beiträgt. Erst wenn sich ein hoher EQ – zwischenmenschliche Kompetenz, entscheidende kognitive Fähigkeiten im Umgang mit anderen, also ein hoher emotionaler Quotient – geschwisterlich zur Intelligenz, zum IQ gesellt, entsteht ein Chef. Folgt man diesem Denken – und die Millionenauflage Golemans rund um die Welt beweist, dass viele Menschen das offenbar tun – kann man nur zu einem Ergebnis kommen: Macht ist in einer Person, oder eben nicht. Keine friedliche Organisation kann einem Menschen Macht dauerhaft verleihen. Entweder erwerben sich Individuen aus sich heraus machtvolle Positionen qua ihrer natürlichen Autorität – oder eben nicht. Oder wie Goleman lapidar sagt: »Top Performer haben beides – IQ und EQ«.

Das sind gute Neuigkeiten, denn Golemans Theorie folgend, müssten Frauen überall längst an der Macht sein: Dass sie so intelligent sind wie Männer, steht außer Frage und überdies gelten sie ja weithin als das emotional schlauere Geschlecht: Einfühlsamer, sensibler, team- und kommunikationsfähiger. Stellvertretend für viele andere sei hier Goleman zitiert: »Frauen haben generell mehr Übung in zwischenmenschlichen Fähigkeiten als Männer, zumindest in westlichen Kulturen, wo Mädchen dazu erzogen werden, stärker auf Gefühle und ihre Nuancen zu achten als Jungen«.[4]

Tatsächlich jedoch haben Frauen alles Mögliche, aber nur selten Macht. Seit 1900 sind in Deutschland die ersten Studentinnen immatrikuliert, seit 1919 haben Frauen das allgemeine Wahlrecht, seit 1958 ist das Gleichberechtigungsgesetz in Kraft, doch ihr Anteil an den Top-Jobs in Wirtschaft, Politik und Wissenschaft entspricht auch mehr als 50 Jahre später in keiner Weise ihrem Anteil an der Bevölkerung. Das mag eng damit zusammenhängen, dass Frauen es eher mit der traditionellen Philosophie halten, die davon ausgeht, dass Macht und das Streben nach ihr dem Wesen nach böse sei. Zumindest wenn Herrschaft zum Selbstzweck gerät, ohne die Anwendung sittlicher Werte. In anderen Worten: Nur durch die Anbindung an Tugenden wie Gerechtigkeit und Klugheit wird Macht sittlich gerechtfertigt. Doch Gerechtigkeit und Klugheit finden in vielen Unternehmen einfach nicht statt. Ziel eines Unternehmens ist es schließlich, finanzielle Werte (sprich: Shareholder Value) zu schaffen und nicht sittliche. Damit haben Frauen Probleme. Beispielsweise lässt Milwid eine Frau aus dem Controlling einer Fortune-500-Firma berichten: »Nachdem ich drei Tage lang in einer Strategiesitzung zur Ausarbeitung der jährlichen Unternehmensziele gesessen hatte, hatte ich es satt. Ich hatte den Eindruck, inmitten von Robotern zu sitzen, die alle nach den wichtigen Positionen in der Abteilung strebten, und dass wir hier einen dreitägigen Marathon um die Macht erlebten. Das war es auch wirklich, jeder bemühte sich, dem anderen eins auszuwischen, und war gleichzeitig drauf bedacht, selbst nichts abzubekommen. Nur der Nachbar sollte als Trottel, als Nichtskönner dastehen. Diese Typen wurden nun drei Tage lang aufeinander losgelassen, man hatte sie direkt aus den Kampfgebieten geholt. Ich fühlte mich elend, es war alles so widerwärtig, so eiskalt«.

Die Essenz dieser Erfahrung – eine unter vielen, wenn man Milwid glaubt – kann eigentlich nur sein: Wir nehmen diesen Robotern die Macht ab. Denn wenn Frauen die weicheren, wärmeren Menschen sind, wäre doch Macht in femininen Händen besonders gerechtfertigt. Die Psychoanalytikerin und Bestsellerautorin Ute Ehrhardt befindet allen Ernstes: »Immer wenn Menschen miteinander reden, verhandeln oder einen Konsens suchen, sind Frauen einen Tick besser«.[5] Wenn Frauen regierten, würde die Welt besser, und ein vergleichbares Seminar allein unter Frauen wäre sowieso wesentlich angenehmer abgelaufen – oder? Offenbar trauen sich die Frauen selber nicht über den Weg. Nichts macht Frauen so viel Angst wie Macht – besonders wenn sie selber sie übernehmen sollen. Das beobachtet auch Shere Hite, die amerikanische Sexualforscherin, deren Reports zum Stand der Geschlechterbeziehungen immer wieder hohe Aufmerksamkeit erhielten. In ihrer neuesten Studie zum Thema Männer und Frauen am Arbeitsplatz schreibt sie: »Frauen werden dazu erzogen, zu geben und zu unterstützen. Wenn sie nun versuchen, selbst nach der Macht zu greifen, befürchten sie, ein gefährliches Tabu zu brechen, dafür bestraft und zurückgewiesen und als unweiblich, rücksichtslos, aggressiv oder dominant betrachtet zu werden, eine Angst, von der ihr männliches Pendant im allgemeinen nicht geplagt wird«.[6]

Leider ist das gut beobachtet, wie zwei kleine Geschichten beweisen. Bettina Querfurth, die nach Lektorenposten in verschiedenen

Verlagen heute als Agentin arbeitet, beschreibt das Unwohlsein an der Verantwortung mit den Worten: »Als ich zum ersten Mal nicht mehr Teil eines Teams, sondern Chefin war, hatte ich ständig Angst, dass die anderen nur aus hierarchischen Gründen tun, was ich sage und nicht, weil sie meiner Kompetenz vertrauen oder mich nett finden.«

Das kommt mir irgendwie bekannt vor, denn ich selber wurde auch einmal aus einem bestehenden Team heraus befördert und mein ehemaliger Chef wurde mein Stellvertreter. Ich starb 1000 Tode, weil die anderen plötzlich an mich berichten mussten und ich fürchtete, dass alle eines Tages merken, was für ein armes kleines Würstchen ich doch bin. Außerdem pflegte ich mein schlechtes Gewissen dem älteren, männlichen Kollegen gegenüber, der ins zweite Glied zurückgetreten war. Er hatte das zwar bewusst getan und schien auch ganz erleichtert, die Verantwortung wieder los zu sein, trotzdem fühlte ich mich monatelang, als würde ich Landfriedensbruch begehen und auf seinem Terrain wildern. Um den anderen zu beweisen, dass die neue Rolle legitim an mich gefallen war, machte ich so viel wie möglich selber – und wenn ich nicht drum herum kam, etwas abzugeben, prüfte ich die von Kollegen getane Arbeit dreimal nach. Kurz: Meine Unsicherheit und Kontrollsucht machten alle wahnsinnig, mich selber inklusive. In der Folge hatte ich erst recht zu kämpfen, denn das »brave Mädchen« das ich zu sein versuchte, wurde für ihre Mühen nicht geliebt. Meine Chefs interessierten sich nicht nur nicht für meine Emotionen, sondern erwarteten von mir auch noch ein straffes, effizientes Regiment und von meinem Team spannende, aktuelle Berichterstattung. Das war im »Piep, piep, piep, wir haben uns alle lieb«-Verfahren nicht zu schaffen. Ich machte also zu allen übrigen Anfängerfehlern auch noch Druck auf die Qualität und litt darunter, dass meine ehemaligen Kollegen nicht mehr so offen wie früher mit mir über die Chefredaktion und die Verlagsführung lästerten. Loben konnte ich erst recht keinen: Ich war doch eine von ihnen und hätte es als unglaubliche Arroganz empfunden, einem Mitarbeiter zu sagen »Gut gemacht«. Das fühlte sich an, als würde ich einen Erwachsenen für einen gelungenen Purzelbaum loben. Aus »eine von uns« war »die da oben, wir da unten geworden«. Eigentlich ganz normal, aber ich drohte daran zu ersticken.

Bis ich eines Tages zweierlei kapierte. Erstens: Ich bin harmoniesüchtig. Zweitens: Die anderen sind keinesfalls doof. Meine Schlussfolgerungen aus diesen an sich banalen Erkenntnissen: Erstens werden Führungskräfte nicht dafür bezahlt, geliebt zu werden, sondern dafür, Arbeit wegzuschaufeln und Probleme zu lösen. Echte Freundschaft und offene Worte von Mitarbeitern zu erwarten, ist nicht nur kindisch, sondern auch gemein, denn die anderen müssen sich taktisch verhalten, schließlich sitzt ein Chef tatsächlich am längeren Hebel. Wenn ein Mitarbeiter den Mut hat, zu sagen, was er denkt, umso besser. Wenn nicht, kann man's ihm nicht übel nehmen, jeder muss eben zusehen, wie er das für sich beste aus einer Hierarchie mitnimmt.

Zweitens: Die anderen sind in der Regel so schlau wie man selber, man kann ihnen durchaus zutrauen, dass sie den Job schon machen, für den sie ihr Geld kriegen. Sie zu Tode zu kontrollieren, verbessert nicht das Ergebnis, im Gegenteil. Sie dagegen zu loben, wenn sie ihren Job gut und kreativ tun, ist nicht die Überheblichkeit des Überlegenen, sondern ein Führungsinstrument, das hilft, ein Schiffchen in die richtige Richtung zu steuern.

Leider brauchte ich geschlagene 18 Monate, um an diesen Punkt zu kommen und ich wundere mich noch heute, dass meine Mitarbeiter mich in dieser Zeit irgendwie ertrugen. Aus diesem Nähkästchen plaudere ich, weil meine Gefühle die Gefühle vieler Frauen sind, die irgendwo Macht in die Hände kriegen. Die Gespräche über das Unwohlsein mit der Verantwortung ziehen sich wie ein roter Faden durch meine Gespräche mit Kolleginnen, Freundinnen, Personalberaterinnen oder Personalchefinnen. Wenn Frauen viel Zeit am Arbeitsplatz verbringen – die sie ja sonst mit Familie und Freunden teilen würden – wird auch der Wunsch nach Liebe und Anerkennung in den Job transportiert: Vielen Frauen ist es dann offenbar wichtiger, Teil eines kuscheligen Teams zu sein, als aufzusteigen. Zunehmende Macht heißt aber in der Regel auch zunehmende Widerstände. Und Frauen die das erleben, bekommen Angst, fühlen sich schuldig, leiden darunter, exponiert zu sein, also stärker wahrgenommen zu werden. Und das schlimmste: Sie wundern sich, dass keiner sie automatisch dafür liebt, dass sie jetzt sagen, wo's langgeht. Und das ist doch das Wichtigste für Frauen: Geliebt werden.

Lachen Sie nicht über dieses alte Klischee, denn es stimmt. Auch dazu gibt es Untersuchungen. Den Beweis dafür erbrachte Matina Horner, eine Psychologin an der University of Michigan in Ann

Arbor. Sie und ihr Team testeten jeweils 90 männliche und weibliche Studenten, nur um festzustellen: Frauen haben die Tendenz, sich schon bei der Aussicht auf Erfolg so zu verkrampfen, dass dadurch der Wille zum Erfolg erlischt. »Frauen, die tatsächlich etwas leisten wollen und auch dazu in der Lage sind«, sagt Horner, »leiden am stärksten unter Erfolgsangst«.[7]

Konkret ließ sie die Studenten einen Aufsatz schreiben mit dem Titel: »Anne stellt nach den Prüfungen am Ende des ersten Studienjahres fest, dass sie die beste Medizinstudentin ihres Jahrgangs ist«. Die Studenten erhielten den gleichen Satz, nur dass John der erfolgreichste Student war. 90 Prozent der männlichen Eleven beschäftigten sich begeistert mit der Möglichkeit einer glänzenden Karriere. Sie empfanden Erfolg nicht nur als wohltuend, sie glaubten auch, er würde Johns Chancen beim anderen Geschlecht verbessern.

65 Prozent der Studentinnen dagegen bereitete schon der Gedanke an Erfolg lähmende Angst. Sie erwarteten für Anne negative Konsequenzen wie gesellschaftliche Ablehnung und glaubten, erfolgreiche Frauen büßten ihre feminine Attraktivität ein. Matina Horner benennt den Hauptgrund für dieses geradezu perverse Verhalten: Frauen fürchten, Erfolg im Beruf gefährdet ihre Beziehung zu Männern. Fazit: »Um nicht zu riskieren, ein Leben ohne Liebe führen zu müssen, sind Frauen offensichtlich bereit, viel aufzugeben – sie brechen ihre Ausbildung ab und geben ihre Ambitionen auf«. Mehr als alles andere wünschen sich die meisten Frauen einen Mann. Und diesem Wunsch wird dann alles andere untergeordnet. Fazit: Frauen wollen nichts riskieren. Wenn etwas gut geht, sind sie genau so ängstlich, als wenn ein Fehlschlag oder eine Absage bevorzustehen scheint. Etwas gut zu können und Erfolg damit zu haben, scheint ungeahnt viele Frauen regelrecht in Panik zu versetzen.

Viele werden jetzt einwenden, diese Thesen seien nun wirklich überholt. Tatsächlich? *Wir werden nicht als Mädchen geboren, wir werden dazu gemacht,* behauptete ein Bestseller in den späten 1970er Jahren. Damals eine Sensation, versuchte das Buch doch zu belegen, dass Eltern schon Kleinkindern geschlechtsspezifische Verhaltensweisen antrainieren, besonders zum Schaden der Töchter. Seither schütteln Mütter und Väter vehement die Köpfe und betonen, dass sie Mädchen Lego kaufen und Jungs Puppen. Unausweichlich folgt jedoch im nächsten Satz die Feststellung: »Wir können gar nichts machen, die Unterschiede sind angeboren! Unsere Mausi will trotzdem lieber Barbie spielen und Klausi steht auf Bagger.«

Eine neue Studie von der Universität Innsbruck aus der Feder von Matthias Sutter jedoch zeigt, dass an der ursprünglichen These aus der Steinzeit des Feminismus doch etwas dran sein könnte. Der Ökonom untersuchte mit spieltheoretischem Ansatz, was das Geschlecht einer Person mit ihrer Selbsteinschätzung zu tun hat und somit auch mit ihrer Lust, sich Wettbewerbssituationen auszusetzen. 780 Kinder konnten entscheiden, bestimmte Aufgaben entweder für sich alleine oder in spielerischer Rivalität mit anderen zu lösen, im Wettstreit waren allerdings mehr Punkte zu gewinnen als im Alleingang. Dabei kam heraus: Tendenziell leisten Mädchen inhaltlich oft mehr, vermeiden aber lieber Wettbewerbssituationen, während Jungen ihre Leistung eher überschätzen und fröhlich in den Konkurrenzkampf ziehen. Ähnlich Erkenntnisse erbrachten zuvor schon andere Studien, neu an Sutters Analyse ist jedoch, dass sie erstmals verschiedene Altersgruppen zwischen drei und 18 Jahren untersucht.

Genau deswegen ist die Untersuchung auch so spannend: Bei dreijährigen Kindern entscheidet sich jedes zweite für die Teilnahme am Wettbewerb, egal ob männlich oder weiblich. Mit acht wählen jedoch schon 70 Prozent der Buben den Wettstreit, bei den Mädchen aber stagniert die Quote bei rund 50 Prozent. Was passiert also in der Zeit zwischen drei und acht? Als Antwort liefert Sutter eine Beobachtung, die er während seiner Experimente machte: Die Kindergärtnerinnen beschwerten sich, es sei unfair, Buben und Mädchen konkurrieren zu lassen. »Jungs sind doch klar im Vorteil!« Die Ergebnisse zeigen aber, dass beide Geschlechter in diesem Alter die gleichen Ergebnisse erzielen. Was laut Sutter zeigt, dass die Angst vieler Mädchen vor Konkurrenz und das überbordende Selbstbewusstsein vieler Jungs nicht etwa angeboren sind, denn Gene würden auch schon bei Dreijährigen wirken – und nicht erst mit acht. Das geschlechtsspezifische Verhalten muss also andere Ursachen haben, die vermutlich in der Erziehung und dem Rollenverständnis der Gesellschaft zu finden sind.

Für Sutters These spricht, dass die Schere immer weiter klafft, wenn aus Kindern Jugendliche werden: Selbst wenn vorher beide Gruppen qualitativ gleichwertige Leistung zeigen, entscheiden sich 57 Prozent der Jungs in der zwölften Klasse für den Wettkampf gegen ihre Mitschüler – aber nur 23 Prozent der Mädchen. Forscher Sutter sagt: »Je älter die Jungen werden, desto mehr trauen sie sich zu.« Seine Schlussfolgerung für die weibliche Welt lässt nichts Gutes ahnen: »Wenn man sich von vornherein nicht auf Wettbewerb einlässt, kann man auch nicht vorankommen.« Geschweige denn gewinnen. [8]

Wenn schon Wettbewerb und potenzieller Erfolg Frauen so einschüchtert, was erst erleben sie emotional, wenn Erfolg sich zu Macht manifestiert? Was übrigens der normale Weg im Unternehmen ist: Wer etwas besonders gut kann, kriegt in der Regel irgendwann Verantwortung für Personal, Budgets oder Projekte oder alles auf einmal. Hinzu kommt, dass Macht in vielen Unternehmen nicht nach der oben erwähnten »sittlichen Rechtfertigung« verteilt ist. Dort gibt es in der Regel eine Hackordnung, politische Spielchen, Begünstigungen und Zurücksetzungen, die nichts mit individueller Leistung zu tun haben. Manche Untersuchungen gehen sogar so weit, zu vermuten, dass 50 Prozent der Zeit eines Managers mit dem Versuch verloren geht, herauszufinden, was die lieben Kollegen vorhaben.

Deswegen haben viele erfolgreiche Frauen Beth Milwid berichtet, sie seien sich selber untreu, ja fast paranoid geworden, nur um im bestehenden System überleben zu können. Wobei Frauen gewissermaßen auch besonders sensibel zu sein scheinen. Dass es in vielen Unternehmen nicht zugeht, wie in einem Mädchenpensionat, ist unbestreitbar. Viele Frauen empfinden es aber offenbar schon als zweifelhaft, wenn Menschen sich einfach taktisch verhalten. Oder eins und eins zusammenzählen können. Rotraud Perner, eine Juristin und Psychotherapeutin, die seit vielen Jahren Strategieseminare für Frauen gibt, erzählt: »Ich kann mich noch genau erinnern, wie entsetzt die weiblichen – und wie überrascht die männlichen – Teilnehmer waren, als ich in einem Seminar, in dem ich Konfliktlösungsmethoden trainierte, auf den Vorwurf einer Frau ›Aber das ist ja berechnend!‹ freundlich antwortete: ›Ja, so bin ich‹«.[9]

Die Grüne Renate Künast, ehemalige Bundeslandwirtschaftsministerin im Kabinett Gerhard Schröders, fordert dagegen geradezu einen planvollen und offensiven Zugang zur Macht: »Keine Skrupel, keine falsche Scheu vor dem niederen Trieb zur Macht darf die Frauen fortan hemmen. Denn noch immer herrscht offenbar die stillschweigende Übereinkunft, dass es sich für eine Frau nicht schickt, explizit zu verkünden: ›Ja, ich will die Macht und ich habe kein schlechtes Gewissen dabei.‹ Gleichstellung sei erst an dem Tag erreicht, an dem die erste Frau nach einer Saufrunde mit ihren Freundinnen am Zaun des Kanzleramtes rüttelt und aus vollem Herzen brüllt: ›Ich will da rein!‹ – und es ein paar Jahre später auch schafft«.[10] Inzwischen hat Angela Merkel gerüttelt und es ins dunkle Herz der Republik, ins Kanzleramt, geschafft.

Doch an den Toren der großen Konzerne wird nach wie vor nicht wirklich gerüttelt, in der vergangenen Dekade hat sich an der Repräsentation der Frauen in den Topetagen nicht viel getan. In einer gigantischen Mehrheit haben Frauen leider Angst vor der Macht, weil sie einerseits an der in vielen Unternehmen herrschenden Kultur sehen, dass Macht sehr leicht missbraucht werden kann, um Konkurrenten platt zu machen und schwächere Kollegen zu demütigen. Sie halten die herrschenden Sitten ganz einfach für roh, finden dass zu viele Menschen in diesem System Schaden nehmen und dass bei dem ganzen Gezeter zu viel Energie verloren geht. Nicht zu Unrecht. Aber andererseits verstecken die Frauen mit ihrer Kritik am hässlichen Gesicht der Macht auch die eigene Unwilligkeit, mit Macht und Verantwortung umzugehen. Denn sie selber könnten sich ja Einfluss verschaffen, um dann in ihrem eigenen Bereich die moralischen Kategorien des Unternehmertums wieder zu beleben. Stattdessen bleiben sie bis auf wenige Ausnahmen lieber in der dritten Reihe und gucken, wie sich die Männer die Nasen blutig hauen.

Von denen leiden allerdings auch viele am täglichen Hauen und Stechen, was sich auch in vielen Studien der Arbeitsmediziner manifestiert: Männer sterben fast doppelt so häufig an Herz-Kreislauf-Erkrankungen wie Frauen; verschiedenen Krebsformen erliegen 50 Prozent mehr Männer und auch Schlaganfälle treffen sie häufiger. 80 Prozent der Selbstmörder sind männlich. Alkohol- und Drogenmissbrauch und ein schwerer Verlauf der sogenannten Midlife Crisis – alles weitgehend maskuline Sorgen. Das alles liegt natürlich mit am Stress im Büro, dem viele Frauen sich lieber nicht dauerhaft aussetzen wollen. Viele werden jetzt einwenden: Also sind Frauen gar nicht dämlich – sondern lieber gesund, arm und machtlos als reich, krank und mächtig? Mag sein, aber dann sollten sie auch aufhören, sich darüber zu beschweren, dass die Welt von Männern regiert wird. Oder wie scherzte der amerikanische Romanautor Tim Robbins so schön? »Frauen leben länger als Männer, weil sie nicht wirklich leben«.

An den Männern liegt es jedenfalls nicht, dass so wenig Frauen im ersten Glied landen. Die Französin Patricia Barbizet, Vorstandsvorsitzende der Groupe Artémis, der Privatholding des Luxusfabrikanten François Pinault, kennt das Phänomen Glasdecke nur vom Hörensagen. Sie ist sich sicher, dass es sie gab, aber persönlich habe sie unter ihr nicht gelitten. »Wer am richtigen Ort ist, über die richtigen Fähigkeiten verfügt und bereit ist, eine Menge Mühe und Zeit zu opfern, der findet auch seinen Weg.« Die Frauen sollten nur nicht so tun, also ob es leicht wäre, einen hochrangigen Job und eine Familie unter einen Hut zu bringen, findet Barbizet, aber sie sollten auch nicht leugnen, dass es machbar ist.

Fabiola Arredondo, Managing Partner der Siempre Holdings in New York und früher mal Europa-Chefin von Yahoo, beobachtet sehr wohl, dass die Welt unfair ist – findet aber, dass dies nicht unbedingt eine Geschlechterfrage ist: »Es gibt sicher noch Felder, in denen sie existiert und da ist sie undurchdringlich. Aber in den meisten Situationen ist das nicht mehr der Fall. Mein Ansatz war immer: So ist das Leben! Egal ob du ein Mann bist oder eine Frau, schwarz, asiatisch oder hispanisch – irgendwas ist immer. Man muss eben einfach weiter machen. Ich konzentriere mich auf das was machbar ist, nicht auf das, was ich nicht ändern kann.«

Anderen, wie Nancy McKinstry, der Chefin des holländischen Verlags Wolters Kluwer, fehlt der Glaube an die Glasdecke gänzlich. »Es gehört zu meinem Optimismus, dass ich meine, wenn man etwas wirklich will, kann man es auch erreichen – vorausgesetzt, man verfügt über die Ausbildung und man ist bereit, die nötigen Opfer zu bringen,« sagt McKinstry und münzt dies auf Frauen und Männer. Ich glaube, dass es für Frauen alle Möglichkeiten gibt, aber es ist härter als für einen Mann, ganz nach oben zu kommen. Auf der anderen Seite: Jeder, der es bis an die Spitze schafft, muss unterwegs ein paar ziemlich gute Entscheidungen getroffen haben«. [11]

Die meisten deutschen Frauen jedoch handeln offenbar immer noch nach der Auffassung: Sollen doch die Männer sich die Hände schmutzig machen! Dann können Frauen weiterhin behaupten, dass alles besser wäre, wenn die Macht gerechter verteilt wäre. An dieser Haltung ist dreierlei merkwürdig – oder zumindest grob unfair. Erstens ist sie sachlich unrichtig: Frauen sind nicht die besseren Menschen. Zweitens münzen sie ihre Angst vor der Verantwortung zu einer Moral der Schwachen um; ein Aufstand, der – drittens – mit falschen Argumenten nur zu falschen Ergebnissen führen kann.

Doch der Reihe nach. Einerseits glauben viele Frauen offenbar ernsthaft, Frauen wären die besseren Menschen, weil einfühlsamer und teamfähiger, andererseits sind sie um keinen Preis bereit, die Verantwortung dann auch in die eigenen, besser geeigneten, verantwortungsvolleren Hände zu nehmen. Es ist leicht, auf dem Standpunkt zu beharren, Männer seien kriegerisch, kalt und dominant und neigten dazu, Macht zu missbrauchen, wenn Frauen den Beweis gar nicht erst antreten, dass sie mit ihrem Einfluss besser umgingen. Große Reden zu schwingen, war immer schon billiger, als Taten sprechen zu lassen.

Aber von dieser Heuchelei mal ganz abgesehen: Frauen sind nicht die besseren Menschen. Die Vorstellung, Männer hätten einen Killerinstinkt, der Frauen abgehe, ist weit verbreitet und beliebt, aber falsch. Der amerikanische Politikprofessor Francis Fukuyama schrieb in seinem in 20 Sprachen übersetztem Buch »Das Ende der Geschichte«, dass der zunehmende Einfluss der Frauen auf die Politik reicher westlicher Industriestaaten diese Gesellschaften gegen den Krieg einnehmen würde. Die Evolution habe nämlich dafür gesorgt, dass Gewalt, Aggression, und Statuskämpfe Teil der männlichen und nicht der weiblichen Natur seien. Fukuyama geht sogar soweit, vor den Gefahren weiblicher Friedfertigkeit zu warnen: Denn in anderen Gesellschaften führten die Massenabtreibung unerwünschter weiblicher Föten zu einer Vermännlichung und damit zu noch mehr Aggression.[12]

Nach Erscheinen des Buchs entbrannte eine wilde Diskussion, in der die Vertreter des »männlichen Mördergens« aus der Fukuyama-Schule ziemlich Prügel bezogen. Die amerikanische Journalistin Barbara Ehrenreich beschreibt beispielsweise in der Fachpublikation *Foreign Affairs*, wie sich durch die gesamte Geschichte der westlichen Welt die Angst der Männer vor dem Krieg wie ein roter Faden zieht. In vielen Gesellschaften mussten Männer mit Drogen oder religiös ausgelösten Trancezuständen überredet werden, in die Schlacht zu ziehen. Viele haben sich selber verstümmelt, um als untauglich durchzugehen.[13] Mein eigener Vater wurde im Zweiten Weltkrieg verwundet. Er versuchte im Lazarett, den glatten Durchschuss seiner Wade mit Kupferoxid von einem alten Pfennig zu infizieren. Eine schwere Sepsis, die damals oft in einer Amputation endete, wäre ihm lieber gewesen, als zurück an die Front zu gehen. Genützt hat es nicht viel, er wurde gesund und musste weiterkämpfen.

Die Kriegsunwilligkeit meines alten Herrn ist keine Ausnahme. Schon in der ruhmreichen preußischen Armee war es verboten, Feldlager zu nah am Waldrand aufzustellen, weil sich sonst zeitweise ganze Bataillone über Nacht in Luft auflösten. Gleichzeitig hat es immer schon weibliche Krieger gegeben und die ältesten Göttinnen der Menschheit waren nicht unbedingt die nährenden Erdmütter, die sich viele Zeitgenossinnen so gerne vorstellen. Die in Mesopotamien und rund ums Mittelmeer gefundenen Götterfiguren waren Jägerinnen, die Blutopfer verlangten, oft begleitet oder repräsentiert durch Löwen oder Leoparden. Erst viel später wurden diese Amazonen-Göttinnen durch die Ehe mit einem männlichen Gott gezähmt und bekamen neue Pflichten als Hüterin der Landwirtschaft.

Und von der Geschichte und akademischen Diskursen mal ganz abgesehen: Die politischen Führerinnen der Moderne machen keineswegs den Eindruck, mit dem dunklen Gesicht der Macht besondere Probleme zu haben. Über die ehemalige britische Premierministerin, Margaret Thatcher, kursierte der Spruch: Sie ist der einzige Mann im ganzen Kabinett. Sie zündelte gar mit Argentinien im Falkland-Krieg, als es innenpolitisch eng zu werden drohte. Golda Meir war als israelischer Premier keineswegs zimperlicher mit den Palästinensern als ihre Vorgänger oder Nachfolger, Indira Gandhi versuchte als indische Regierungschefin ziemlich ruppig, die Geburtenkontrolle durchzusetzen, Benazir Bhutto, in gleicher Rolle in Pakistan an die Macht gelangt, stritt wie ein Mann mit den Indern um Kaschmir. Heutezutage haben die Franzosen mit Michèle Alliot-Marie oder die Spanier mit Carme Cacón weibliche Verteidigungsminister und in Abu Ghreib sollen auch weibliche US-Soldaten wie Lynndie England Gefangene gefoltert haben. Und einige der wesentlichen Finanzinstrumente, die 2008 zum Auslöser der Kreditbombe wurde, hat übrigens eine Frau erfunden: Blythe Masters bei JP Morgan in New York. Der wichtigste Lieferant von anlagewilligen Kunden für den Superbetrüger Bernie Madoff, war ebenfalls eine Frau, Sonja Kohn, die 62-jährige Gründerin der inzwischen geschlossenen Wiener Bank Medici.

Martina Schäfer, eine Germanistin und Frauenforscherin, schrieb gar ein Buch über weibliche Aggressionen mit dem Titel *Die Wolfs-*

frau im Schafspelz, in dem sie Teile der Frauenbewegung als autoritär, menschenverachtend und gewaltverherrlichend beschreibt. Sie argumentiert, dass viele Feministinnen andere – vor allem die Männer – schlecht machen, um ihre eigenen Gewaltbestrebungen zu verharmlosen. Sie sagt: Frauen »sind nicht von Natur aus friedlicher als Männer«.[14] Das beobachtet auch Melanie Amann, die in der *FAZ* den schon seit Jahrhunderten währenden Kampf von Emanzen gegen Normalo-Frauen beschreibt und sich wundert über die dabei demonstrierte Bitterkeit: »'Ihr seid zu radikal!', kreischen die einen. 'Ihr seid zu lahm!' die anderen.« Nett geht anders.[15]

Mich erinnert die Kritik weiblicher Gutmenschen an den Herrschenden und an der Herrschaft an Friedrichs Nietzsches Gedanken zur Moral der Schwachen. In der Genealogie der Moral argumentiert er ungefähr so: Der Unterschied zwischen Gut und Böse – also die Moral, wie wir sie heute kennen – ist eine Erfindung der Priesterkaste. Eines Menschenschlags, der den ursprünglich herrschenden wilden Kämpferhorden körperlich unterlegen war und aus dieser Situation der Unterlegenheit heraus ein System brauchte, um die Starken in den Griff zu kriegen – oder besser: zu unterwerfen. Ursprünglich, in der pre-moralischen Zeit war »gut« so viel wie schön, stark, reich, kurz: vornehm und »schlecht« so viel wie arm, einfach, schwach – allerdings ohne Wertung beschrieben, als einfache Gegensätze. Durch einen »Sklavenaufstand der Moral« entwickelten die Priester Regeln, mit denen sie alles Körperliche, Starke, offen der Welt zugewandte in das schiefe Licht des Bösen stellen und verdammen konnten. »Die vom Leben Benachteiligten können sich nur dadurch gegen die Übermacht der Starken schützen, dass sie sich erstens zusammenrotten und zweitens die Werte umwerten, also die Tugenden der Starken wie Rücksichtslosigkeit, Stolz, Kühnheit, Verschwendungslust, Müßiggang usw. als Untugenden definieren und umgekehrt die habituellen Folgen ihrer Schwächen wie Demut, Mitleid, Fleiß, Gehorsam zu Tugenden erklären«, interpretiert der Philosophieprofessor und Nietzsche-Kenner Rüdiger Safranski den Gedankengang.[16] Durch die Erfindung von Konzepten wie Schuld, Gewissen und Pflicht ist es den Schwachen also gelungen, an die Macht zu kommen. Die so geschaffene Ordnung unterdrückt alles Wilde und Spontane. Folgen wir Nietzsche, besitzen nicht die Starken die Macht, sondern die Schwachen. Das Lamm besiegt den Adler.

Verstehen Sie, worauf ich hinauswill? Die Männerwelt zu verteufeln und die eigene Machtlosigkeit als moralisch höherwertig zu erklären, klingt wie das feministische Manifest. Das Problem ist bloß: Hat man Stärke und Macht erst einmal so fundamental verteufelt, kann man sie später nicht zu erringen versuchen, ohne das Gesicht zu verlieren. Hier beißt sich die Katze der Frauenbewegung in den Schwanz. Wenn Macht so eklig ist – dann müssen wir sie den Männern lassen. Wenn wir jedoch was zu sagen haben wollen – und das ist, glaube ich, der Anspruch auf den sich die meisten Frauen einigen können – dann müssen wir uns auf die Macht auch einlassen. »Schwäche kommt aus dem Glauben, man könne nicht beides sein, eine Liebende und eine Kämpferin«, schreibt Harriet Rubin in ihrem Welterfolg *Machiavelli für Frauen*. Sie beriet und betreute jahrelang amerikanische Vorstandsvorsitzende, die Fachbücher oder Biografien veröffentlichen wollten und konnte dabei aus nächster Nähe beobachten, wie mächtige Männer ticken. Das Gelernte verarbeitete sie zu einem Strategiebuch für Frauen. Einer ihrer Kernsätze lautet: »Das erste Gesetz der Principessa ist, eine Frau zu werden, die Gegensätzliches vereint. Große Krieger verstehen, dass Durchsetzungswille der Verbündete der Liebe,
Konfrontation der Verbündete des Friedens und Tapferkeit der Verbündete der Verletzlichkeit ist«. Sie schreibt aber auch, dass die innere Macht einer Frau sich gegen sie selbst wendet, wenn sie nicht freigesetzt und genutzt wird: »Wie eine Schlange dreht sie sich um und beißt ihre Besitzerin«.[17] Mag sein, dass deswegen so viele Frauen im Job und in ihren Familien so unzufrieden und frustriert sind.

Der Münchner Soziologe Reinhard Kreissl ist jedoch der Meinung, dass wir uns das innere und äußere Ringen um die Macht und die Frage: »Wollen wir sie überhaupt?« genauso gut auch schenken könnten. In seinem Buch Die ewige Zweite schreibt er: »Wo immer es Frauen gelingt, eine gesellschaftliche Position zu erobern, sich formale Rechte zu sichern, Ansprüche in bisher männlich dominierten Bereichen durchzusetzen, dort verliert das Terrain, das sie erobert haben, an Wert.« Und: »Die Feminisierung eines gesellschaftlichen Bereichs ist der sichere Hinweis dafür, dass dieser Bereich an Bedeutung, Prestige und Macht verliert«.

Geht es um die Machtfrage, drehe sich die Welt im Kreis, der Schlagabtausch sei ein liebgewonnenes Ritual: »Frau zeigt, dass sie politisch bewusst und auf der Höhe der Zeit ist, wenn sie entsprechend argumentiert, und Mann demonstriert politische Korrektheit, wenn er den Frauenstandpunkt berücksichtigt. Neue Einsichten sind hier nicht mehr zu erwarten«.[18]

Zum Beweis vergleicht Kreissl die Frauen- mit der Arbeiterbewegung. Die basierte auf der moralischen Überzeugung: Die Welt ist ungerecht und die Ursache dafür liegt im Gegensatz von Arbeit und Kapital. Kapitalisten unterdrücken Arbeiter zum Zweck der Ausbeutung. Die Frauenbewegung sah das Grundübel der Gesellschaft im Gegensatz von Mann und Frau. Die Welt ist ungerecht und die Ursache dafür liegt darin, dass Männer Frauen unterdrücken, benachteiligen, ausbeuten. Ebenso wie die Arbeiterbewegung nach 36-Stunden-Woche und Betriebsrat laufe nun die Frauenbewegung Gefahr, in der Erfolgsfalle zu verenden. Der kritische feministische Blick werde milder, so Kreissl und blicke eher auf das Erreichte zurück als nach vorn auf das noch zu Erkämpfende. Die Frauenbewegung sei damit ins Abseits geraten. »Dieses Schicksal teilt sie mit den Gewerkschaften, die als Interessensvertreter im Namen der Arbeiter sprechen, während ihnen einerseits die Mitglieder davonlaufen und sich andererseits die Arbeitswelt revolutioniert«.

Ich persönlich bin nicht der Meinung, dass die CDU als Terrain oder E.ON als Unternehmen an Wert verlieren, bloß weil Angela Merkel Kanzlerin ist und Regine Stachelhaus Vorstand. Kann ich auch gar nicht sein, sonst wäre dieses Buch nicht entstanden. Trotzdem glaube ich, Kreissl behält in einem Punkt Recht: Mit dem milder werdenden weiblichen Blick. Vereinzelte weibliche Vorstände, Frauenbeauftragte, Quotenregelungen und Zehn-Prozent-Anteile an was auch immer als Erfolg zu feiern und nicht als Beleidigung weiblicher Intelligenz und peinliche Schlappe zu sehen, halte ich für die Arroganz des Kaninchens gegenüber der Schlange.

Der Kampf um die Macht hat gerade erst begonnen. Geführt werden muss er in den Köpfen der Frauen. Denn wie sagte Nelson Mandela in seiner Antrittsrede als Präsident Südafrikas? »Unsere größte Angst ist nicht, dass wir nicht genügen. Unsere größte Angst ist, dass wir über alle Maßen mächtig sind. Es ist unser Licht, nicht unsere Dunkelheit, die uns am meisten ängstigt. Doch sich klein zu machen, rettet die Welt nicht. Es ist nichts Kluges darin, zu schrumpfen, damit sich die Leute in deiner Gegenwart nicht unsicher fühlen. Und wenn wir unser Licht scheinen lassen, geben wir unbewusst auch anderen die Erlaubnis, dasselbe zu tun«.

Ich persönlich frage mich, ob wir nicht einfach endlich aufhören müssten, über die Glasdecke zu reden – denn allein durch die ständige Erwähnung halten wir sie existent. Jeannette Wagner, die schon zu Zeiten Chefin aller Auslandsausgaben des amerikanischen Verlags Hearst Corporation war, als wir hier noch noch nicht mal Alice Schwarzer kannten, sagte über die Glasdecke: »Ich habe mich nicht damit beschäftigt. Ich habe den Lift genommen. Man darf in diesem Jargon nicht steckenbleiben, das geht einfach nicht.« Sie hat recht, finde ich – es ist besser eine Kerze anzuzünden, als endlos über die Dunkelheit in der Welt zu lamentieren.

Exkurs 1: Geschichte

»Überzeugungen sind Gefängnisse«

Friedrich Nietzsche

Zu allen Zeiten gab es Frauen in Deutschland, die ihr Leben nach ihren persönlichen Standards und Vorstellungen lebten. Oft zahlten sie dafür einen hohen Preis, weil sie dank ihrer Eigenbrötlerei der Verachtung ihrer Zeitgenossen anheim fielen. Aber sie gewannen auch einiges: Erstens ihre persönliche Freiheit und zweitens Nachruhm. Heute erinnern wir uns an sie und nicht an die Moralapostel, die den Stab über sie brachen.

Kaiserin Theophanu beispielsweise regierte das Deutsche Reich acht Jahre lang und nannte sich stolz »Imperator«. Hildegard von Bingen hielt auf den Märkten der Städte zündende Reden zu den großen Fragen ihrer Zeit. Rahel Varnhagen rüttelte an den Schranken, die ihr Jahrhundert ihr als Frau und Jüdin setzte, Cosima Wagner schuf den Wagnerkult und in Bayreuth den dazugehörigen Wallfahrtsort.

Frauen wie Katharina die Große oder Rosa Luxemburg tragen eine Botschaft in die Gegenwart: Wenn es einer Frau im 18. und 19. Jahrhundert möglich war, nach den eigenen Werten zu leben, sollte das im 21. erst recht gelten. Wenn es Frauen schon vor 1 000 Jahren gelang, sich über Ausreden wie »die Männer lassen uns nicht« und »das ist nichts für eine Frau« erfolgreich hinwegzusetzen, schmecken diese Argumente schaler mit jedem Jahr, das seither vergangen ist. Die historischen Vorbilder zeigen uns aber auch, dass auf jede nervenstarke Individualistin Hunderte von Zeitgenossinnen kommen, die ganz genau wissen, was sich schickt für eine Frau und Mutter – und die alles tun, Andersdenkende daran zu hindern, einen eigenen Weg zu gehen. Wer ihnen Bedeutung schenkt, kann nur verlieren.

Natürlich hatten es die eigensinnigen Frauen der Geschichte schwerer als gleich begabte Männer. Schon der französische Schrift-

Das dämliche Geschlecht Barbara Bierach

ISBN 978-3-527-50601-9

steller Stendhal schrieb: »Wenn man in der Geschichte so wenig geniale Begabungen unter den Frauen findet, so kommt es daher, dass die Gesellschaft ihnen jedes Ausdrucksmittel versagt. Ein kluges Mädchen von zehn Jahren ist lebhafter und geistig durchgebildeter als sein Bruder; mit zwanzig Jahren ist aus dem jungen Burschen ein Mann von Geist geworden und aus dem Mädchen eine große, linkische Törin, die schüchtern ist und Angst vor einer Spinne hat. Schuld daran ist die Erziehung, die sie erhalten hat. Alle genialen Begabungen, die als Frauen auf die Welt kommen, sind für das Glück der Allgemeinheit verloren. Die schwerste Behinderung, mit der sie fertig werden müssen, besteht in der Erziehung, durch die sie abgestumpft werden«.

Und wer erzog all die Mädchen so, dass sie dem eigenen Bild möglichst ähnlich werden? Ihre Mütter, Großmütter und Tanten. Zum Glück jedoch gab und gibt es immer wieder Ausnahmen. Doch die Mehrheit der Frauen neigt dazu, die jeweils herrschenden Verhältnisse als gegeben hinzunehmen und die eigenen Töchter in sie hineinzuzwingen. Auch deswegen kommt die Historikerin Gabriele Hoffmann, die mit ihrem Buch *Frauen machen Geschichte* zu beweisen versucht, dass Frauen zu allen Zeiten ihren eigenen Weg finden konnten, wenn sie das denn wollten, im Nachwort zu dem bitteren Schluss: »Trotz der zahlreichen Hindernisse, die vielen Frauen, besonders Müttern, in ihrem Alltag im Wege stehen, wartet die Mehrzahl der Frauen immer noch passiv darauf, dass Abhilfe von außen kommt – als hätten Frauen keine Geschichte und Tradition erfolgreicher Kämpfe, sondern nur die Geschichte der Opfer, nur die Tradition des Duldens«. Das ist nicht wahr, und es wird Zeit, die Ausreden vieler Frauen auch als Ausreden zu brandmarken.

Daran sind allerdings leider schon ganz andere gescheitert. Dem Mut und der Beharrlichkeit der Rechtsanwältin Elisabeth Selbert beispielsweise haben wir den Artikel im Grundgesetz »Männer und Frauen sind gleichberechtigt« zu verdanken. 1948 saßen 61 Männer und vier Frauen stimmberechtigt im Parlamentarischen Rat, der verfassungsgebenden Versammlung der Bundesrepublik Deutschland. Selbert war eine davon und sie kämpfte monatelang wie eine Löwin für den Gleichberechtigungsartikel. Nach gewonnener Schlacht sagte sie: »Ich hatte gesiegt, und ich weiß nicht, ob ich Ihnen das Gefühl beschreiben kann, das ich in diesem Augenblick gehabt habe. Ich hatte einen Zipfel der Macht in meiner Hand gehabt, und diesen Zipfel der Macht, den habe ich ausgenützt, in aller Tiefe, in aller Weite, die mir theoretisch zur Verfügung stand«. Genau dieselbe Elisabeth Selbert wurde jedoch von ihren Geschlechtsgenossinnen bitter enttäuscht und musste sich bis ans Ende ihres Lebens wundern, dass andere Frauen weder den Zipfel wollten, noch ihn nützten, wenn sie ihn zufällig in die Hand bekamen. Für sie war es ein »ganz schreckliches Kapitel, dass die Frauen in den Parlamenten so unterrepräsentiert sind. Sie haben doch, ganz anders als früher, alle Rechte. Sie können sich darauf berufen. Sie müssen sich durchsetzen! Es ist mir ganz und gar unbegreiflich, warum sie es nicht tun. Doppelbelastung hin oder her«.[1]

Soviel zur Mehrheit. Doch es gab immer auch eine mutige Minderheit. Eine der ersten, die aus dem Dunkel der Geschichte leuchtet, heißt Julia Agrippina. Sie ist keine Deutsche, ganz einfach, weil Deutschland zu ihrer Lebenszeit noch nicht existiert. 15 nach Christus wird sie in Köln als Enkelin von Kaiser Augustus geboren. Ihr Vater Germanicus ist römischer Feldherr – damit gehört sie der Oberschicht des römischen Reiches an. Mit 13 wird sie das erste Mal verheiratet. Aus dieser Ehe stammt ihr Sohn Nero, der später als römischer Kaiser die ewige Stadt niederbrennen wird.

Das zweite Mal heiratet sie einen reichen Reeder und beim dritten Mal ihren Onkel Claudius, Kaiser in Rom. Durch diese Ehe wird sie zur Regentin des Römischen Reiches, was Rom – selbst nach Aussagen ihrer Gegner – zum ersten Mal seit langem wieder eine stabile Regierung verschafft. Der Geschichtsschreiber Tacitus klagt allerdings 50 Jahre später in der Rückschau: »Von nun an war das Reich völlig umgedreht, alles gehorchte einer Frau«. Die nutzte ihre Macht, um Köln – damals Colonia Claudia Ara Agrippinensum genannt – im Jahr 38 die Stadtrechte zu verleihen. Bis ins fünfte Jahrhundert nannten sich die hier wohnenden Rheinländer nach ihr Agrippinenser, bis sich später der Name Colonia durchsetzte.

Agrippinas Image wird bis heute von Begriffen wie Machtgier, Zügellosigkeit und sexuellen Ausschweifungen geprägt. Ihr war's vermutlich ziemlich gleich, schließlich regierte sie Rom. Der Preis war allerdings hoch: Nach Claudius Tod wird sie von ihrem Sohn Nero nach und nach entmachtet und schließlich im Alter von 44 Jahren umgebracht.[2]

Über 900 Jahre später unterlief einem Colonier ein folgenschwerer Fehler. Prinzessin Anna – die Tochter des Kaisers von Byzanz – soll den Sohn von Otto dem Großen heiraten. Doch Erzbischof Gero von Köln bringt 972 aus dem Osten nicht die erwünschte Prinzessin Anna mit ins Reich der Ottonen, sondern Theophanu (zwischen 950 und 955 – 991), die Nichte eines Generals, der sich mittlerweile den byzantinischen Thron mit einer Palastrevolution erputscht hat. Die kaiserlichen Ratgeber empfehlen Otto I., die falsche Braut sofort wieder nach Konstantinopel zurückzuschicken, doch die elegante kleine Adlige gefällt dem alten Kaiser, dessen sicheres Urteil über Menschen weithin gefürchtet ist. Er will von Deutschland aus ein Imperium bauen und das geht nur mit dem Segen von Byzanz. Da Theophanu aus vornehmer Familie und nun schon mal da ist, heiratet sie auch seinen Sohn Otto II. und bekommt den Titel »consors regni, particeps imperii«, was ungefähr soviel bedeutet wie »Teilhaberin der Macht«. Nach mittelalterlichen Vorstellungen ist der Kaiser die von Gott bestimmte Macht und die Kaiserin teilt diese heiligen Eigenschaften.

Auch Theophanus Schwiegermama Adelheid, die Frau von Otto dem Großen, trägt den Regentinnen-Titel, weil sie große Ländereien in Italien mit in die Ehe brachte. Im Mai 973 stirbt der alte Haudegen und Theophanus Mann Otto II. wird mit 18 Jahren Kaiser – aber nicht Theophanu teilt seine Macht, Mutter Adelheid will mitregieren. Jahrelang toben zwei Machtkämpfe im Reich: einer zwischen Otto II. und verschiedenen Fürsten, die gerne selber Kaiser würden, und ein zweiter zwischen dem Familienclan um Adelheid und der Prinzessin aus dem Osten. Sie ist schließlich nur eine politische Aufsteigerin, dafür aber ehrgeizig und fähig, kühl und klug. Theophanu gewinnt schließlich ihren Kampf gegen Adelheid, weil es ihr 975 gelingt, sich mit dem Kanzler ihres Gatten zu verbünden. Der Mann heißt Willigis, ist engster Berater des jungen Kaisers, und wer ihn auf seine Seite zieht, hat die Macht in den Händen. Dieser Willigis wird Theophanus Freund und Helfer, die beiden arbeiten bis zu ihrem Tod eng zusammen. Schwiegermutter Adelheid geht nach Italien, wo sie als Statthalterin des Kaisers ihrem Sohn den Rücken freihält.

Die Auseinandersetzungen mit den Herzögen um das Reich werden zugunsten Otto II. entschieden – sieben Jahre nach dem Tod des Vaters herrscht wieder Frieden und eine stabile Regierung. Theophanu regiert mit – viele Erlasse und Urkunden aus der Zeit tragen ihr Siegel – und gebiert bis 980 drei Töchter und zuletzt auch einen Sohn, der natürlich ebenfalls Otto heißt. 981 allerdings wendet sich das Geschick von Vater Otto, er muss gegen die Sarazenen kämpfen. Geschwächt von diesen Auseinandersetzungen muss er Bayern und Schwaben an andere Familien abtreten, erreicht aber immerhin, dass sein dreijähriger Sohn auch zum Kaiser gekrönt wird – die ottonische Dynastie scheint gesichert. Im Dezember 983 stirbt Otto II. im Alter von 28 Jahren an der Malaria.

Jetzt hat Theophanu wirklich Probleme: Der Mann tot, an den Nord- und Ostgrenzen des Reiches blutige Aufstände und die Nachricht, dass Heinrich der Zänker den kleinen Otto III. aus einem Kloster entführt hat. Die deutschen Fürsten müssen nun entscheiden, wer Vormund des Kindkaisers werden soll: Der altgediente Gegenspieler von Otto II., Heinrich der Zänker, oder Theophanu? Heinrich hilft mit Versprechungen und Bestechungen nach und wo das nichts nützt, mit übler Nachrede. Er lässt im Adel verbreiten, die Witwe schlafe mit Geistlichen. Theophanu greift ihrerseits zu einer List: Sie bittet König Lothar von Frankreich, ebenfalls die Vormundschaft für Klein-Otto zu beanspruchen. Die Gefahr, dass er sie zugesprochen bekommt, ist gering, denn ein französischer König wird keine Mehrheit im deutschen Adel finden. Theophanu will mit diesem Schachzug nur Heinrichs Anspruch erschüttern, seine Anhänger spalten und sich später selber wieder ins Gespräch bringen. Währenddessen macht Heinrich einen schweren Fehler: Er lässt sich von seinen Anhängern zum König wählen. Nun wenden sich viele Fürsten gegen ihn: Sie empfinden es als Treuebruch, dass er das Recht seines Mündels übergeht. Jemand der so handelt, kann nicht oberster Richter im Reich sein. Der treue Willigis führt Theophanus Truppen an und zwingt Heinrich so in die Enge, dass der gelobt, den kleinen Otto seiner Mutter zu übergeben. Nun regiert Theophanu, Willigis bleibt ihr wichtigster Ratgeber. Der Geschichtsschreiber Thietmar berichtet über sie: »Wohl war sie vom schwachen Geschlecht, doch eignete ihr Zucht und Festigkeit und ein trefflicher Lebenswandel«. Er lobt, dass sie »ihres Sohnes Herrschaft mit männlicher Wachsamkeit« wahrt. Viele andere allerdings reden weiterhin schlecht über die Kaiserin, aber dem deutschen Reich geht es gut unter Theophanu. Die Bevölkerung wächst, Handel und Verkehr blühen, Städte und Klöster werden gegründet. An vielen Orten werden romanische Dome gebaut, allein 25 im letzten Drittel des zehnten Jahrhunderts. In den Klöstern entstehen Prachthandschriften, in den Werkstätten arbeiten Elfenbeinschnitzer und Goldschmiede. Unter der Regentschaft von Theophanu kommt es zu einem Höhepunkt mittelalterlicher Kunst und auch ihr ist es zu verdanken, dass wir heute von der Blüte der ottonischen Kultur sprechen. Dass ihr kleiner Otto 995 volljährig wird, hat Theophanu nicht mehr erlebt, sie stirbt 991. Großmutter Adelheid übernimmt seine Vormundschaft und sichert das Reich, bis dieser junge Mann, den Zeitgenossen als »mirabilia mundi« – das Wunder der Welt – bezeichneten, das Zepter übernimmt. Otto III. will die byzantinische Kultur verbreiten, Lebensart unter das Volk bringen. »Er ist ein Genie der Freundschaft, zieht die hervorragendsten Männer an, die ihm begegnen – wie seine Mutter« schreibt die Historikerin Gabriele Hoffmann. »Er will alles, was sein Großvater, sein Vater und seine Mutter wollten, und noch mehr – Theophanu hat ihn stark beeinflusst«.[3]

Katharina die Große (1729 – 1796) erlitt ein ähnliches Schicksal wie Theophanu. Sie hat Großes geleistet für ihre Wahlheimat Russland, wird jedoch noch 200 Jahre nach ihrem Tod von übler Nachrede verfolgt. Doch der Reihe nach. Im Jahr 1762 besteigt die deutsche Prinzessin Sophie Friederike von Anhalt-Zerbst in Moskau den Thron der russischen Zaren und wird Katharina II. Bis zu ihrer Thronbesteigung hatten erschreckende Brutalität und Günstlingswirtschaft den Zarenhof geprägt. Doch dann beginnt die junge Deutsche mit preußischer Gründlichkeit das Land zu reformieren. Zum Amtsantritt will sich die Zeitgenossin von Maria Theresia und Friedrich dem Großen mit den Fakten vertraut machen und fragt ihren Senat, wie viel Städte Russland habe. Niemand weiß eine Antwort. Sie schlägt vor, auf einer Karte nachzusehen – der Senat besitzt keine. Das einzige, was die hohen Herren kennen, ist die drückend hohe Schuldenlast des Staates. Und so betritt Katharina das echte Russland, das der Adel bislang tunlichst vermied: Ländlich, abergläubisch, störrisch, rückständig, von Hungersnot und Leibeigenschaft geschüttelt. Sie erkennt schnell, dass sie Wohlstand schaffen muss und beginnt auf dem Land – ist Russland doch ein riesiger Agrarstaat. Sie schickt Fachleute aus, die den Boden prüfen und geeignete Anbauten empfehlen sollen, sie bringt bessere Agrartechnik aus England ins

Land, regt die Anschaffung von Bienen und Seidenraupen an, lobt Prämien für hohe Erträge aus, führt neue Zuchtmethoden für Rinder und Pferde ein. Sie siedelt Tausende deutscher Bauern an der Wolga an, denen sie eigenen Grund gibt.

Sie fördert den Bergbau und beginnt Schulen und Akademien für Ingenieure zu schaffen. Sie führt die Handels- und Gewerbefreiheit ein und erlaubt jedem, eine Manufaktur zu eröffnen. Für kompliziertere Fertigungsmethoden lockt sie Ausländer – hauptsächlich Briten – ins Land. Sie vereinheitlicht die Verwaltung und hält ihre Gouverneure in den Provinzen dazu an, eine Infrastruktur aufzubauen, Brände zu bekämpfen und dafür zu sorgen, dass Gefängnisse und Waisenhäuser anständig geführt werden. Da es im Land keinerlei Schulen gibt, gründet sie welche und – das war in ihrer Zeit verblüffend neu – sie unterrichteten nicht nur kostenlos, sondern auch Jungen *und* Mädchen. Weil es nicht nur keine Schulen, sondern auch keinerlei medizinische Versorgung gibt, gründet sie auch noch die erste medizinische Hochschule Russlands – schließlich soll jede Provinzhauptstadt ein Krankenhaus bekommen. Die Zarin arbeitet 34 Jahre lang unermüdlich, um ihre Wahlheimat grundlegend zu zivilisieren. Schon zu Lebzeiten wird ihr deshalb der Namenszusatz »die Große« angetragen, aber sie findet, über das Maß ihrer Größe solle besser die Nachwelt entscheiden. Sie selbst sagt lediglich: »Mein Kopf ist aus Eisen und sehr widerstandsfähig«.[4]

Mit dem geht sie durch die Wand und zerstört dabei jede Menge angestammter Privilegien des Adels. Das Resultat ist bekannt: Katharina wird nicht nur »die Große« genannt, sondern auch machtgeil, herrschsüchtig, egoistisch und sexuell unersättlich. Zum Teil stimmen die Vorwürfe: Tatsächlich hat sie ihren unfähigen Mann Peter beseitigen lassen, um selber den Thron zu besteigen, zum Teil wird es ihr aber auch ergangen sein wie Theophanu. Wer seine Privilegien und Monopole zugunsten anderer abgeben muss, neigt eben zu übler Nachrede.

Die verfolgte auch Caroline Schlegel-Schelling (1763 – 1809). Sie kommt als Tochter eines bekannten Göttinger Orientalisten und Theologen auf die Welt. In der offenen Atmosphäre seines Hauses, mit Studenten und Professoren und berühmten Gästen wie Lessing, Lichtenberg und Goethe bilden sich ihre Maßstäbe. Doch dann wird sie mit dem Allerweltsmediziner Böhmer verheiratet. Erschrocken bemerkt die Zwanzigjährige, dass ihre Ideale wohl ziemlich verstiegen sind. Also fügt sie sich ins bürgerliche Leben, kriegt drei Kinder – da stirbt nach vier Jahren der Mann. Auch zwei ihrer Kinder überleben nicht. Der Schmerz lässt den heftigen Wunsch nach Selbstbehauptung erwachen. Eine weitere arrangierte Ehe schlägt sie aus und zieht mit der verbleibenden Tochter Auguste zu Freunden nach Mainz. Bald nach ihrer Ankunft besetzen französische Revolutionstruppen die Stadt und rufen die Republik aus. Caroline ist begeistert. Sie macht sich mit den Ideen der bürgerlichen Revolution vertraut und diskutiert mit den Jakobinern. Doch die Katastrophe folgt auf dem Fuß: Erstens ist sie von einem jungen Franzosen schwanger und zweitens kommen die Preußen zurück – Schluss mit Revolution, persönlich wie politisch. 1793 sitzt Caroline als Vaterlandsveräterin im Knast. Ihrem Bruder gelingt es, sie freizukriegen. Doch wo sie hinkommt, fallen die Türen ins Schloss. Für die braven Bürger ist sie eine Hure. Und wenn die Moralapostel erst von ihrer Schwangerschaft erführen, wäre sie auch noch die Witwenrente los und die Vormundschaft für die Tochter. Unter falschem Namen bringt sie heimlich einen Sohn zur Welt, der jedoch bald darauf stirbt.

Am Ende ihrer Kräfte gibt das Revoluzzerlein auf: Caroline heiratet den Literaturkritiker August Wilhelm Schlegel – einen Mann, den sie nicht liebt und dem sie sich überlegen fühlt. Doch die beiden verbindet Freundschaft, und um das ungleiche Paar herum bildet sich eine Kernzelle deutscher Romantik in Jena. In einem kleinen Haus am Roten Turm bei den Schlegels versammeln sich Novalis, Ludwig Tieck und Friedrich Wilhelm Schelling, ein Genie, das schon mit 23 als Philosophieprofessor an die Jenaer Uni berufen wird. Da schlägt das Schicksal erneut zu: Caroline verliert auch ihre Tochter Auguste. Sie sieht es als Gottes Strafe, weil sie sich in den zwölf Jahre jüngeren Schelling verliebt hat. Dennoch findet sie den Mut zu einer Scheidung und einer Liebesheirat: »Göttern und Menschen zum Trotz will ich glücklich sein«, schwört sie sich. Doch das Urteil der Bürger trifft sie mit voller Breitseite: »Aus einstigen Herzensfreunden werden Feinde, die sich in immer neuen Hasstiraden gegen sie ergehen. Es gibt kaum eine Schändlichkeit, die ihr nicht zugetraut oder gar zugeschrieben wird. Unbeschreiblich die Gehässigkeit von dummen Professorenfrauen«, schreibt die Publizistin Carola Stern in einem Portrait.

Kluge Menschen machen dumme eben böse und neidisch. Bis heute gilt: Eine Frau, die nicht bereit ist, so zu leben, wie man es von Frauen erwartet, bekommt den Hass derjenigen zu spüren, die sich unterordnen. In den Augen ihrer biederen Zeitgenossinnen war Caroline egoistisch und lieblos. Ganz anders sprachen die Männer über sie: Schlegel schwärmte von ihrer »männlichen Selbständigkeit «, die sie mit »weiblicher Lieblichkeit« verbinde; Schelling sah den »schärfsten Geist« vereinigt mit dem »liebevollsten Herzen «.[5] Caroline selber mochte Frauen nicht besonders und wird auch viele mit ihrem Hochmut vergrault haben – als Ahnfrau der Feministinnen eignet sie sich nicht. Wohl aber als Idol für Individualisten.

Rahel Varnhagen (1771 – 1833) dagegen war an ihrem Lebensende eine utopische Sozialistin und Kämpferin für Menschen- und Frauenrechte und wird heute noch als Urahnin der Frauenbewegung verehrt. Dabei litt sie ein Leben lang unter dem, was sie selbst eine »infame Geburt« nennt: arm, weiblich, jüdisch.

Sie kommt als Tochter des Berliner Kaufmanns Markus Levin auf die Welt, der zu den 500 Schutzjuden Friedrichs des Großen gehört. Dennoch sind bürgerliche Freiheiten und ökonomischer Aufstieg für männliche Juden in Preußen nur möglich, wenn sie sich assimilieren, das heißt auf ihre angestammte Tradition und Kultur verzichten. Für Jüdinnen gibt es einen noch engeren Ausweg aus der Isolation: Die Heirat mit einem Christen. Aber als der Vater stirbt, gerät die Familie in Not – Rahel hat keine Mitgift. Und besonders schön ist sie auch nicht. Kein Bräutigam in Sicht und in der Firma, die der Bruder übernimmt, darf sie auch nicht mitarbeiten. Was bleibt der Ausgestoßenen anderes, als zu lesen? Sie will sich zur gebildeten Persönlichkeit erziehen, denn »auf das Selbstdenken kommt alles an«. In der Folge wird ihre kleine Stube zum Versammlungsort für tout Berlin: Die Brüder Humboldt, die Brüder Schlegel, die Brüder Tieck, dazu Schleiermacher, Jean Paul, Brentano, Chamisso und Kleist treffen sich bei ihr. Dazu kommen Wissenschaftler, Schauspieler, Beamte und Diplomaten, deren Namen heute vergessen sind. Die Intellektuellen bewundern ihren Witz und ihr kritisches Urteil, aber dennoch bleibt sie einsam und ringt um ihre Identität. Denn Rahel bleibt Jüdin, arm und unverheiratet. Sie ist in den Häusern und bei den Ehefrauen ihrer Gäste nicht willkommen, wird nicht eingeladen, gehört nicht zur Gesellschaft. Dazu kommen traurig-verkorkste Männergeschichten mit Adligen, die sich dann doch nicht trauen, eine Jüdin zu heiraten oder mit Intellektuellen, die sie zwar bewundern, aber auch fürchten, sie könnte ihnen überlegen sein. »Negerhandel, Krieg, Ehe!« schreibt sie 1803 genervt als die für sie schlimmsten Felder schreienden Unrechts auf.[6]

Der Einmarsch Napoleons nach Berlin 1806 und die darauf folgende Restauration beenden das frühromantische Experiment einer standeslosen Gesellschaft. Neue Salons entstehen jetzt, geführt von altem Adel. Die Statuten der Christlich-Teutschen Tischgesellschaft von Achim von Armin zum Beispiel verbieten Frauen, Franzosen und Juden den Zutritt. Die alten Ideale und Idealisten halten nicht, was sie einst versprachen. Die Atmosphäre ist beklemmend.

1814 – endlich zeigt sich ein Ausweg – lässt Rahel sich taufen und heiratet den 13 Jahre jüngeren August Varnhagen. Künftig bedient sie sich seiner, um ihren heißersehnten Aufstieg ins Bürgertum doch noch voranzubringen. Auch seine Karriere als Journalist und Politikberater ist wohl ihr Werk. Rahel ist jetzt Friederike Varnhagen von Ense, eine Preußin. Und muss doch feststellen, dass sie immer noch nur mit ihrem Mann gesellschaftlich geduldet wird. Allein ist sie nichts, sie selber verschwindet hinter der festgelegten Rolle, die Name, Stand und Vermögen mit sich bringen.

Das kann es nicht gewesen sein! Sie bleibt schließlich sich selber und dem eigenen Geist treu, behält auch »als Parvenü ihre Pariaqualitäten «, wie Hannah Arendt später schreibt. Die späte Rahel entwickelt politisches Bewusstsein und beginnt, für Frauen- und Menschenrechte zu kämpfen. In ihrem zweiten Berliner Salon, den sie als Beamtengattin führt, fasziniert sie ihre Gäste als glänzende Rhetorikerin. Der zweite ist so politisch, wie der erste literarisch war: Man diskutiert über Verfassung und Republik – mit Gästen wie Grillparzer, Hegel, Heine.

Da sie keinen Beruf haben durfte, gestaltet Rahel Varnhagen ihr Leben und ihre Briefwechsel als Gesamtkunstwerk. Sie will der Nachwelt berichten vom Leiden eines Menschen, dem die Gesellschaft keine Chance gibt, seine Persönlichkeit auszubilden. Ihre Essays und Briefe gab August Varnhagen 1833 erst posthum heraus – sie wurden grundlegend für die weitere Diskussion um die Emanzipation des Individuums.[7]

Rahels emanzipatorischen Kampf haben andere weitergetragen. Helene Lange beispielsweise kämpfte um den Zugang der Frauen zu Wissen und Bildung, Clara Zetkin und Lily Braun für das Recht der Frauen, zu arbeiten, Anita Augspurg für ihre sexuelle Selbstbestimmung. Bettina von Armin, Marie von Ebner-Eschenbach Ricarda Huch oder Franziska von Reventlow schrieben, Paula Modersohn-Becker malte, Clara Wieck machte Musik. Ihr Nachlass ist in ein paar Sätzen zusammengefasst: Ohne Kampf geht es nicht. Freiheit wird einem nicht gegeben, man muss sie sich nehmen. Erwarte nicht, dass andere etwas ändern. Und: Du wirst nur selten dafür geliebt, dass du die Regeln brichst.

4.
Frauen leben länger – aber wovon? Die liebe Not mit dem Geld

»Probleme mit Geld sind besser als Probleme ohne Geld«

Malcom Forbes

»Dieser Plunder hat mich mindestens 100 000 Euro gekostet!« Meine Freundin Ira reißt die Tür zu ihrem Schrank auf und deutet mit Grabesmiene auf einen Stall von Schuhen und Markengarderobe von Armani bis Versace. Sie hat die Kündigung für ihr Apartment und eigentlich würde sie jetzt gerne eine Eigentumswohnung kaufen. Als Selbstständige verdient sie gut, lebt aber entsprechend aufwendig und hat nun nichts auf der Kante für die Anzahlung der eigenen vier Wände. So einen Spargroschen könnte unsere gemeinsame Freundin Gaby auch dringend gebrauchen. Die zweifache Mutter jobbte bislang meist in Teilzeit und das Ergebnis des Ehegattensplittings ging all die Jahre für den Familienurlaub drauf. Jetzt lässt sie sich scheiden und stellt fest, dass sie nach der neuen gesetzlichen Lage für ihr Einkommen selber verantwortlich ist, da das jüngere ihrer Kids älter ist als acht. Das wird wohl nicht ganz einfach werden. Auch ihre Nachbarin Maria hat Sorgen: Als sie vor 15 Jahren geschieden wurde, bekam sie von den auf ihren Ex laufenden Lebensversicherungen nur ihren Anteil vom Zeitwert. Der Gatte behielt die Policen. Fazit für Maria: Sie hat die mageren Jahre der Einzahlung mitgetragen, die fetten Jahre der Auszahlung kommen nun der Drittgattin zugute; sie selber lebt von rund 400 Euro Rente im Monat.

Nur ein paar Beispiele aus dem Freundeskreis – aber sie illustrieren, warum ich so vielen Frauen zurufen möchte: »Mädel, kümmere dich endlich um deine Finanzen! Wo bleibt deine Selbstverantwortung? Probleme mit Geld sind besser als Probleme ohne Geld!« Für Männer ist es selbstverständlich, genug auf die Seite zu schaffen, so dass der Lebensstandard nicht gleich zusammenbricht, wenn mal was danebengeht. Viele Frauen finden dieses Verhalten beim Ehemann normal, für sich selber jedoch betrachten sie das gleiche Benehmen als egoistisch oder gar unethisch.

Das dämliche Geschlecht Barbara Bierach

ISBN 978-3-527-50601-9

Das hat natürlich auch historische Gründe: Frauen konnten jahrhundertelang weder Verträge abschließen noch Kredite aufnehmen oder Geld anlegen. Obwohl Frauen seit dem Mittelalter Anteil an Familiengewerben hatten, wurden sie weder entlohnt, noch am Gewinn beteiligt. In Deutschland war bis 1976 ein »Sparsamkeitsgebot« Teil des Bürgerlichen Gesetzbuches, um Ehemänner vor den wirtschaftlichen Ausschweifungen einer möglicherweise verschwenderischen Ehefrau zu schützen. Diese Zeiten und Gesetze sind zwar schon vor Jahrzehnten da gelandet, wo sie hingehören, auf dem Müllhaufen der Geschichte. Übrig geblieben ist dennoch der dahinterstehende Gedanke: Brave Mädchen sind sparsam und selbstlos. Im gesamten deutschen Märchenschatz findet sich keine einzige Geschichte, in der ein weibliches Wesen zu Reichtum kommt, ohne sittsam und bescheiden zu sein. Sterntaler muss bis auf das sprichwörtlich letzte Hemd alles hergeben, bevor es Münzen regnet. Nicht die schwer geschmückten bösen Schwestern bekommen den reichen Prinzen, sondern Aschenputtel, denn sie macht lieb und nett die Sklavenarbeit.

Auch in diesem Fall schaffen Gedanken Wirklichkeit: »Wir haben zwar gelernt, für den täglichen Bedarf zu sparen und entsprechend zu wirtschaften, aber abstrakte Kapitalanlagen sind bisher weniger unsere Domäne. Warum ist es sonst möglich, dass viele Frauen zwar seit Jahrzehnten die Familienkasse gewissenhaft verwalten, aber dennoch zu Geldopfern werden, wenn es sich um ihre eigenen finanziellen Belange handelt?«, fragt die Wirtschaftsjournalistin Cornelia Heins.[1]

Ja warum? Und was meint Heins mit Geldopfer? Nun, sicher nicht das, was in der Kirche im Klingelbeutel landet. Sondern den Fakt, dass zwei Drittel der über 65-Jährigen, die von Sozialhilfe leben weiblich sind.[2] Oder den, das viele Ehefrauen nicht wissen, was ihr Mann verdient – und schon gar nicht, was er mit dem gemeinsamen Geld macht. Immer noch verlassen sich acht von zehn Frauen sich in allen Fragen der Vermögensbildung auf einen Mann.

Frauen sparen nicht, um Vermögen anzuhäufen, sondern für größere Anschaffungen und die Kinder. In der Folge geht der Wohlstand in diesem reichen Land an den meisten Frauen vorbei. Und nicht nur hier: Drei Fünftel der Ärmsten dieser Welt und zwei Drittel der Analphabeten sind Frauen. Zählt man unbezahlte Arbeit mit, werden zwei Drittel davon weltweit von Frauen erledigt, dafür erhalten sie zehn Prozent von der Weltlohnsumme; vom Vermögen der Welt besitzen sie ein Prozent.[3]

Mit mangelnder Begabung für den Umgang mit Kapital hat diese Misere übrigens nichts zu tun: Wenn Frauen sich überhaupt damit beschäftigen, verwalten sie ihr Vermögen besser als Männer. Sowohl in steigenden als auch in fallenden Märkten schneiden sie erfolgreicher ab als das starke Geschlecht. Das zeigt eine Untersuchung des Onlinebrokers DAB Bank, der dazu die Depots seiner weiblichen und männlichen Kunden untersucht hat. Demnach beendeten die Damen das Horrorjahr 2008 mit einem Verlust von durchschnittlich 30 Prozent. Die Börsen der Welt (gemessen mit dem MSCI World Index) büßten dagegen im Schnitt 42 Prozent ein. Während die Frauen den Weltindex somit um zwölf Prozentpunkte schlagen konnten, waren die Männer nur um sechs Prozentpunkte besser. Auch im guten Börsenjahr 2007 bewies die weibliche Kundschaft mehr Geschick. Sie erzielte eine durchschnittliche Rendite von 18 Prozent. Die Männer schafften hingegen nur 14 Prozent. Zum Vergleich: Der MSCI World Index legte im selben Zeitraum um sieben Prozent zu. Die aktuellen Zahlen bestätigen die Ergebnisse früherer Studien aus aller Welt. [4]

Doch wie erklärt sich der nachhaltige Erfolg der Frauen? Kirsten Sänger ist Abteilungsdirektorin bei der Privatbank HSBC Trinkaus & Burkhardt in Düsseldorf, wo sie Firmenkunden und institutionelle Anleger betreut. Sie sagt über weibliche Banker: »Frauen verzichten lieber mal auf ein schnelles Geschäft, um eine langfristig profitable Kundenbeziehung aufzubauen. Insofern verhalten sie sich im Hinblick auf die Kunden strategischer und sind mittelfristig damit auch erfolgreicher als Männer. Das ist in einem so profitorientierten Umfeld wie dem unseren auch leicht in Zahlen zu messen und von daher auch unter den männlichen Kollegen unbestritten«.

Das deckt sich in Teilen mit den Ergebnissen der DAB Bank. Die untersuchte die Zusammensetzung der Depots und Frauen sind demnach sicherheitsorientierter und halten in ihren Depots vergleichsweise weniger Aktien und Optionsscheine, dafür mehr Anleihen und breit gestreute Fonds. Ende 2008 hatten Frauen durchschnittlich 41 Prozent ihres Vermögens in Aktien investiert, Männer dagegen 48 Prozent. Anleihen waren in Frauendepots mit 16 Prozent dagegen deutlich stärker vertreten als in Männerdepots (13 Prozent). Außerdem investierten die Damen 36 Prozent ihres Kapitals in Fonds, die Männer nur 31 Prozent. Trotz ihrer geringeren Aktienquote gelang es den Frauen, selbst im guten Börsenjahr 2007 eine höhere Rendite einzufahren. »Sie treffen offenbar die bessere Auswahl bei ihren Investments«, schlussfolgert die DAB Bank.

Doch noch ein weiterer Faktor erklärt den Erfolg der Frauen: Sie stehen zu ihren Investitionsentscheidungen und schichten weniger um. 2008 führten die Frauen beim Onlinebroker im Schnitt 5,3 Transaktionen durch, während die Männer neun Transaktionen tätigten. Traurigerweise sind die Damen trotz ihres Erfolges sind weniger börseninteressiert. Ende 2008 verwaltete die DAB Bank in Deutschland rund 465 000 Depots, wovon nur 27 Prozent auf Frauen entfielen.

Misswirtschaft ist also keinesfalls ein weibliches Problem: Unter den Selbstständigen gehen beispielsweise weitaus weniger Frauen pleite als Männer. Und eines der erfolgreichsten Entwicklungsprojekte der Welt hat auch damit zu tun, dass Frauen intelligent wirtschaften: Seit vielen Jahren vergibt die Grameen-Bank in Bangladesh Kleinkredite an Frauen, denen oft nur ein paar Dollar fehlen, um sich selbstständig zu machen oder sich aus Schuldknechtschaft freizukaufen. Der Erfinder der Grameen-Bank, der Wirtschaftsprofessor und Nobelpreisgewinner Muhammad Yunus, lernte dabei, dass Frauen ihren Kredit zum eigenen und der Familie Wohl einsetzen, indem sie zum Beispiel eine Nähmaschine kaufen und künftig als Schneiderin arbeiten, während Männer eher dazu tendieren, sich ein Statussymbol wie zum Beispiel ein Mofa zuzulegen, mit dem sie nichts weiter zum Familieneinkommen beitragen. Und Yunus weiß: Frauen zahlen das Geld pünktlich und verzinst zurück, weil sie ihrerseits wissen, dass damit wieder eine andere Frau Kredit finden wird. Mittlerweile haben in Bangladesch Millionen Frauen damit begonnen, sich selbst und ihre Kinder aus dem Elend zu schaufeln. Und das Konzept der Bank wird mittlerweile in vielen anderen Ländern kopiert.

Frauen können also sehr wohl mit eigenem Geld umgehen, selbst wenn sie ansonsten Analphabeten sind – wenn sie denn wollen. Damit sind wir erneut an einem Punkt, an dem deutlich wird, dass Frauenarmut zumindest in reichen Industriestaaten wie Deutschland auch mit dem dummen Verhalten und der Verweigerung der Mehrheit der Frauen zu tun hat, endlich Verantwortung für sich selbst zu übernehmen. Ein Heer von ihnen interessiert sich offenbar tatsächlich höchstens fürs Geldausgeben, aber nicht fürs Geldverdienen und schon gar nicht fürs Geldanlegen. Vom Kleingedruckten in Versicherungsverträgen ganz zu schweigen. Frauen leben im Schnitt sieben Jahre länger als Männer, bloß wissen sie oft nicht, wovon. Warum?

Einerseits spielen die typisch weiblichen Karrierebiographien inklusive Babyjahren eine Rolle; andererseits haben viele Frauen auch schlicht ein gebrochenes Verhältnis zu Geld. Zwar sagen rund 97 Prozent der Frauen, Altersvorsorge sei für sie ein wichtiges Thema und man sollte sich rechtzeitig damit beschäftigen – und rund 78 Prozent tun dies auch. Vier von zehn Frauen in Deutschland lassen dieser Einsicht aber keinerlei Taten folgen: Sie geben ihr Geld lieber für Konsumartikel aus, anstatt es in die eigene Rente zu stecken. Unter den 30- bis 39-jährigen Frauen ist es sogar jede zweite. Das ergab eine repräsentative Infratest-Umfrage im Auftrag des Versicherungskonzerns DBV-Winterthur und des Hamburger Instituts für Management und Wirtschaftsforschung.[5] Die Folgen hören sich dann ungefähr so an: »Als immer voll berufstätige Frau und Akademikerin, mit der typisch weiblichen Patchwork-Erwerbsbiographie (inklusive der Auszeiten) und dem der Vereinbarkeit von Familie und Beruf geschuldeten Arbeitsplatz mit Überqualifizierung, sehe ich mich aktuell einer Rente von etwa 500 Euro gegenüber,« schreibt eine 55-jährige Frau in einem Forum der *Zeit*.

In der Tat, zwei Drittel der deutschen Rentnerinnen erhalten weniger als 750 Euro im Monat, bei den Männern jedoch kriegen sechs von zehn zwischen 900 und 1500 Euro.[6] Mit dem ansonsten angesparten Vermögen ist es auch nicht weit her: Laut dem »Investmentbarometer« der GfK verfügen Frauen über deutlich weniger Privatvermögen als Männer. Nur fünf Prozent der westdeutschen Frauen besitzen mehr als 50 000 Euro. »Frauen fallen oft aus allen Wolken, wenn sie sich zum ersten Mal ihre Ansprüche ausrechnen lassen«, beobachtet auch Svea Kuschl, eine Münchner Finanzberaterin, die sich auf Frauen spezialisiert hat. Die miesesten Versorgungsansprüche haben übrigens Frauen, die ausschließlich auf die gesetzliche Rente vertrauen und Hausfrauen – die vertrauen ausschließlich auf ihren Mann.

Helma Sick, Inhaberin von frau & geld Finanzdienstleistungen für Frauen kennt die ganze Liste der Argumente, mit denen Frauen begründen, warum Geld für sie kein Thema sein kann oder darf. Das altkatholische Argument beispielsweise: Das Sakrament der Ehe ist unauflöslich, mein Mann muss sich um mich kümmern; oder das hedonistische: Heute will ich leben, was in 20 Jahren ist, interessiert mich nicht; oder das pessimistische: Wer weiß, vielleicht habe ich ja in fünf Jahren Krebs und brauche keine Altersversorgung. Und weiter geht die Liste mit dem esoterischen Argument: Ich muss nur Vertrauen haben, dann wird für mich gesorgt; und dem bescheidenen: Im Alter braucht man sowieso viel weniger Geld; oder dem arroganten: Ich habe Wichtigeres zu tun. Und schließlich folgt das naivste Argument: Wenn du denkst es geht nicht mehr, kommt von irgendwo ein Lichtlein her.

Wenn man Finanzexperten fragt, was diese Einstellungen für lebenspraktische Folgen nach sich ziehen, kommt mehr oder weniger unisono ungefähr folgende Fehlerliste der Frauen im Umgang mit Geld heraus: 1. Frauen verlassen sich auf ihren Gefährten und kümmern sich selber um gar nichts. 2. Und wenn Frauen sich selber um ihre Brötchen kümmern, machen sie sich nicht die Mühe, zu erforschen, wie sie ihr Geld am gewinnbringendsten anlegen könnten. 3. Frauen haben Angst vor Risiken. Selbst Frauen, die Mitarbeiter führen und jeden Tag wichtige Entscheidungen treffen, vermeiden in ihren privaten Finanzen auch noch das kleinste Risiko – auf Kosten der Rendite. 4. Frauen verdienen zwar weniger als ihre Männer, zahlen aber gleichviel in die gemeinsame Kasse. Soll heißen: Sie steckt ihr Geld in Konsum, Er schafft derweil Vermögen. 5. Massen von Frauen sitzen in einer lebenslangen Misere fest, weil sie für ihren Partner gebürgt und/oder seinen Kreditvertrag mitunterschrieben haben. Sollte die Partnerschaft platzen – und in den Städten wird jede zweite Ehe geschieden –, die Bürgschaft lebt weiter! 6. Frauen bitten ihren Mann um Geld und müssen dann auch erklären, wofür sie es brauchen. Um das zu vermeiden, müssen sie nicht unbedingt Karriere machen. Hausfrau ist ein respektabler Beruf, der auch eine angemessene Vergütung wert ist. Das muss man den Männern nur beibringen. 7. Über 90 Prozent der Frauen belassen es bei ihrer Heirat bei der gesetzlichen Regelung, die Frauen erheblich benachteiligt. Existenzprobleme bei der Scheidung sind häufig die Folge.

Warum das so ist? Nun, bei der Trennung hat die Frau über den Versorgungsausgleich Anteil an der gesetzlichen Rente ihres Mannes. Aber dieser Anteil ist in der Regel zum Sterben zu viel und zum Leben zu wenig. Weil Männer das in der Regel wissen, schließen sie häufig Lebensversicherungen ab, um Kapital zu bilden und im Falle ihres Todes die Gefährtin abzusichern. Bei einer Trennung allerdings wird auch die etwa bestehende private Vorsorge geteilt. Ein Lebensversicherungsvertrag beispielsweise ist aber auf eine lange Laufzeit eingerichtet. In den ersten Jahren fällt in der Regel kaum Gewinn an. Erst im Lauf der Jahre wirkt der Zinseffekt und am Ende wird das Durchhaltevermögen mit dicken Schlussgewinnen belohnt. Läuft die Lebensversicherung auf den Mann, erhält die Frau bei der Scheidung nur ihren Anteil an dem nicht besonders hohen Rückkaufswert. Heiratet der Ex wieder, sieht es ganz trübe aus, denn bezugsberechtigt im Todesfall ist dann die Neue. Fazit für die Erstfrau: Sie hat dann die mageren Jahre der Einzahlung mitgetragen, die fetten Jahre der Auszahlung kommen ihr aber nicht zugute.

Auch den sechsten Punkt »Frauen bitten um Geld« finde ich spannend: Frauen haben Schwierigkeiten, Geld für sich zu fordern und formulieren selbst legitime Ansprüche noch als Frage. Vielleicht erklärt diese Schwäche, warum Frauen sich in Deutschland noch immer mit rund 23 Prozent weniger Gehalt für die gleiche Arbeit abspeisen lassen. Der *Studentenspiegel 2010* jedenfalls deckt auf, dass schon bei Berufseinsteigern männliche Absolventen 20 Prozent mehr Gehalt für den ersten Vollzeitjob verlangen als ihre Kommilitoninnen. In den meisten Fällen erwarten selbst die besten 25 Prozent der Frauen noch weniger Gehalt als die schlechtesten 25 Prozent der Männer. Fazit: »Die Gehaltslücke ist bereits da, bevor junge Akademikerinnen ins Berufsleben einsteigen – in den Köpfen der künftigen Bewerberinnen.«[7] Das Wissenschaftszentrum Berlin für Sozialforschung bestätigt dieses Bild mit der Erkenntnis, dass Akademikerinnen fünf Jahre nach dem Abschluss durchschnittlich 20 Prozent weniger verdienen als Akademiker des gleichen Jahrgangs. Das ist zwar unfair, aber nicht verwunderlich, denn Befragungen belegen: Nur etwas mehr als die Hälfte der weiblichen Studierenden finden bei der Wahl des Studienfachs die Aussicht auf gute Verdienstmöglichkeiten wichtig. Bei ihren männlichen Kommilitonen sind es 75 Prozent. Entsprechend wenig wettbewerbsorientiert verhandeln die jungen Frauen dann offensichtlich auch ihre Gehälter.[8]

Eva Döpinghaus, Frauenbeauftragte im Landkreis Freising bei München, beschreibt das Problem wie folgt: »Ob es um eine Gehaltserhöhung, ein Honorar oder Kredit geht – Frauen nehmen häufig die

Rolle der Bittstellerin ein, ihnen ist es unangenehm, über Geld zu sprechen«. Ihre Liste geht noch weiter: Frauen »vergessen« im Einstellungsgespräch nach dem Gehalt zu fragen, sie äußern sich in Gehaltsverhandlungen vage, während Männer klare und hohe Forderungen stellen – um sich dann gnädig herunterhandeln zu lassen. Selbstständige lassen in der Kalkulation ihr eigenes Honorar unter den Tisch fallen, Hausfrauen haben ein schlechtes Gewissen, wenn sie sich selber was kaufen.

In dieses Bild passt auch, dass für den einzigen Beruf, der fast ausschließlich von Frauen ausgeübt wird – den der Hausfrau – bis heute kein monetärer Wert gefunden ist. Frauen akzeptieren das – mit traurigen Folgen. Wenn für den Rest der Menschheit Geld der Maßstab für Erfolg, Status und Prestige ist, kurz: das universelle Maß für Exzellenz – muss das Selbstvertrauen von Hausfrauen ja auf der Strecke bleiben. Auch anders herum wird ein Schuh daraus: Die Tatsache, dass Frauen sich immer noch mit weniger Geld für die gleiche Arbeit abspeisen lassen, erlaubt Rückschlüsse auf ihr Selbstwertgefühl und ihre eigene Meinung von der Bedeutung ihrer Leistung.

Nicht einmal die Finanzkrise, die uns alle ärmer machte, konnte den weiblichen Wunsch wecken, für eine womöglich wackelige Zukunft besser vorzusorgen, sagt Heide Hertel-Hermann vom Frauenfinanzdienst: »Ich beobachte seit dem Beginn der Krise eine größere Zurückhaltung bei Frauen, sich um ihre Altersversorgung zu kümmern und persönliche Geldangelegenheiten souverän zu entscheiden. Lag die Quote der aus unterschiedlichsten Gründen Unentschlossenen in der Zeit davor bei zehn bis 20 Prozent, ist sie inzwischen bestimmt auf 50 bis 60 Prozent angewachsen, Tendenz steigend.«

Interessanterweise wird den Damen die Vermeidungshaltung in Sachen Geld in der jüngsten Finanzkrise oft auch noch als Tugend angerechnet. Wenn sie es denn überhaupt tun, investieren Frauen nämlich nachweislich langfristiger und weniger riskant als Männer – und es waren doch vor allem Kerle, die mit seltsamen Derivaten zockten und die Wirtschaft nach unten rissen. Hätten die sanfteren, risikoscheuen Frauen mehr zu sagen gehabt, wäre das alles so nicht passiert – dieser Schluss drängt sich auf und wird auch von vielen Eminenzen ventiliert. Klaus Schwab beispielsweise, Gründer des World Economic Forum, sagt: »Mehr Frauen müssen in Führungspositionen, um künftig solche Krisen abzuwehren.« Trendforscher Matthias

Horx sieht in einer »Feminisierung der Werte« sogar die Chance für die Genesung der Weltwirtschaft. Diese Hypothese leidet nur daran, dass im Nachhinein nicht zu beweisen ist, dass die Krise nur entschärft eingetreten wäre, hätten mehr Frauen in den Institutionen mitgeredet. Denn es gibt ja auch Gegenbeispiele: Im Vorstand der Pleitebank Hypo Real Estate war mit Bettina von Oesterreich eine Frau für die Risikoabsicherung verantwortlich.

Kurzum: Frauen sollten meiner Meinung nach nicht versuchen, die Weltwirtschaft zu retten, sondern sich einfach nur um ihre eigene Versorgung kümmern. So ziemlich alle Experten sind der Meinung, sei an der Zeit, dass Frauen sich mehr Gedanken zu Vermögensbildung und Altersvorsorge machen. Ich finde, das ist noch zu wenig: Frauen sollten endlich ein liebestolles Verhältnis zu Geld entwickeln. Ob es nun um eine Gehaltserhöhung geht, einen Kredit bei der Bank oder das Nicken des Ehemanns zu einer eigenen privaten Altersversorgung – Schluss mit dem Auftritt als Bittstellerin. Wenn sich Frauen in einer Welt, in der weitgehend Geld der Maßstab für Erfolg und Prestige ist, immer nur abspeisen lassen, erlaubt das nicht auch Rückschlüsse auf ihre eigene Meinung von der Bedeutung ihrer Leistung? Das gilt für Hausfrauen wie Businessladies. Bitte etwas mehr Selbstbewusstsein! Im Übrigen blamiert sich auch keine, in dem sie Anfängerfragen stellt – es gibt in jeder deutschen Großstadt auf Frauen spezialisierte Finanzberaterinnen, die gerne und geduldig weiterhelfen.

Viele Frauen werden jetzt einwenden, Geld sei nicht alles im Leben, andere als finanzielle Werte seien die eigentlich wichtigen: Wo käme die Welt hin, wenn jetzt auch noch die Frauen und Mütter anfingen, hinter dem schnöden Mammon her zu rennen? Viele stilisieren sich und ihre Verweigerungshaltung so zum letzten Hort der Wärme in einer stets kälter werdenden materiellen Welt. Ich halte das nicht nur für falsch, sondern auch für unehrlich. Geld ist nämlich nicht nur Geld, sondern steht auch für Freiheit und Sicherheit. Die Freiheit, auch mal Nein sagen zu können, im Job wie privat – und die Sicherheit, klarzukommen, auch wenn der Gatte durchgeht oder die Kinder später nicht helfen können, die Rente aufzubessern. Das sind wichtige Werte! Hinzu kommt: Nur wer über genug Geld zum Leben verfügt, hat Zeit und Energie übrig, um sich mit den »wahren Werten« zu beschäftigen. Last but not least: Nur wer ein ordentliches

Alterseinkommen hat, fällt am Ende nicht der Familie oder der Gesellschaft als Sozialfall zur Last. So gesehen ist der persönliche Spargroschen, den so viele Frauen als vom Familieneinkommen abgezwackten Egoismus betrachten, eine zutiefst soziale Tat.

Viele junge Frauen mit Sexappeal jedoch halten sich beim Blick in ihren Geldbeutel keinesfalls mit irgendwelchen philosophischen Wertdebatten auf, sie leben schließlich gut vom Geld zumeist älterer Männer. Während ihre Geschlechtsgenossinnen sich mit alten Zöpfen wie Sparsamkeit und Bescheidenheit quälen, lassen sich die im Männerjargon noch freundlich »Sahnetörtchen« genannten Damen erlesen ausstatten. Sie lässt sich schmücken und er sonnt sich in dem Glanz, der aus ihrem Blondhaar und ihren Juwelen auf ihn zurückstrahlt. Wie sagte der reiche Reeder Aristoteles Onassis, der sich nicht nur Maria Callas, sondern auch Jackie Kennedy gönnte: »Gäbe es keine Frauen, hätte alles Geld der Welt keine Bedeutung«.

Mit dem Vermögen, das dabei in der Regel draufgeht, haben Männer kein Problem, sehr wohl aber mit dem Unterhalt, den sie ihrer Erstfrau zahlen. Das Geld für Blondie gilt sozusagen als »Werbekosten«, wenn auch nicht als steuerlich relevante. Außerdem hat die Süße es sich in den Augen des Mannes mit Schönheit und Willigkeit verdient – und »erarbeitetes Geld« wird in der Regel respektiert. Der Deal läuft als Warentauschgeschäft: Die Junge kriegt Naturalien und der Alte Sex und Prestige. Die Erstfrau und die Kinder jedoch kriegen Unterhalt – und der wird bestenfalls großzügig gewährt. Einziger Trost der abgelegten Familien: Mit Liebe hat das alles nichts zu tun, denn: Kennt irgend jemand einen alten Mann ohne Geld mit Trophäen-Frau? Na eben! Und wovon lebt das Törtchen, wenn aus ihr eine erwachsene Torte geworden ist mit den dazugehörigen Dellen in der Sahne? Hoffentlich von einem dann gewährten Unterhalt.

Zusammenfassend ist zu sagen, dass die weibliche Weigerung, sich mit dem schnöden Mammon zu beschäftigen, nicht nur den Frauen selber schadet, sondern auch den Banken in die Hände spielt. Meine ehemalige Kollegin Ursula Triller, die sich vom Journalismus verabschiedete, um in Hamburg worldwidejobs, eine Online-Jobbörse zu gründen, sagte mir einmal: »Ich habe solange geglaubt, dass es keine Diskriminierung von Frauen mehr gibt, bis ich mit Banken und Risikofinanzierern reden musste, um Geld für mein Unternehmen zu kriegen«. Man würde behandelt wie Klein-Doof nach dem

Motto: Schicken Sie uns doch mal ihren Mann vorbei! Triller hat ihr Geld schließlich doch gekriegt, meint aber, sie hätte signifikant länger dafür gebraucht und auch wesentlich härter dafür kämpfen müssen, als die männlichen Gründer im Bekanntenkreis.

Dass Banken Männer anders behandeln als Frauen, ist durch empirische Studien beispielsweise von *Finanztest* schon länger bekannt. Unlängst machte die Beratungsfirma Boston Consulting Group bei den Banken erneut Mängel mit weiblicher Kundschaft aus. Die Untersuchung beruht auf der Befragung von 500 Frauen und dokumentiert deren feste Überzeugung, dass Männer mehr Aufmerksamkeit, bessere Ratschläge und ab und zu auch die besseren Konditionen bekommen. Viele Berater scheinen in die Falle zu laufen, wenn sie etwa mit aggressiver Werbung, die bei Männern gut ankommt, Frauen von bestimmten Investments überzeugen möchten. »Das wirkt dann leicht bevormundend«, sagt Monish Kumar von BCG, der an der Studie mitgearbeitet hat.[9]

Nun stellt sich die Frage nach Huhn und Ei: Liegen die Zweifel der Frauen an der Qualität der Bankberatung daran, dass die Berater frauenverachtend auftreten – oder daran, dass Frauen sich in der Tat naiv benehmen, sobald es um Geld geht? Vermutlich stimmt beides, und beide Tendenzen verstärken einander auf das unerfreulichste.

Bei diesem Kampf der Kulturen kommen jedenfalls immer wieder speziell auf »frauliche Bedürfnisse« zugeschnittene Finanzprodukte heraus. Oft sind das reine Marketing-Gags, um neue Zielgruppen zu werben. Denn was soll das überhaupt sein: frauenspezifisch? Es gibt gute Produkte und schlechte, riskantere und sicherere, renditestarke Anlagen und schwache – Geld ist eben Geld – aber männliche und weibliche Aktienfonds? Im einen sind dann die Papiere von L Oréal, Procter & Gamble und Estée Lauder – und im anderen die von Siemens, BMW und der Waffenschmiede Rheinmetall – oder wie? Selten so einen Quatsch gehört. Beim Aktienkauf geht es um künftiges Wachstum, Managementqualität und Innovation, aber doch nicht um das Geschlecht des Käufers. Deswegen meint auch die auf Frauen spezialisierte Münchner Finanzberaterin Svea Kuschel: »Produkte gibt es genug, man muss nur die richtigen auswählen«. Ihr trockenes Fazit: »Solange es keine Lord-Tarife für Männer gibt, braucht es auch keine Lady-Tarife für Frauen«.

5. Mein Gefühl sagt, dass das irgendwie richtig ist! Weibliches Verhalten im Privatleben

»Man bricht sich das Bein selten, solange man im Leben mühsam aufwärts steigt – aber wenn man anfängt, es sich leicht zu machen und die bequemen Wege zu wählen.«

Friedrich Nietzsche

Im Februar 2011 wird vor dem Landgericht Koblenz gegen den Dauerarbeitslosen Detlef S. verhandelt. Laut Aussagen seiner 18-jährigen Tochter hat er sie und ihre Halbschwester jahrelang sexuell missbraucht, an Freier verkauft und mit der Halbschwester acht Kinder gezeugt. Mitten in der Vernehmung legt der 48-Jährige ein Teilgeständnis ab. Während sich noch alle schockiert fragen, warum niemand je etwas unternommen hat in all den Jahren, fällt ihm die Tochter weinend um den Hals und macht ihm eine Liebeserklärung. Experten erklären, so was komme öfter vor, auch bei schwerstem Missbrauch, weil die weiblichen Opfer Schuldgefühle entwickeln, wenn sie dem Täter Probleme machen.[1]

Das Gegenstück zur männlichen Gewalt scheint weiblicher Selbsthass zu sein. Offenbar gebiert der häufig eine zutiefst weibliche Opfermentalität – oder hat man je von Männern gehört, die Folterknechten stammelnd ihre Liebe erklären?

Immerhin suchen in Deutschland rund 40 000 Frauen im Jahr Zuflucht im Frauenhaus und einige davon nutzen das Sozialrecht dieses Staates und lassen sich dabei helfen, ihrem Peiniger zu entkommen. Hunderttausende geprügelte Frauen jedoch bleiben wo sie sind und riskieren ihre eigene Gesundheit und die ihrer Kinder, frei nach dem Motto: Er liebt nur uns, denn er schlägt nur uns! Die Psychologie hat für diese schicksalsergebene, gutmütige, nie endende Lust am Verzeihen einen wesentlich zutreffenderen Ausdruck: viktimes Verhalten. Wer sich wie ein Opfer benimmt, wird zum Opfer.

Laut einigen Studien sollen in deutschsprachigen Ländern etwa 20 Prozent aller in heterosexuellen Paarbeziehungen lebenden Frauen

Das dämliche Geschlecht Barbara Bierach

ISBN 978-3-527-50601-9

innerhalb einer Partnerschaft körperliche und oder sexuelle Gewalt erlitten haben. Werde auch die psychische Gewalt mit einbezogen, könne man davon ausgehen, dass rund 40 Prozent aller heterosexuellen Frauen Gewalterfahrungen in einer Partnerschaft gemacht haben. Nach einer britischen Studie betragen die Folgekosten der häuslichen Gewalt weltweit 40,2 Milliarden Dollar jährlich. Die Weltgesundheitsorganisation benennt die Gewalt gegen Frauen und Mädchen als weltweit eines der größten Gesundheitsprobleme.

Versuchen Sie doch mal gedanklich, sich einen Mann vorzustellen, der sich jahrelang von seiner Frau schlagen und missbrauchen lässt. Nachts zitternd vor Angst im Bett liegt, hört, wie sich die besoffene Kuh wieder die Treppen hochschleppt, den Schlüssel unsicher ins Schloss steckt, um sich dann ohne Anlass auf Mann und Kinder zu stürzen und das Mobiliar zu zerlegen? Unvorstellbar, nicht wahr? Frauen jedoch halten das durch, oft jahrelang. Die meisten Männer würden sich genau ein Mal prügeln lassen, danach wären sie über alle Berge.

Dieser weibliche Selbsthass kennt natürlich mildere Formen, die sich in der Regel ganz gut unter dem Stichwort »mangelndes Selbstbewusstsein« zusammenfassen lassen. Trainer können ein Lied davon singen. »In meinen Seminaren arbeite ich seit fast zwanzig Jahren mit Männern und Frauen daran, ihre Fähigkeiten, zu organisieren, zu führen, zu motivieren und zu kommunizieren, zu verbessern. Was mich regelmäßig aufbrachte und was ich heute noch häufig erlebe: Frauen besitzen in vielen Bereichen die besseren Techniken, aber sie quälen sich mit Selbstzweifeln. Bei den Männern ist es umgekehrt: Ihre Strategien erweisen sich häufig als ungeschickt oder sogar unwirksam, trotzdem sind sie nicht verunsichert,« beobachtet die Trainerin und Ratgeber-Autorin Ute Ehrhardt in ihrem zur Jahrtausendwende veröffentlichten Buch.[2] »Viele Frauen musste ich regelrecht zwingen, an sich zu glauben. Den Männern musste ich mühsam vermitteln, dass und warum bei ihnen vieles schief lief«. Zehn Jahre später hat sich nicht viel bewegt, sogar die Bundesfrauenministerin Kristina Schröder sagt: »Wir Frauen glauben oft, wir müssen uns damit beliebt machen, dass wir bescheiden sind. In dem Punkt müssen Frauen sehr, sehr viel selbstbewusster und tougher werden.«[3]

Ins gleiche Bild passen Umfragen, die besagen, dass Frauen zwar theoretisch davon überzeugt sind, dass Frauen ebenso gute Ärzte,

Anwälte oder Apotheker sind wie Männer, aber wenn es darauf ankommt und sie selber Hilfe brauchen, doch lieber zu einem männlichen Ratgeber gehen – auf der Bank, im Krankenhaus, bei Rechtsstreitigkeiten. Wenn sie es sich aussuchen könnten, wollten laut Umfragen nur zwölf Prozent aller Frauen für einen weiblichen Chef arbeiten.[4] Ähnlich das Bild im Parlament: Auch da lassen sich Bürgerinnen nur zu gern von Männern vertreten, denn wenn Frauen entschlossen Frauen wählen würden, wären die westlichen Demokratien und ihre Gesetze schon längst an den Bedürfnissen der Frauen orientiert.

Frauen glauben nicht an Frauen, nicht mal an sich selbst. Fragen Sie eine Karrierefrau nach ihrem Erfolg, wird sie antworten »Ich hatte Glück und einen wirklich guten Mentor«. Männer dagegen erwähnen auf die gleiche Frage ihre gute Ausbildung, harte Arbeit und große Belastbarkeit. Dieser Mangel an Selbstvertrauen paart sich bei den Frauen mit Angst vor Konflikten und das Ergebnis ist eine weibliche Gutmütigkeit, die nahezu unausrottbar scheint. Ihre Lust am großmütigen Verzeihen erscheint manchmal geradezu masochistisch. Nicht nur im Privatleben ihren Männern und Kindern gegenüber, sondern auch im Berufsleben – doch davon handelt im Wesentlichen das folgende Kapitel. Hier sei nur Angelika Roth zitiert, ehemalige Präsidentin des Verbandes Berufstätiger Frauen: »Frauen lassen sich alle unangenehmen Arbeiten ohne Prestige in der Gesellschaft anhängen«.

Dieser Mangel an weiblichem Selbstbewusstsein hat eine ganze Industrie hervorgebracht: den Ratgebermarkt. Der brummt, besonders wenn es darum geht, vermeintlich armen, benachteiligten, zurückgesetzten, ungeliebten Frauen und Müttern zu Geld/Karriere/Traummann/netten Kindern/Ausgeglichenheit/Lebensglück/knackigem Hintern zu verhelfen. (Männer lesen natürlich auch Ratgeber, aber in denen geht es eher um andere Fragen: Wie bediene ich meine Digitalkamera? Wie lege ich mein Geld an? Wie pflege ich meine Sammlung alter Uhren?) Tausende Titel für Frauen sind derzeit im Angebot. Da lernen wir unter anderem: Frauen schalten schneller zwischen rechter und linker Gehirnhälfte um als Männer und können deswegen komplexer denken. Ob das auch damit zu tun hat, dass wir angeblich mit den Händen geschickter und sprachlich gewandter sind? Egal! Jedenfalls sind wir die idealen Chefs, was an unserer angeblich größeren emotionalen Intelligenz und noch diversen anderen wunderbaren Eigenschaften liegt – Kommunikationsfähigkeit! Einfühlsamkeit! Sensibilität! Und wenn wir die 50 erreichen, wird alles noch besser, am tollsten jedoch geht's uns nach den Wechseljahren. Wie gut, dass wir im Schnitt auch noch sieben Jahre länger leben als Männer.

Also alles bestens? Alles Mist! Warum müssen sich Frauen zwanghaft dauernd beteuern lassen, dass sie genauso gut oder besser sind als Männer? Erinnert einen irgendwie an das Gestammel von Dreijährigen: »Gell, Mami, ich bin schon ganz groß!«. Oder kommt diese Ratgeberflut nur mir so vor wie das Pfeifen im dunklen Keller? Letztlich stellen diese Gebrauchsanweisungen zum Glücklichsein doch nur fest, was sowieso jeder aufgeklärte Mensch weiß: Das Potenzial von Frauen ist unendlich – wie das der Männer. Der Rest ist Plattitüde à la *Fleißige Frauen arbeiten, schlaue steigen auf* (Gabal 2009) oder Schuldzuweisung à la *Warum Männer nicht zuhören und Frauen schlecht einparken* (Ullstein 2010). Oder Mutmacherbücher wie *Lebe wild und unersättlich,* (Kösel 2007) oder *Gesichts-Yoga – Muskeltraining für ein strahlendes Aussehen* (Frauenverlag 2010). Oder gar die Bankrotterklärung jeglichen Zusammenlebens: *Warum Männer so schnell kommen und Frauen nur so tun als ob* (Knaur 2010) oder *Wie Sie ein schönes, reiches Miststück werden* (Goldmann 2007).

Warum lesen Frauen das? Nun, ich weiß es auch nicht. Die Autorin Natalia Ginzburg jedenfalls beschreibt die moderne Frau – ob Mutter oder nicht – als »einen Menschen, der nicht mit sich im Reinen ist«. Symbol ihrer Schwermut ist dabei der tiefe Brunnen, in den alle Frauen mit schöner Regelmäßigkeit fallen. Warum bleibt den Männern das erspart? »Weil sie vielleicht von kräftigerer Gesundheit sind, oder besser darin, sich selbst zu vergessen,
und sich mit der Arbeit, die sie machen, zu identifizieren, weil sie selbstsicherer über ihren Körper und ihr Leben bestimmen und freier sind. Die Frauen denken viel an sich selbst und zwar auf eine schmerzliche und fieberhafte Weise, die einem Mann unbekannt ist«.[5]

Besonders denken Frauen viel an sich, wenn es um ihr Äußeres geht. Dieser Auswuchs mangelnden Selbstbewusstseins kann bis zur Selbstverstümmelung (kosmetische Chirurgie!) reichen. Männer, die etwa auf Absätzen herum stolpern oder sich mit Schönheitsfragen quälen, geraten bei den meisten Leuten immer noch zur Lachnummer, bei Frauen sind sie dagegen ganz normal und werden stundenlang im Kreis mitfühlender Freundinnen diskutiert. Was die werbetreibende Wirtschaft weidlich ausnutzt. Sommer, Sonne, Strand. Zwei nahezu gleich alt aussehende Männer sitzen im Liegestuhl und plötzlich fragt der eine den anderen: »Sag mal Daddy, wie machst du das, dass deine Haut immer so straff, glatt und gepflegt aussieht?« Darauf der andere gutmütig: »Junior, ich verrat dir mein Geheimnis. Täglich die Body Lotion Vinea sensitive. Mit der kannst du gar nicht früh genug anfangen«. Absurd, oder? Mit Frauen besetzt ein ganz normaler Werbespot.

Schön ist auch eine Liste von Renate Rosenthal, der ehemaligen Chefredakteurin des Münchner Frauenmagazins *Elle*, die wohl aus ihrem Freundeskreis stammt: »Wer über Monate hinweg täglich hochdosiertes Vitamin E zu sich nimmt, dem kündigt das Reinigungspersonal (extremer Haarverlust bei einer Überdosis Vitamin E). Wer Vitamin-E-Kapseln zum Schlucken mit einer Stecknadel durchlöchert und das herausquellende Gelee direkt auf die Haut schmiert, um so vielleicht den Wirkstoffen mehr Effektivität zu verleihen, muss sich nicht wundern, wenn er plötzlich eine Allergie hat. Wer (auf Grund eines Gerüchts aus der Ecke der Beautyfachfrauen) eine östrogenhaltige Scheidencreme fürs Gesicht benutzt, kann seinem Teint nicht schaden, verblüfft höchstens den Frauenarzt, der zu diesem Zweck ein Rezept ausstellen soll«.[6]

Auch nach 30 Jahren pseudo-emanzipatorischem Geschrei: Weiblicher Erfolg ist noch immer nicht bestimmt durch Humor, Intelligenz, Wärme und Engagement, sondern durch die Zahl der männlichen Blicke auf Brust, Beine, Po. Bei einer Frau zählen die inneren Werte? Na ja, »es kommt eben darauf an, watt man inner Bluse hat«, wie die Kölner Kabarettistin Gaby Köster zu frotzeln beliebt. Solange Frauen Lifestyle mit Leben und ein neues Fräckchen mit Ausstrahlung verwechseln und Leute wie Paris Hilton oder Kate Moss für Vorbilder halten, brauchen sie sich über Spott nicht zu wundern. Wunderbar auch der Spruch der Modedesignerin Vivien Westwood: »Die Menschen sollten sich mehr anstrengen, weniger dumm zu sein. Das kleidet sie am besten«.

In der Tat. Doch stattdessen gucken Frauen Models an und fühlen sich dann richtig schlecht. Anhand einer global durchgeführten Studie lernten Unilever und ihre Agentur Ogilvy & Mather Düsseldorf, dass 80 Prozent der Frauen nach dem 30-minütigen Durchblättern einer Frauenzeitschrift ein geringeres Selbstwertgefühl haben als vorher. Der Grund dafür liegt in dem psychologischen Druck, den makellose Models bei normalen Frauen erzeugen. Der bislang beste Kommentar zum Schönheitswahn stammt daher von Anita Roddick, der Gründerin der Kosmetikkette Body Shop. Sie ließ eine Werbekampagne mit dem Text laufen: »Es gibt acht Frauen, die aussehen wie Supermodels und ungefähr drei Milliarden, die das nicht tun. Lieb dich selber«.

Die Frauenzeitschrift *Brigitte* verzichtet daher inzwischen auf Models und fotografiert stattdessen Emma Normalverbraucherin, Unilever bewirbt die Pflegeserie Dove und die Diätprodukte »du darfst« mit normalen Frauen statt Hungerhaken. Leider sind diese Kampagnen kein besonderer Markterfolg, denn auch Body-Shop-Kundinnen wollen lieber von Männern geliebt werden und meinen dafür müsse man besonders dünn sein.

Glauben Sie nicht? Nun ja, das Internet ist voller Blogs, die die Abschaffung der 90-60-90-Models fordern und die Dove-Kampagnen »supergut« finden. Doch wenn Mediziner wie Christian Elger, der Konsumenten im Kernspintomografen untersucht, die Sache beleuchten, entsteht ein anderes Bild. Elgers Bonner Institut hat unter anderem erforscht, wie die Dove-Werbung mit den normal-rundlichen Amateurmodels wirkt. Sagen doch alle, dass diese Reklame so wohltuend anders sei. Doch im Hirn der Probanden, in der Region, wo bei der üblichen Werbung mit dünnen Models die Begehrlichkeit tobt, regte sich angesichts der Normalo-Damen gar nichts. Neuronale Feuerwerke setzen erst ein, wenn klassische Reklameschönheiten präsentiert werden.

Seit Untersuchungen wie diesen ist auch bekannt, dass Frauen sich schon dadurch jünger fühlen, dass ihr Spa nach Babyhaut duftet. Und wenn US-Frauen die Farbe Nummer 318 auf der Pantone-Skala sehen, beschleunigt sich sogar ihr Herzschlag deutlich. Es ist der Blauton, der dem des Juweliers Tiffany's am nächsten kommt. Auch wissen wir jetzt, warum in den Shopping-Tempeln überall Spiegel sind: Nicht nur der auf Models, auch der Blick aufs eigene Konterfei schwächt das Selbstbewusstsein! Und wer sich hässlich findet, wird anfälliger für den Kauf eines neuen neuen Pullis oder einer schicken

Sonnenbrille. Kurz: Wir Frauen sind keine rationalen Wesen, sondern versuchen tatsächlich, uns mit der Kreditkarte Jugend, Schönheit und Erfolg zu kaufen.[7]

Diese Fremdbestimmung der Frauen – also ihre Fixierung auf optische Fragen und die Zahl der mit dieser Optik beeindruckten Männer – taugt in Hollywood noch alle mal zur Komödie. *Sex and the City* gesehen? Ein großer Erfolg beim vorwiegend weiblichen Kinopublikum. Tenor der Serie und Kinofilme: Frauen können beruflich zwar erfolgreich sein, doch ohne Mann an ihrer Seite sind sie unsicher und traurig, willenlos und schwach. Von den vier Protagonistinnen (zum Glück gibt's noch Ausnahmeweib Samantha, die als Unternehmerin Erfolg hat und ansonsten vor allem Spaß im Bett sucht!) wollen drei vor allem geheiratet werden – und wenn das nicht klappt, kaufen sie sich neue Schuhe und heulen sich gegenseitig die Blusen nass. Eigentlich als flippige Komödie gedacht, geriet das Projekt bei genauer Betrachtung zum peinlichen Portrait einer ganzen Generation. Die Lieblingsserie der nächsten Generation allerdings ist noch bescheuerter: *Gossip Girl* ist eine US-Serie, die im Wesentlichen davon handelt, wie sich eine Gruppe verwöhnter weiblicher Teenager in New York gegenseitig fertig macht. Das Schlachtfeld dabei sind der Erfolg bei Jungs und das Vermögen, immer die neuesten Klamotten zu kaufen.

Nicht mal neidisch sein können Weibchen auf was Vernünftiges: Laut Umfragen gerät jede zweite Frau beim Anblick einer Jüngeren oder Schöneren in neidvolle Rage während nur jede vierte der anderen etwa den Erfolg im Beruf neidet. Und wenn's nicht klappt mit dem Nachbarn und/oder der Schönheit? Ventil für den Frust ist dann selten der Entschluss, sich von Äußerlichkeiten unabhängiger zu machen, sondern häufig ein Einkaufstrip. Täglich ist auf der Düsseldorfer Königsallee oder der Münchner Maximiliansstraße zu beobachten, wie Society-Ladys mit einem sehr geschiedenen Zug um den Mund versuchen, sich gute Laune zu kaufen. Dabei macht Shoppen gar nicht glücklich. Einer britischen Umfrage zufolge verschafft Einkaufen den meisten Menschen nur ein ganz kurzes Gefühl der Befriedigung. Oft genug werde das später durch die Einsicht überschattet, einen Fehlkauf begangen oder Geld sinnlos ausgegeben zu haben.

Die ganze Welt – eine einzige Beauty-Farm mit angeschlossener Shopping Mall. Es wäre verständlich, wenn Frauen sich schön machten, um als sexuelle Wesen zu reüssieren und Spaß im Bett zu haben. Doch weit gefehlt. Die Autorin Marie Beck schreibt in ihrem Blog: »50 Prozent aller Männer halten sich für einen guten Liebhaber und 25 Prozent glauben immer noch, sie seien im Bett ganz passabel.« Mit der Auffassung sind sie jedoch weitgehend alleine, denn ihre Gespielinnen sind anderer Meinung: »Ein Prozent aller Frauen finden, ihr Ehemann müsste eigentlich Mr. Lover heißen. 30 Prozent meinen, ihr Mann sei als Liebhaber ganz passabel. Alle übrigen Ehefrauen würden ihrem Ehemann am liebsten den Liebes-Führerschein entziehen und erneut in die Fahrschule schicken …«[8] Nicht ganz ernst gemeint, aber hinter dem Humor stecken jede Menge seriöser Studien, die Ähnliches behaupten. Die Männer halten sich für den Latin Lover im Viertel, dabei ist ihre Gattin sexuell frustriert. Der wahre Stand der sexuellen Revolution aus der Sicht der Frauen ist vermutlich am besten beschrieben durch Maureen Dowd, die 2006 in ihrem Buch *Are Men Necessary?* Verhaltenstipps für Frauen formuliert wie »Vermeidet die post-koitale Zigarette, sie verursacht Falten rund um den Mund.«

Hoffentlich sterben die Weibchen bald aus, denkt man sich und erstarrt, wenn man heute noch in Internetforen junger Menschen Sätze findet wie diese: »Ich find's nett, dass es anscheinend echt ein paar Jungs gibt, die ihrer Freundin die Pille bezahlen! Aber mal im ernst, wieso soll ich meinen Freund darum bitten mit zu zahlen, wenn ich diejenige bin, die nicht schwanger werden und trotzdem Spaß haben will. So gesehen wäre das für den Freund nicht mal eine Investition in die Zukunft, da nicht klar ist wie lang die Beziehung hält. Die Pille kostet mich 30 Euro plus Rezeptgebühr für drei Monate, aber dafür lohnt sich die Investition. Die Abtreibung zahlt der Freund nämlich bestimmt nicht.« [9]

Die entscheidende Frage in diesem Kontext lautet jedoch nicht, ob Jungs ihrer Freundin die Hälfte der Pille bezahlen müssen, sondern: Warum gibt es nicht endlich eine Mütter-Generation, die aufhört, neuen Nattern-Nachwuchs an unserem Busen zu züchten? Das wäre mal sinnvolle Frauensolidarität. Denn auch das muss endlich gesagt sein: Wer erzieht denn diese ganzen Machos, die sich weder an der Verhütung beteiligen noch eine Abtreibung bezahlen würden? Und wer erlaubt ihnen, sich aufzuführen, wie sie sich aufführen? Frauen. Und wer erzieht diese Töchter, die das auch noch okay finden und meinen, ihr Kerl müsse sich an der Finanzierung des Bettgeflüsters nur beteiligen, wenn die Beziehung länger hält und die Kosten daher eine Investition in die Zukunft sind?

Einzelfall? Na ja. Seitdem ich in Sydney lebe, bekomme ich immer mal wieder Besuch von den Kindern meiner Freunde, von denen einige schon volljährig sind und auf große Fahrt gehen. Neulich waren also wieder mal zwei Jungs im Haus, auch während mein Partner und ich jeweils auf unterschiedlichen Business-Trips waren. Auf dem Heimweg rief ich vom Flugplatz aus spätnachmittags zu Hause an, hauptsächlich, um mein Erscheinen anzukündigen und den beiden eine Chance zu geben, den größten Dreck wegzumachen. Da sagt einer der jungen Männer zu mir: »Übrigens, ums Abendessen musst du dir keine Sorgen machen.« Ich Schaf denke noch: »Super, die haben eingekauft und gekocht.« Zu Hause ankomme, konnte nämlich von Küchenzauber keine Rede sein. Als ich nach Essen fragte, hörte ich: »Nee, wir haben bloß gemeint, du musst nicht für uns kochen, wir haben schon gegessen!« Die zwei hätten also eigentlich erwartet, dass eine voll berufstätige Frau nach einer anstrengenden Dienstreise noch in den Supermarkt jagt, um sie dann zu bekochen – und fanden es nett von sich selber, mir das zu ersparen. Beide sind natürlich von Hausfrauen erzogen.

Was passiert eigentlich gegenwärtig im Kinderzimmer, noch Jahre nach den Slogans: Wir werden nicht als Mädchen geboren, wir werden zu Mädchen gemacht? Die schon erwähnte spieltheoretische Studie der Universität Innsbruck aus der Feder von Matthias Sutter jedoch zeigt, dass an der ursprünglichen These aus der Steinzeit des Feminismus doch etwas dran sein könnte. Bei den Versuchen mit Dreijährigen beschwerten sich die Kindergärtnerinnen, es sei unfair, Buben und Mädchen konkurrieren zu lassen. »Jungs sind doch klar im Vorteil!« Die Wissenschaft zeigt aber, dass beide Geschlechter in diesem Alter die gleichen Ergebnisse erzielen. Was laut Sutter zeigt, dass die Angst vieler Mädchen vor Konkurrenz und das überbordende Selbstbewusstsein vieler Jungs nicht etwa angeboren sind, das geschlechtsspezifische Verhalten liegt in der Erziehung und dem Rollenverständnis der Gesellschaft. Nur jeder zehnte will nen weiblichen Chef, bei Frauen auch nur 12 Prozent!

Weibliche Babys haben in der Tat im Durchschnitt einen Reifevorsprung und sind kräftiger als ihre Brüder. Fragt man aber die Eltern, wer ihrer Meinung nach stabiler ist, so antworten die allermeisten: Die Jungen. Weil sie es einfach von ihnen erwarten. Entsprechend spielen Eltern gröber und härter mit Jungen; Mütter reduzieren bei ihnen nachweislich früher Körperkontakt und Zärtlichkeit, sie sanktionieren »geschlechtsuntypisches Verhalten« bei Jungen härter: Spielt ein Junge mit Puppen, schreiten sie energisch ein, spielt ein Mädchen mit Autos, finden sie das progressiv. Mit Mädchen sprechen Mütter intensiver über Gefühle, während sie auf die Emotionalität ihrer Jungs weniger eingehen – bei negativen Gefühlen oft überhaupt nicht. Das Ergebnis hat ein Harvard-Psychologe beobachtet: Viele Jungs geraten zu einem »Halbwesen« mit einer aufgeblasenen »heroischen Hälfte«, das zugleich gefangen ist in einer emotionalen »Zwangsjacke«.[10] Tenor der Männer-Erziehung durch ihre eigenen Mütter ist also: Innenwelt missachten, Außenwelt erobern. Das Ergebnis bedarf keines Kommentars.

Die Folgen dieser Erziehung, die in der Regel schwerpunktmäßig von Frauen vorgenommen wird, manifestieren sich auch im Lebensentwurf des Nachwuchses, wie eine Umfrage des Instituts für Meinungsforschung in Allensbach bei über 2 000 Befragten ergab. Allen Gleichstellungsforderungen zum Trotz träumen junge Frauen offenbar immer noch von einer ganz anderen Selbstverwirklichung als Männer, die vor allem darauf abzielt, die Übernahme von Verantwortung zu vermeiden: Während Stewardess und Floristin, Modedesignerin, Schauspielerin, Lehrerin und Model ganz vorn auf der Wunschliste ihrer Traumberufe stehen, finden sich Spitzensportler, Unternehmer, Kapitän, Astronaut und Börsenmakler auf seiner. Jungs träumen also von aktiven, aufregenden Jobs, in denen sie was bewegen können, auch wenn es nur Schiffe, Raketen oder Lokomotiven sind. Frauen dagegen wollen in der Regel schmücken: Sich selbst, die Wohnung, ein Theater oder den Laufsteg. Offenbar fällt ihnen nicht auf, dass sie dabei immer nur lieblich garnieren, was andere bestimmen. Das Traurige ist bloß: Was Ännchen nicht lernt, lernt Anne nimmermehr.

Fragt man umgekehrt, was die Menschen im Leben unbedingt erleben möchten, verspüren 61 Prozent der Männer Lust auf einen Abenteuerurlaub, aber 75 Prozent der Frauen wollen den auf keinen Fall. 38 Prozent der Männer würden gerne mal mit dem Fallschirm abspringen, aber nur 19 Prozent der Frauen. Fragt man schließlich, in welche gesellschaftlichen Bereiche mehr Frauen und in welche mehr Männer einziehen sollten, sind sich die Geschlechter plötzlich einig wie nie: Mehr Frauen sollen in die Bundesregierung, die Vorstände, Forschung – mehr Männer in Kindererziehung und Küche. Mehr Frauen in Führungspositionen fordern also beide Gruppen. Wunsch und Wirklichkeit klaffen trotzdem weit auseinander. »Offensichtlich verhindern weniger machtgeile Machos als desinteressierte Frauen eine Veränderung der Verhältnisse«, schreibt der Philosoph und Literaturwissenschaftler Edgar Piel, der die Befragung für das Institut für Meinungsforschung in Allensbach leitete, über seine Ergebnisse. Die Feministin Andrea Dworkin sagte über solche Zusammehänge: »Die schlimmste Sünde ist Apathie.«[11]

In der Folge lebt ein ganzes Heer von Frauen ihren unterschwellig sehr wohl vorhandenen Ehrgeiz und ihre Lust zu herrschen weitgehend über den Ehemann aus – frei nach dem Motto: Der Weg zum Erfolg ist voll von Frauen, die ihre Männer vorwärts schieben. Esther Vilar hat das schon 1971 in ihrem genialen Buch »Der dressierte Mann« beschrieben: »Die Frauen lassen die Männer für sich arbeiten, für sich denken, für sich Verantwortung tragen. Die Frauen beuten die Männer aus«.[12] Vilars Kernthese lautet: Frauen suchen sich ihre Männer nach deren Verwendbarkeit als Ernährer aus, schicken ihn arbeiten und lassen es sich gut gehen. Dafür stellen sie ihm »ihre Vagina in bestimmten Intervallen zur Verfügung«. Je besser er als Ernährer funktioniert, umso beliebter ist ein Mann bei den Frauen. »Als Frau hat sie immer den Lebensstandard und das Sozialprestige ihres Mannes und muss nichts tun, um diesen Standard und dieses Prestige zu erhalten – das tut er. Der kürzeste Weg zum Erfolg ist deshalb für sie noch immer die Heirat mit einem erfolgreichen Mann.« Viele Frauen tun also ihr bestes, erst einen Kerl zu erjagen, um ihn dann zu motivieren, sich ihren Bedürfnissen zu unterwerfen, sprich: Noch mehr zu arbeiten, aufzusteigen, mehr Geld nach Hause zu schleppen. Mit einem doppelten Ziel: Erstens mehr Geld ausgeben zu können, um sich selbst zu schmücken und zweitens andere Frauen zu beeindrucken. Denn: »Was immer die Männer anfangen, um den Frauen zu imponieren: In der Welt der Frauen zählen sie nicht. In der Welt der Frauen zählen nur die anderen Frauen. Wenn eine Frau bemerkt, dass ein Mann sich auf der Straße nach ihr umdreht, freut sie sich natürlich. Ist dieser Mann teuer angezogen oder fährt er gar einen teuren Sportwagen, dann ist die Freude umso größer. Erlebt diese Frau hingegen, dass sich eine andere Frau nach ihr umdreht – was wirklich nur im äußersten Fall geschieht, denn die Maßstäbe, nach denen die Frauen sich gegenseitig messen, sind viel unbarmherziger als die der Männer –, hat sie ihr Höchstes erreicht. Dafür lebt sie: Für die Bewunderung der anderen Frauen«. Oder wer's moderner ausgedrückt mag: Die Hollywood-Heroine Sandra Bullock meint »Männern sind schicke Kleider sowieso egal, die wollen uns nur nackt sehen. Frauen haben sich darauf längst eingestellt und machen sich sowieso nur wegen anderer Frauen zurecht«.

Je mehr der Gatte also zustande bringt, desto prächtiger werden Autos, Pelzmäntel, Villen und Geschmeide und desto größer der Neid der Nachbarinnen und Freundinnen. Dabei bestehen die meisten Frauen darauf, dass Männer es gar nicht so weit gebracht hätten im Leben, wenn sie ihm nicht den Rücken frei gehalten hätten. Schließlich habe man ja den Haushalt geführt, Kinder erzogen und seine Gäste bewirtet. Das führt dazu, dass viele dieser Frauen der Meinung sind, deswegen stehe ihnen die Hälfte des von ihm in der Ehezeit angehäuften Vermögens zu. Steven Spielberg, der Regisseur von Hollywood-Kassenschlagern wie *Jurassic Park* und *Schindlers Liste*, musste bei der Scheidung von Amy Irving nach vier Jahren Ehe 100 Millionen Dollar zahlen, rund die Hälfte seines damaligen Vermögens wie das Magazin *Forbes* schätzte, das eine Liste der teuersten Scheidungen aller Zeiten erstellte.[13] Da stellt sich allerdings die Frage: Ist der Beitrag der Person, die die Brötchen verdient genauso viel wert, wie der desjenigen, der zu Hause bleibt? Wäre Spielberg weniger als 100 Millionen schwer, wenn ihm nicht Amy zur Seite gestanden hätte, sondern Suzy, Catherine oder Loreen? Und wie viel wäre Amys Haushaltsführung wert, wenn ihr Mann ein Leben lang Kameramann oder Kulissenschieber geblieben wäre?

Betrachten wir deutsche Verhältnisse. Gerhard Schröder ist zum Bundeskanzler gewählt worden, egal ob mit Hillu verheiratet oder mit Doris – oder mit einer der beiden Hillu-Vorgängerinnen. Auch Ex-Außenminister Joschka Fischer hat die vierte Ehefrau – oder sind es inzwischen schon fünf? Die Republik hat den Überblick verloren. Zu sagen, er würde immer noch in Frankfurt Taxi fahren und Steine schmeißen, wenn er nicht mit der jetzigen Dame verheiratet wäre, ist geradezu lächerlich. Ehrgeizige Männer machen ihren Weg, wer an ihrer Seite die Hemden bügelt, spielt offenbar kaum eine Rolle. Ehrgeizige Frauen dagegen lassen sich ihren Weg häufig machen. Denn wäre Hillu Schröder mit dem Polizeibeamten verheiratet geblieben, der vor Gerd Schröder an ihrer Seite war, hätte sich wohl keiner auf den Gedanken eingelassen, dass sie Ministerin in Niedersachsen werden könnte, wie das zur Zeit ihrer Ehe mit Gerd mal angedacht war. Geliehenes Leben!

Das schlimmste jedoch ist, mit welcher Grausamkeit »Gattinnen« über die Ehemänner anderer Frauen herfallen, die sie für Verlierer halten. Nie habe ich Männer so schonungslos über einen Kollegen reden hören, der seinen Job verloren oder irgendwelchen Mist gebaut hat, wie ihre Ehefrauen. Frauen, die nie ein Unternehmen von innen gesehen und von daher gar keine Vorstellung haben, wie schmal der Grad zwischen Triumph und Katastrophe werden kann und wie leicht einer scheitert – auch ohne persönliches Versagen. Frauen, die sich ansonsten jeder Entscheidung entziehen, die über die Wahl eines Urlaubsortes, Möbelstücks oder Kindergartens hinausgeht.

Das alles ermöglicht der Trauschein. Die Ökonomen Chris Wilson und Andrew Oswald haben den gesamten Forschungsstand zum Thema Ehe gesichtet. Ihre Arbeit mit dem Titel *How does marriage affect physical and psychological health* belegt: Der Familienstand erweist sich neben Einkommen und Gesundheit als der wichtigste Einflussfaktor für die Lebenszufriedenheit. Verheiratete Menschen sind glücklicher und leiden deutlich seltener an Depressionen. Dieser Effekt ist allerdings bei Frauen besonders ausgeprägt – und dreht sich nach einer Scheidung ins Gegenteil um. Na, kein Wunder![14]

Dieses Sammelsurium von Verhaltensweisen (das sich beliebig verlängern ließe und zum Teil auch in anderen Kapiteln behandelt wird) führt dazu, dass der Ausdruck »weibliche Logik« das beschreibt, was sie ist: Schwachsinn. Denn zunächst mal gibt es nur eine einzige Logik, eine deduktive Gedankenkette mit einem richtigen Ergebnis. Zwei und zwei ist vier, gleichgültig, ob das ein Mann denkt oder eine Frau. Alles andere sind Gefühle oder wolkiges Geschwätz. Die den Frauen so oft nachgesagte größere emotionale Intelligenz, Sensibilität und Kommunikationsfreude ist häufig kein Ausdruck von Überlegenheit, sondern eine Falle. Denn es ist oft so, dass Frauen sich auf ihre Intuition berufen, wenn sie nicht mehr weiter wissen, das heißt: wenn ihnen keine schlagenden Argumente einfallen. »Frauen nehmen ihre Gefühle und die Gefühle anderer viel sensibler wahr als Männer. Frauen spüren körperliche Signale deutlicher, sie sind offen für die kleinen Hinweise der Seele«, schreibt auch Ute Ehrhardt in ihrem Buch »Die Klügere gibt nicht mehr nach« und meint, damit einen Vorteil der Frauen zu beschreiben. In einer Männerrunde mit Ausführungen wie »Mein Gefühl sagt, dass das irgendwie richtig ist« zu punkten, ist jedoch nahezu unmöglich. Ein Mann will wissen, auf welcher Annahme eine Wertung beruht, welche Fakten in eine Meinung einfließen. Alles andere verunsichert ihn zu Recht. Wenn Frauen bei der Entscheidungsfindung auf ihren »Bauch« bestehen und ihre berühmte »Intuition« bemühen, werden sie folglich nicht ernst genommen. Denn wie schreibt die Schriftstellerin Monika Maron so klug: »Ein Instinkt bedarf keines Arguments und ist durch ein solches auch nicht zu widerlegen«. Deswegen ist »weibliche Logik« eigentlich nur das höfliche Wort eines Gentlemans für einen femininen Mangel an Denkvermögen. Solange jedoch Frauen darin ein Kompliment sehen und den Ausdruck für die Zusammenfassung ihrer vermeintlichen Überlegenheit – Sie wissen schon: »Frauen sind sensitiver, instinktsicherer, kommunikationsfähiger« etc. – halten, werden die Verhältnisse bleiben, wie sie sind.

Daran wird auch kein Feminismus – der ohnehin immer eine Minderheitenveranstaltung war, die meisten Frauen zogen und ziehen das bequeme Leben als Weibchen vor – je etwas ändern. Gerade bei den jüngeren Frauen haben Feminismus, Frauenpower, Emanzipation ein ganz schlechtes Image. Oder zumindest ein vermufftes: Das Thema gilt als verbiestert und sektiererisch, ein Problem der 70er Jahre eben – und aus der Zeit mögen wir höchstens noch die Mode. Das liegt auch an den Aktivistinnen selber: Erstens finden moderne Frauen das Auftreten (flache Schuhe), die Wortwahl (Was ist ein Mann in Salzsäure? Ein gelöstes Problem!) und den Kleidungsstil (Schlabberlook) ihrer kämpferischen Schwestern bestenfalls unattraktiv – so will eine junge Frau keinesfalls wahrgenommen werden.

Was Familienministerin Kristina Schröder, 33, unlängst demonstrierte als sie im *Spiegel* sagte, sie fände Gleichberechtigung erst erreicht, »wenn man sich als Frau auch schminken und Röcke tragen kann, ohne das deshalb an der Kompetenz gezweifelt wird.« Alice Schwarzers Thesen, dass heterosexueller Geschlechtsverkehr kaum ohne Unterwerfung möglich sei, gingen ihr allerdings zu weit, denn das würde ja bedeuten, dass die Menschheit ohne Unterwerfung der Frau gar nicht erst fortbestehen könnte.[15] Daraufhin spricht ihr Frau Schwarzer in einem Offenen Brief sowohl die Kompetenz als auch die nötige Empathie für ihr Amt ab: »Ich halte Sie für einen hoffnungslosen Fall. Schlicht ungeeignet. Zumindest für diesen Posten. Vielleicht sollten Sie Presse-Sprecherin der neuen, alten so medienwirksam agierenden, rechtskonservativen Männerbünde und ihrer Sympathisanten werden.« [16]

Autsch, wie langweilig! Kein Wunder, dass die Girlie-Generation keine Lust hat auf einen Club, in dem man nicht gleichzeitig hübsch und schlau sein darf wie Frau Schröder. Außerdem gehen Slogans wie »Das Private ist politisch«, die die Grundlage der Frauenbewegung waren, mittlerweile völlig an der Bewusstseinslage des Nachwuchses vorbei. Dem geht es um die persönliche Verwirklichung und das private Glück.

Dass der Frauenbewegung der Nachwuchs wegbleibt, liegt allerdings auch daran, dass es ihr nicht gelungen ist, ein Rollenbild zu entwickeln, das realen Frauen gerecht wird. Die Annahme aus den 1970er Jahren beispielsweise, dass sich die Frauen scharenweise wirtschaftlich unabhängig machen und sich dann von ihren Unterdrückern – gemeint sind die Ehemänner – trennen würden, blieb eine verunglückte Utopie. Erstens sind viele Männer gar nicht so übel und zweitens wollen ihre Frauen auch gerne mit ihnen zusammenleben. Doch über einen konstruktiven Umgang mit dem anderen Geschlecht war von den Feministinnen nicht viel zu lernen. Männer gaben entweder das Kasperle oder den Täter im Theaterstück der lila Latzhose. »Das Bindeglied der Frauen war das gemeinsame Leiden«, wie die Sozialwissenschaftlerin Barbara Schaeffer-Hegel, Gründerin der Europäischen Akademie für Frauen in Politik und Wirtschaft meint. »Dann gibt es zwar immer noch die Unzufriedenen, die andere Unzufriedene suchen und zusammen den Chor anstimmen, wie schrecklich alles ist, aber das bringt uns ja nicht weiter.« Die Hamburger Autorin und Feminismus-Kritikerin Signe Zerrahn identifiziert das als »gruseliges Selbstmitleid«. Und die jungen Frauen ahnen: Wer sich ständig zum Opfer stilisiert, braucht sich nicht zu wundern, wenn er entsprechend behandelt wird.[17]

Ein weiteres Argument wirft Judith Butler, Philosophin an der University of California in Berkeley, in den Ring: Frauen seien weltweit viel zu unterschiedlich, als dass der Feminismus sie als eine politische Gruppe mit gemeinsamen Zielen definieren könnte. Und wer einerseits fordere, dass Biologie kein Schicksal sein dürfte, kann nicht zugleich dem Ideal einer ursprünglichen Weiblichkeit anhängen, die nur vom Patriarchat befreit werden müsse.[18] (Apropos Argumente aus der Biologie: siehe dazu auch Exkurs 2). Katharina Rutschky schreibt in ihrem Buch Emma und ihre Schwestern: »Mythenpflege ersetzt die Nachforschung nach all den Frauen, die der Bewegung im Lauf der Jahre verloren gegangen sind und das Nachdenken darüber, warum es zu keiner Traditionsbildung gekommen ist«.[18] Auch Doris Lessing, Schriftstellerin und früher mal Feministin von Weltruhm, wendet sich mit Grausen gegen die faulen Früchte der Emanzipation: »Die dümmsten, ungebildetsten und scheußlichsten Frauen können die herzlichsten, freundlichsten und intelligentesten Männer kritisieren und niemand sagt etwas dagegen.« Männer sollten sich Lessings Meinung nach wehren gegen ihre »sinnlose Erniedrigung durch die denkfaule und heimtückische Kultur des Feminismus«.[19]

So ähnlich sieht es Lucy Kellaway – selber eine einflussreiche Kolumnistin der *Financial Times*. Sie empfindet es keineswegs als bitteres Schicksal, in unserer Gesellschaft eine Frau zu sein. Im Gegenteil, wir Damen seien die privilegierteste Truppe, die sich denken lässt: »Keine andere Gruppe hatte es in den vergangenen zwei Dekaden so gut und es ist an der Zeit, mit dem Jammern aufzuhören.« In den vergangenen 20 Jahren hätten die Unternehmen sich überschlagen, um Frauen zu fördern, es gebe rechtlichen Schutz aller Art, riesigen Druck, Frauen zu befördern, die unterschiedlichsten Netzwerke und die meisten Unternehmen würden überdies flexible Arbeitszeiten anbieten. Vermutlich würden immer noch ein paar Frauen unfair behandelt – aber ganz viele eben auch nicht. »Sie fanden es wohl einfach nur leichter, subtile Vorurteile vorzuschieben, als sich selber die Schuld zu geben, wenn es sie keine rechten Fortschritte erzielten.«[20]

Exkurs 2: Biologie

»Eh dein Kopf zum Totenkopf erkaltet:
Bleib erschütterbar – doch widersteh!«

Peter Rühmkorf

Da sich in Deutschland in den vergangenen Jahren trotz aller Gleichberechtigungsgesetze und Frauenförderbeauftragten in der Geschlechterfrage nicht viel getan hat, werden neue Antworten auf die alte Frage gesucht, warum der Frauenanteil in allen Bereichen des öffentlichen Lebens nicht endlich wächst. Die naheliegendste Antwort: »Die Frauen haben keine Lust auf den ganzen Stress« wird nicht gerne vernommen, also müssen andere Argumente her. Gesucht werden sie schwerpunktmäßig in der Biologie und ihrer Unterdisziplin, der Verhaltensforschung. Da werden Neuronen gezählt, Gehirngrößen vermessen (das der Männer ist tatsächlich rund zehn Prozent größer), Babys und Primaten beobachtet. Denn es ist derzeit nachgerade modisch, Männer und Frauen quasi als Anhängsel an ihre verschiedenen Geschlechtsmerkmale und Gene zu erklären.

Dabei kommt dann zum Beispiel heraus, dass Frauen für ihr Leben gerne quasseln, wie Nicole Hess, eine Anthropologin an der University of California in Santa Barbara nach einer empirischen Untersuchung behauptet. Sie und ihre Kollegen wollen überdies herausgefunden haben, dass Männer stärker auf die Androhung von Gewalt reagieren, als auf die Drohung, böse Gerüchte über sie zu verbreiten. Frauen dagegen fürchten eher um ihren Ruf. Immer schön nach dem Motto: »Was ich selber denk und tu, trau ich allen andern zu«, denn Frauen benutzen Klatsch als Machtinstrument, um den Ruf und den sozialen Status ihrer Rivalinnen zu schädigen – behauptet zumindest die Studie von Frau Hess.

Darüber hinaus lernen wir von den Forschern beispielsweise, dass alle Säugetiere den Geschlechtsverkehr möglichst rasch vollziehen, weil sie beim Akt potenziellen Angreifern ziemlich wehrlos ausgeliefert sind. Menschliches Kuscheln und Schmusen bilde daher nur den dünnen zivilisatorischen Lack über dem animalischen Erbe: Einen

Das dämliche Geschlecht Barbara Bierach

ISBN 978-3-527-50601-9

Versuch also, Partnerschaften zur Aufzucht der Jungen zusammenzuhalten. Denn: Die durchschnittliche männliche Orgasmus-Erreichungsdauer liegt bei 2,5 und die der Frauen bei 13 Minuten. Frau darf sich also nicht wundern, wenn Schatzi sofort schuldbewusst den Keller aufräumt, weil sie ihn gebeten hat, künftig zärtlicher zu ihr zu sein. Dafür darf er sich nicht ärgern, wenn die Liebste auf der nächsten Fete den dämlichsten Macho-Knackarsch anhimmelt: Testosteronstarke Halbaffen versprechen eben fette Beute und wehrhafte Verteidigung der Brut.

Schwachsinn? Finde ich eigentlich auch. Das Fazit der Wissenschaft und vieler dieser Untersuchungen ist aber nur allzu oft: Frau kann nix dazu, wenn sie nichts zu sagen hat. Sie will eben Babys und einen starken Beschützer – auch wenn der nur Grunzlaute zum Besten geben kann. Das sind die Gene. Mann kann auch nichts dafür, er muss so sein. Er will sich eben fortpflanzen, zur Not mit Gewalt. Außerdem kriegt er schon beim Anblick des Staubsaugers die Krise – und erst recht wenn eine Chefin ihm sagt, wo der Hammer hängt.

»Sie können nicht anders. Hängt alles mit der Höhle zusammen«, schreibt Wolfgang Röhl. Die Edelfeder vom Stern fasste den Kenntnisstand der modernen Wissenschaft zur Jahrtausendwende flapsig zusammen: »Wenn der Steinzeitmann mit seiner Horde auf die Jagd ging, beschränkte er sich auf den Austausch essenzieller Infos (›Mammut von links‹). Unterdessen hockte seine Lebensgefährtin in der Höhle mit anderen Frauen und Kindern und tratschte.« Es sei also weder Zufall noch Erziehung, dass die weibliche Welt so oft als TV-Moderatorinnen, Dolmetscherinnen, PR-Damen und Personalsachverständige in Erscheinung trete und so selten als Leuchtturmwärter oder Angler.

Folgen wir all den Forschern und Herrn Röhl und lassen uns einfach mal gedanklich auf die Vorstellung ein, dass der freie Wille des Menschen eher Wunsch als Wirklichkeit sei, weil der Homo sapiens letztlich von seiner Biologie gesteuert wird. Was lernen wir dann? Zum Beispiel, dass leider nicht mal die gerne verbreitete Auffassung stimmt, dass Frauen die besseren Autofahrer wären. Erstens haben 90 Prozent aller Frauen ein schlechteres räumliches Vorstellungsvermögen als Männer (zusammen mit der kurzfristigen Schnellkraft übrigens das einzige, in dem Frauen Männern nachweislich unterlegen sind) und parken deswegen tatsächlich mühevoller ein. Falls Sie's genauer wissen wollen: 82 Prozent der Männer, aber nur 22 Prozent der Frauen setzen ihren Wagen schon beim ersten Versuch akkurat neben den Bordstein. Und zweitens fahren Frauen genauso aggressiv und genauso dicht auf, allerdings mit niedrigeren Geschwindigkeiten als Männer. Die Versicherungen reißen sich nur deswegen um Frauen am Steuer, weil die im Schnitt deutlich weniger fahren als Männer – und auf vertrauten Wegen: zum Friseur, Kindergarten, Arbeitsplatz. Würden sie so viele Kilometer runterreißen, wie die Männer, wäre ihre Unfallquote sogar noch höher als die der Herren.

Legendär und ebenfalls wissenschaftlich unbestritten sind auch weibliche Orientierungsschwierigkeiten. Kartenlesen fällt uns besonders schwer – was die notorisch witzigen Briten sogar veranlasst hat, Frauen-Karten zu verlegen, bei denen der Süden oben ist. So genannte »upsidedownmaps«. Männer brauchen die nicht, weil sie in der Regel keine Mühe haben, Straßenpläne auch gegen die Fahrtrichtung zu lesen.

Noch mehr Schwachsinn? Nein, im Gegenteil: praktisch! Denn wenn alles Biologie ist, hat keiner an irgendwas je die Schuld – Er wird eben Heldentenor und sie Quasselstrippe. Sie fährt das Auto zu Klump und er geht fremd. Das liegt an den Genen und die sind bekanntlich Schicksal. Kein Wunder also, dass der Biologismus so angesagt ist – nicht nur in der Geschlechterfrage. Entlastet er doch zu schön von der persönlichen Verantwortung für das eigene Verhalten. Die Höhlentheorie ist eben einfach tröstlich für die Frauen: Können sie in Ruhe weiter tratschen und ihn zur Jagd schicken. So will es die Natur, so will es der Mann. Er kann ja auch gar nicht anders.

Kann er nicht? Oder will sie nicht? Und sollte der Blick in die Steinzeit wirklich das Maß unserer Selbsteinschätzung sein und eine Handlungsanleitung zur Lebensgestaltung? Nun, zumindest nützen die damals erworbenen Fähigkeiten in der modernen Welt nicht unbedingt viel, und obendrein fällt selbst Männern die Behauptung schwer, dass dieses vorsintflutliche Verhalten wünschenswert sei. Denn selbst wenn Menschen auch durch ihre Gene in ihrem Verhalten beeinflusst werden, sind Erwachsene doch verantwortlich für das, was sie tun. Das nimmt übrigens auch jeder Rechtsstaat dieser Welt an, für Unzurechnungsfähigkeit gibt es in allen Demokratien eine ziemlich klare Definition. Gehen wir also lieber davon aus, dass gesunde erwachsene Menschen wissen, was sie tun. Gene hin oder her.

6.
Wo bitte bleibt der Frauenbonus? Weibliches Verhalten im Job

»Eine Frau ist wie ein Teebeutel.
Erst wenn sie in heißem Wasser landet,
sieht man, wie stark sie ist«

Harriet Rubin

»So spielt man denn das Kreuz-Ass des Lenkungswillens: die »Frauenförderung«. »Ich kenne keine Frau in irgendeinem Unternehmen, die derart behindert wäre, dass da irgendwas zu fördern oder auszugleichen wäre. Ich kenne auch keine Managerin, die sich – in ihrer Eigenschaft als Frau – in ihrem Karrierewillen ausgebremst fühlt,«, schreibt der Managementberater Reinhard K. Sprenger. Er hat mehrere Bestseller zum Thema Motivation geschrieben und berät in Fragen der Personalstrategie in Deutschlands Wirtschaft so ziemlich alles, was Rang und Namen hat. »Vor dem Hintergrund meiner Erfahrung habe ich jedoch keine Zweifel, dass in erster Linie die Frauen selbst nicht wollen. Dass sie die zweite Reihe attraktiver finden. Dass sie sagen: 'Spielt Ihr da oben eure Spielchen, dafür dürft Ihr auch ein bisschen früher sterben'.«[1]

Mit diesem Eindruck ist Sprenger nicht alleine. Schon nach der Wahl der Schröder-Regierung und plötzlich fünf weiblichen Bundesministern, fragte sich die Grünen-Politikerin Renate Künast 1998 im *Spiegel*: »Wie kommt es, dass – obwohl sie noch niemals in dieser Republik so gleichberechtigt waren wie jetzt – Frauen in der zweiten Reihe bleiben?« Und erinnert sich: »Dabei ging es schon mal anders. Die Trümmerfrauen regelten in den Hungerjahren nach dem Zweiten Weltkrieg das Überleben weitgehend allein, und dies nicht schlecht. Doch das Matriarchat der Notzeit brach mit der Rückkehr der Männer in sich zusammen. Die Frauen ließen sich ihre Macht nehmen und fügten sich erneut ins alte Rollenspiel. Die Frauen ließen sich vom mächtigen Drei-Wetter-Taft-Syndrom befallen, dass ihnen vor allem ihre ästhetisch-repräsentativen Aufgaben zu diktieren schien«. Fazit Künast: »Mit dem geduldigen Warten auf Zuteilung allein ist es nicht getan. Kein Jammern hilft, keine Schuldzuweisungen an die männlichen Bösewichte, die die Freiräume genutzt

Das dämliche Geschlecht Barbara Bierach

ISBN 978-3-527-50601-9

haben, anstatt brav dem ›Please wait to be seated‹ zu folgen. In Wirklichkeit war die Geduld der Frauen die Macht der Männer«.[2]

Zwischen Künast 1998 und Sprenger 2011 hat sich offenbar nicht viel getan, egal, wie man es betrachtet, aus männlicher oder weiblicher Perspektive. Was lehrt uns das? Viele Frauen wollten und wollen ganz offenbar nicht außerhalb der eigenen vier Wände arbeiten, nicht Verantwortung tragen für Projekte oder gar Personal, und auch kein eigenes Geld verdienen. Sobald am Horizont einer auftaucht, der sich freiwillig mit ökonomischen Fragen beschäftigt, lassen Frauen mit einem Seufzer der Erleichterung den Griffel fallen. Eine bekannte deutsche Managerin, die in diesem Kontext nicht namentlich genannt sein will, nennt diese Sorte Gattinnen »Pelztierchen«. Auch den Begriff des »Stehrümmchens« habe ich in dem Zusammenhang schon öfter gehört.

Eine Untersuchung aus der Schweiz zeigt, dass schon kinderlose Frauen direkt nach der Hochzeit im Schnitt sechs Stunden weniger arbeiten als gleichaltrige Singles.[3] Alles 1000 Jahre her, werden nun viele einwenden. Wirklich? Der moderne Lebensplan der meisten Frauen sieht offenbar immer noch vor, dass Er voll arbeitet und Sie »ein bisschen nebenher«: Einen Teilzeitjob wünschen sich rund 59 Prozent der deutschen Frauen unter 45. Die Folgen sind evident: Frauen sind zwar hochqualifiziert und stellen in der Arbeitswelt personell einen größeren Anteil als je zuvor in der Geschichte. Schaut man sich aber da um, wo die Entscheidungen getroffen werden, wird es ganz schön dünn. Spätestens mit Mitte 30 verschwinden die Frauen statistisch gesehen in einem Schwarzen Loch – als Mütter in den Reihenhaussiedlungen am Stadtrand. Anonym befragt, geben 70 bis 80 Prozent der Männer in westlichen Industriegesellschaften zu Protokoll, für sie sei der Beruf das wichtigste im Leben. Für denselben Prozentsatz der Frauen ist das die Familie. Folglich steigen sie aus und zwar genau in dem Moment, wo sich die ganze Arbeit, die sie ins Studium und den Aufbau ihrer Karriere gesteckt haben, endlich lohnen würde – finanziell und hierarchisch.

Doch anstatt endlich die Väter ihrer Kinder für Erziehungsfragen mit in Anspruch zu nehmen, wünschen sie sich Teilzeitverträge. Mit denen kann man alles Mögliche machen, jedoch ganz bestimmt keine Karriere. Was ist nur aus dem Ehrgeiz, der Abenteuerlust und Experimentierfreude all dieser jungen Mädchen geworden? Wenn sie nicht völlig frustriert in der Vorstadt versauern, werden sie bestenfalls die mitarbeitende Ehefrau im Betrieb des Gatten.

Klassentreffen. Die zehnte Klasse haben wir vor rund 20 Jahren durchlitten. Zwei der Schülerinnen in einem der letzten reinen Mädchengymnasien Bayerns haben sich die Mühe gemacht, die verlorene Zeit zu suchen und alle Mitglieder der damaligen drei Parallelklassen anzuschreiben. Rund 20 Frauen Mitte 30 folgen der Einladung und treffen sich zu einem Abendessen. Fast alle haben eine Ausbildung – deren Spannbreite von der Friseurin bis zur promovierten Biologin reicht – viele haben Kinder, eine sogar stolze sechs. Der Abend wird fröhlich und schließlich erzählen alle reihum, was sie gerade so treiben. Dabei kommt heraus, dass zwei Drittel der Anwesenden im Geschäft ihrer Ehemänner, Väter oder Brüder mitarbeiten. Eine Tontechnikerin hilft in der Arztpraxis ihres Mannes, eine Betriebswirtin in der Schreinerei ihres Bruders, eine zweite mit BWL-Abschluss schmeißt die Physiotherapeuten-Praxis ihres Angetrauten ... und so weiter und so fort. Diese Frauen haben natürlich alle Kinder und sind in der Regel überqualifiziert für den Job im Familienbetrieb, der nach dem Motto zu funktionieren scheint: Er verwirklicht seine Ambitionen und Sie garniert sich lieblich drum herum.

Die mitarbeitende Gattin ist die Stütze des deutschen Mittelstandes und als solche in ihrer volkswirtschaftlichen Bedeutung gar nicht zu unterschätzen. Oft geht sie damit aber allen anderen im Betrieb nach Kräften auf die Nerven. Sie hat nämlich in der Regel eine ganz andere Ausbildung als die, die im Unternehmen von Nöten wäre, dafür aber jede Menge Ansprüche. Eine ehemalige Flugbegleiterin der Lufthansa wird Zahnarztgattin und fängt nach der Geburt zweier Kinder und einem kleinen Lehrgang an, den Patienten des Angetrauten den Zahnstein zu entfernen. Ganz nebenbei wird sie so natürlich informell zur Chefin der anderen angestellten Zahnarzthelferinnen. Die haben den Job allerdings gelernt und freuen sich sehr über die Belehrungen einer Stewardess. Aber es ist halt die Frau vom Chef.

Eine hauptberufliche Hausfrau will beweisen, dass ihr Anglistik-Studium doch zu was nütze war und möchte gerne die fremdsprachige Geschäftskorrespondenz im Kunstbedarfshandel des Gatten übernehmen. Sie versteht ziemlich viel von Shakespeares Stücken, aber ziemlich wenig von der Frage, wie man in modernem Business-Englisch hochqualitative Echthaar-Pinsel oder Acrylfarben vertreibt. Um das zu lernen und künftig sieben Briefe im Monat zu schreiben, braucht sie natürlich ein eigenes Büro und einen PC mit allem Pipapo. Die ausgebildeten Fremdsprachenkorrespondentinnen und Assistentinnen im Betrieb, die deswegen jetzt zu dritt in einem Raum sitzen müssen, werden der Gattin die Hilfe sicher von Herzen danken.

Die Liebste versteht nicht wirklich was vom Geschäft und ist auch nur ein paar Stunden in der Woche da – aber wenn sie da ist, macht sie ihren Führungsanspruch überdeutlich. Der formale Status ist der einer Aushilfskraft, der echte der einer Geschäftsführerin. Unter dieser informellen Macht, die auf nichts als einem Trauschein gründet, leidet das Betriebsklima. Die Fluktuation der von der Chefin kontrollierten Mitarbeiter steigt und der Chef macht alles mit – denn die Stimmung zu Hause ist ihm letztlich wichtiger als die im Büro. Platzt ihm schließlich der Kragen, weil ihm schon wieder eine Sekretärin/Arzthelferin/Physiotherapeutin/Buchhalterin gekündigt hat, versteht die Gattin den ganzen Ärger nicht, sie wollte doch nur alles besonders gut machen. Mutter sein, verantwortungsvolle Gattin und eine echte Partnerin in der Sorge ums Familieneinkommen.

Diese Frauen würden es sehr viel weiter bringen, wenn sie sich woanders einen Job suchten, für den sie qualifiziert sind. Als Teilzeitarbeitende Gattin – im eigenen Betrieb oder für einen fremden Arbeitgeber – bleiben sie stattdessen weit unter ihren Möglichkeiten, individuell in den Unternehmen und kollektiv auf gesellschaftlicher Ebene. Warum? Letztlich nicht der Kinder wegen, denn um die könnte sich ja anteilig auch ihr Vater kümmern. Eigentlich ermöglichen all die überqualifizierten Jobberinnen lediglich erwachsenen Männern, ihre Bequemlichkeit zu leben und ihre Ambitionen zu verwirklichen. Laut OECD verbringen Mütter rund doppelt so viel Zeit am Tag mit ihren Kindern als Väter, ganz unabhängig davon, ob beide Eltern arbeiten oder nicht.[4] Dagegen ist nichts einzuwenden, jede muss selbst wissen, wie sie glücklich wird. Und wer beschlossen hat, dass seine Freiheit wichtiger ist als ihre, mag getrost in den Käfig steigen (»golden« ist der in der Regel nicht, siehe Kapitel 4 über Frauen und Geld). Nur sollten die Frauen dann auch aufhören zu beklagen, dass diese Welt eine Männerwelt ist. Und sie sollten sich darüber klar werden, dass sie es sind, die mit ihrem Verhalten die Verhältnisse zementieren. Denn erst wenn auch die Väter gelegentlich um fünf das

Büro verlassen, um ihre Kinder abzuholen oder gar nicht erst erscheinen, weil ein Sprössling krank ist oder gleich ein ganzes Jahr in der Elternzeit verschwinden, wird es für Arbeitgeber ein ähnliches hohes Risiko, ob sie nun einen Mann einstellen und befördern oder eine Frau. Deswegen bemühte sich die ehemalige Familienministerin Ursula von der Leyen ja auch, die volle Dauer und die vollen Bezüge der Elternzeit daran zu binden, dass sich Väter wenigstens partiell mit um ihren Nachwuchs kümmern.

Ulrike Saade zum Beispiel sagt schon seit Jahren: »Karriere bekommen Sie mit einer 38-Stunden-Woche nicht hin«. Die Mitvierzigerin ist Geschäftsführerin des Berliner Verbundes selbstverwalteter Fahrradbetriebe und Mutter eines Sohns. Seine Erziehung teilt sie sich mit ihrem Mann – Tagesmütter, Kindergarten und Schülerladen waren jahrelang Teil des Familienalltags. Sie sagt: »Meinem Sohn ist das gut bekommen«. Ihrem Mann wohl weniger, denn der musste mit ran. Saade nennt neben der so beliebten Opferhaltung vieler Frauen, die im vorhergehenden Kapitel für den privaten Bereich schon skizziert wurde, einen weiteren Aspekt, mit dem Frauen sich beruflich selber ausbremsen: Sie trauen sich nichts zu. Die Selbsteinschätzung vieler Frauen sei schon »ziemlich krass«. Ihren Eindruck bestätigt ein Blick in viele Statistiken, hier sei stellvertretend beispielsweise die der Ärztekammer Berlin zitiert: Die registriert ähnlich viele weibliche Ärzte wie männliche in der Hauptstadt – die Verantwortung des Jobs an sich ist aus weiblicher Sicht also okay. Doch von den 476 Chefärzten Berlins sind gerade einmal 62 weiblich, das sind 13 Prozent.[5]

Beim Wettbewerb um Positionen scheinen einfach viele Frauen zu kneifen. Die Folgen dieses Verhaltens erhellt ein Blick in die Presse: Das Deutsche Institut für Wirtschaftsforschung stellt fest, dass Frauen in den 200 größten deutschen Unternehmen gerade mal 2,5 Prozent der Vorstandsposten innehaben. Die KfW-Bankengruppe meldet, dass in Deutschland nur vier von zehn Firmengründern weiblich sind. Angelika Gifford, selber in der deutschen Geschäftsführung bei Microsoft, sollte 2008 drei Stellen im mittleren Management mit Kolleginnen besetzen. Sie fand einfach keine Bewerberinnen und auch ein Headhunter konnte keine beibringen. Eine Untersuchung des Wissenschaftszentrums Berlin für Sozialforschung ergab, dass Akademikerinnen fünf Jahre nach dem Abschluss durchschnittlich

20 Prozent weniger verdienen als Akademiker des gleichen Jahrgangs. Das ist zwar unfair, aber auch nicht wirklich verwunderlich, denn Befragungen belegen: Nur 58 Prozent der weiblichen Studierenden finden bei der Wahl des Studienfachs die Aussicht auf gute Verdienstmöglichkeiten wichtig. Bei ihren männlichen Kommilitonen sind es 75 Prozent. Entsprechend wenig wettbewerbsorientiert verhandeln die jungen Frauen dann offensichtlich auch ihre Gehälter.

Studien zeigen, dass unter Frauen so viel Potenzial brach liegt, weil sie sich zu wenig zutrauen und daher seltener Karriere machen. Derweil kommen dann eigentlich schwächere Männer in die gehobenen Positionen, weil sie die Herausforderung und den Wettbewerb geradezu suchen.[6]

Bei vielen Frauen herrscht offenbar auch die Meinung »Erfolg macht unglücklich«. Das zumindest vermuten zwei Soziologen der University of Virginia. Deren Untersuchungen zufolge sind Hausfrauen zufriedener mit ihrem Leben als berufstätige Mütter. Derselben Untersuchung zufolge, sind die 15 Prozent der Befragten, die sich am stärksten mit feministischen Idealen identifizieren die unglücklichsten Frauen in der Studie. Also, meinen offenbar viele Damen: Das Glück liegt in der Küche![7]

Da gibt es nämlich keine Glasdecke, an der all die vielen aufstiegswilligen Damen sich das Näschen blutig stoßen, weil die Männer sie nicht machen lassen. Oder? Berater Reinhard K. Sprenger schreibt: »Es gibt keine mächtige, konspirative Vereinigung, die hier die Finger im Spiel hat. Dazu kenne ich zu viele Unternehmensführer, die seit Jahren die Situation zu verändern suchen.« Allerdings hätten auch die kaum Chancen gegen »jahrtausendealte anthropologische Wurzeln, die man nicht innerhalb weniger Jahre ausreißt«. Monika Rühl, bei der Deutschen Lufthansa zuständig für Change Management und Diversity, meint dazu: »Die Entscheidungen vieler Führungskräfte basieren auf ihren individuellen Erfahrungen. Viele extrapolieren im Job ganz einfach das persönlich Erlebte. Die haben dann unter Umständen eine Hausfrau zu Hause, die natürlich keine oder kaum Managementerfahrung hat. Diese Männer trauen einer Frau daher Krisen- oder Risikomanagement oft ganz einfach nicht recht zu.« Das ändere sich aber meist, wenn ihre Töchter erwachsen werden, studiert haben und die ersten Filtermechanismen im Unternehmen erleben. Doch dann ist es oft schon zu spät, beobachtet

Rühl: »Deswegen erfinden wir in den Unternehmen alle 30 Jahre das Rad wieder neu, denn sobald diese Männer mit ihren Töchtern gelernt haben, was Frauen alles fertig bringen, steigen die aus und mit der nächsten Generation Manager fängt dann alles wieder von vorne an.«

Ganz ähnlich klingt Ann-Kristin Achleitner, Professorin an der TU München. Sie kann sich nicht an eine Frau erinnern, die sie je gefördert hätte, aber durchaus an Männer. »Es gibt genau zwei Typen Männer, mit denen man in der Regel richtig gut zusammen arbeiten kann. Entweder Männer, die selber eine Frau haben, die gerne berufstätig ist und kleine Kinder hat. Männer, die also die Konflikte aus eigener Anschauung kennen und das einordnen können. Ein Beispiel aus der jüngsten Vergangenheit: Kindergartenplätze werden dienstags genau während einer Stunde nachmittags vergeben, Termine machen geht nicht. Folglich gab es eine Zeit, da fehlte ich regelmäßig Dienstagnachmittags, weil ich einen Kindergartenplatz jagen musste. So einem Kollegen kann ich das sagen und ihn bitten, mich an meiner Stelle in einer Sitzung zu vertreten. Die andere Sorte sind Männer Anfang 60, die selber Töchter haben. Die finden ihre Mädels toll und wissen nicht recht, ob die jetzt wirklich relativ schnell Hausfrau werden sollen. Die fühlen sich plötzlich ein. Einerseits denken die sich dann ›Mensch, die hat tolles Potenzial, das kann man doch nicht brach liegen lassen!‹ Andererseits haben die ganz klassische Vorstellungen und wollen natürlich für ihre Tochter ein glückliches Familienleben. Das ist eigentlich keine schlechte Bewusstseinslage, in der die sich auch mal auf Experimente einlassen und sich fragen: ›Wie könnte es denn gehen?‹«[8]

Die asbach-uralte Theorie, dass die machtgeilen Männer die Frauen einfach nicht an die tollen Jobs lassen, scheint also ziemlich löchrig. Für ein 2006 erschienenes Buch interviewte ich 20 weibliche Topmanagerinnen in Europa und USA. Die erzählten allerdings auch lachend eine ganze Reihe von merkwürdigen Erlebnissen mit männlichen Kollegen oder Vorgesetzen. Eine meiner Lieblingsstories stammt von Agnès Touraine. Die Französin arbeitete einige Jahre für McKinsey, bevor sie zu dem französischen Verlag Hachette wechselte. »Als ich dort fünf Jahre lang die Strategische Planung gemacht hatte, bin ich zu meinem Chef Jean-Luc Lagadère gegangen und habe ihm gesagt, dass ich ein Unternehmen führen will. Er hat mir gesagt: ›Du kümmerst dich zu Hause nicht um deine Küche. Also warum sollte ich dir eine Küche in meinem Unternehmen anvertrauen?‹ Ich habe ihn als Macho beschimpft, er hat mir den Job gegeben, und dann habe ich ihm eine seiner Küchen geführt.« Als sie Hachette schließlich verließ, war sie Chefin eines ganzen Bereichs. Sie erzählt weiter, mit einem Lächeln: »Wenn du irgendwo die Chefin bist, sagt dir keiner mehr, dass er mit dir nicht arbeiten will. Trotzdem, es begegnen einem immer wieder seltsame Situationen. Du kommst in einen Raum voller Banker und wirst gefragt: ›Oh, Sie sind bestimmt die PR-Dame? Wo ist denn Ihr CEO?‹ Oder du kommst mit deinem ganzen Team in ein Hotel und dein Finanzchef, der an dich berichtet, bekommt ein fantastisches Zimmer mit Blick über den Fluss. Du hingegen kriegst die Besenkammer, die auf den Parkplatz raus geht, weil alle denken, er ist der Boss.«

Frauen, die ihren Weg allen Vorurteilen zum Trotz gehen, brauchen fraglos ein dickes Fell und einen noch dickeren Sack voll Humor. Das Credo all meiner Gesprächspartnerinnen im Vorstandsrang ist: Stereotypien gibt es immer noch, manchmal sogar ganz offene Diskriminierung. Doch wie sie mit den Begegnungen der dritten Art umgehen, das steuern die Frauen weitgehend selber: Man kann beleidigt sein, tagelang darüber nachdenken – oder man kann lachen. Und Letzteres sei dringend zu empfehlen. Agnès Touraine, die heute wieder als Unternehmensberaterin arbeitet, wird nicht müde, den Frauen immer wieder zu sagen: »Versucht, das nicht ernst zu nehmen. Es ist extrem wichtig, dass ihr das ignoriert. Sich aufzuregen, ist ein typisch weiblicher Fehler. Du musst dich entspannen und auch so rüber kommen. Es ist eine Schlüsselqualifikation für Frauen, Wichtiges von Unwichtigem trennen zu lernen.« Und Regine Stachelhaus, heute im Vorstand der E.ON, sagt: »Man muss schon aufpassen, dass man es sich nicht zu einfach macht, denn beileibe nicht alle Konflikte, die Frauen erleben, haben tatsächlich was mit Vorurteilen zu tun.«

Die interviewten Topmanagerinnen haben selber einige Fehler gemacht, wie sie freimütig bekennen – und auch die Fehler anderer Frauen beobachtet. Die Liste der häufigsten Flops lautet wie folgt, Reihenfolge beliebig:

- Frauen nehmen alles zu persönlich,
- entwickeln zu wenig Ehrgeiz,
- müssen selbstbewusster auftreten,

- sind viel zu lieb,
- haben Angst vor Verantwortung,
- interessieren sich für die falschen Themen,
- müssen dringend an ihrer Präsentationstechnik arbeiten und lernen, sich selber zu loben.

Wagen wir also die These: Losgelöst von allen Aktivitäten der letzten Machos schießen sich viele Frauen auch durch ihr eigenes Verhalten selber aus dem Rennen. Die Autorinnen des Buches *A Woman's place is the boardroom* beispielsweise fassen das in ein paar griffigen Thesen zusammen: 1. Die Abneigung vieler Frauen gegen die politischen Spielchen in großen Organisationen erleichtert den Männern den Aufstieg. 2. Viele Frauen werden immer unsicherer, je höher sie steigen und je weniger andere Frauen es in ihrer Umgebung gibt. 3. Frauen wirken auf ihre Vorgesetzten weniger selbstbewusst, weil sie ihre Fehler ehrlicher zugeben als Männer, die immer nur über ihre Stärken reden.

Das Problem sind also offenbar nicht machtgeile Männer, sondern Frauen, die sich entweder nichts zutrauen oder meinen, Frau sein alleine reiche schon. Und Frauen, die auf die falschen Fähigkeiten setzen und die falsche Ausbildung machen. Die Frauenbeauftragten in den Unternehmen hingegen monieren ja zu Recht: »Die berufliche Orientierung der Mädchen ist immer noch katastrophal einseitig. Sie interessieren sich meist nicht für technische Berufe. Und viele Frauen beobachten auch: Frauen knüpfen Kontakte, damit die Kinder betreut werden. Männer sind da viel weiter. Bei denen geht es immer um Job, Karriere oder Geld«.

Überhaupt gehen die vermeintlich hilfreichen Waffen der »sozialen Kompetenz« und der »weiblichen Kontaktfreude« regelmäßig nach hinten los. »Ich warne davor, zu glauben, dass Frauen über die Schiene der sozialen Kompetenz erfolgreich werden können. Wir haben Mitte der 80er Jahre bereits eine eklatante Fehleinschätzung der Chancen von Frauen gehabt, weil eine Studie eines Managementinstituts zum Ergebnis kam, dass Kommunikationsfähigkeit und guter Umgang mit Menschen künftig die wichtigsten Fähigkeiten des Top-Managements sein sollten«, erklärt auch Sonja Bischoff, die Hamburger Frauenforscherin. »Darauf basierte die Prognose, dass nun die Zeit der Frauen gekommen sei. Doch das war mitnichten der Fall. Mit sozialer Kompetenz lässt sich noch keine Karriere begründen, man braucht ebenso Durchsetzungsstärke und Konfliktbereitschaft. Und das ist den Frauen auch bewusst. Sie betonen beide Kriterien als Voraussetzung für den Aufstieg. Männer heben das nicht hervor, für sie ist es eine Selbstverständlichkeit.«

Die berühmte weibliche soziale Kompetenz entpuppt sich bei näherem Hinsehen gar als Karrierebremse. »Männer können leichter zwischen Rolle und Selbst unterscheiden und damit Konflikte leichter bewältigen«, beobachtet Birgit König, die als Partnerin bei der Unternehmensberatung McKinsey Dutzende von Unternehmen aus der Nähe studiert. »Eine unerfreuliche oder angespannte Umgebung wird von Männern oft als weniger problematisch gesehen als von Frauen, die dann die Energie in die Beseitigung eines möglicherweise nur temporären Konflikts investieren, die Männer bereits in die Bewältigung der nächsten Aufgabe stecken.« Einen weiteren unangenehmen Aspekt der weiblichen Beziehungsorientierung beschreibt die schon mehrfach zitierte Autorin Ute Ehrhardt: »Frauen sind nachtragender als Männer. Sie trennen Gefühl und Geschäft weniger gut. Während Männer nach einer beruflichen Konfrontation noch zusammen ein Bier trinken können, bleiben viele Frauen auf emotionaler Distanz«. Sie beschreibt in ihrem schon mehrfach zitierten Buch Die Klügere gibt nicht mehr nach, was eine befreundete Anwältin ihr erzählt hat: »Wenn zwei Anwälte vor Gericht heftig gestritten haben, kann man sie trotzdem wenig später in der Kantine fröhlich zusammen plaudern sehen. Bei Rechtsanwältinnen ist das häufig anders. Jede stürmt in eine andere Richtung davon.« Männer dagegen pflegen ihre Rituale der Stärke: Ein beleidigter Rückzug schwächt schließlich das Ansehen.

Harriet Rubin, die Autorin des Machiavelli für Frauen, glaubt sogar, dass Frauen auch deswegen so viele Niederlagen erleben, weil sie dazu neigen, gegen etwas zu kämpfen, anstatt für etwas. »Weibliche Kämpfer sind fast immer von Rache motiviert. Rache will etwas Falsches richtig stellen, einen Ruf retten, die Toten verteidigen. Energie ist jedoch sehr viel besser in den Versuch investiert, für etwas zu kämpfen, zum Beispiel für das Recht, interessante Arbeit zu machen. Für sich selbst und die eigenen Ziele zu kämpfen, ist nicht egoistisch. Denn wenn Frauen mehr haben, können sie auch mehr geben, befreit von dieser Geisteshaltung der Furcht, die immer flüstert: ›Werde ich genug Zeit, genug Kraft, genug zu geben haben?‹«.[9]

Aber wollen Frauen überhaupt kämpfen? Die Psychologin Nathali Klingen promovierte über Männer und Frauen in Führungspositionen. Sie sagt: Frauen bevorzugen in erster Linie demokratische Strukturen und konsensorientierte Gruppen. Die gibt es aber in den meisten Unternehmen nicht, kann es auch gar nicht geben, denn der Unternehmenszweck ist die Erwirtschaftung von Profit. Demokratische Diskussionsrunden gelten in dieser Welt meist als nicht zielführend, denn sie kosten zu viel Zeit und Geld. »Je höher die Führungsebene, desto mehr gelten männliche Spielregeln – das heißt, dass in bestimmten Situationen der Teamgeist zweitrangig ist«, erläutert Psychologin Klingen. Und ihr Fazit? »Da sie in einer männlich geprägten Welt zurecht kommen müssen, sollten Frauen den Wohlfühlaspekt in der Gruppe auch mal vernachlässigen können – zugunsten der Ergebnisse«. [10]

Überhaupt das Thema Beziehungen. Deborah Tannen, Linguistik-Professorin an der Georgetown University in Washington hat jahrelang Gespräche von Männern und Frauen aufgezeichnet und die gängigen Klischees bestätigt gefunden: Frauen haben eine Beziehungssprache – reden also vor allem, um Einverständnis und Intimität herzustellen –, Männer hingegen benutzen Sprache hauptsächlich, um Informationen auszutauschen und Hierarchieebenen auszuhandeln. Im Job wird das schnell zum Problem. Frauen neigen nämlich dazu, Fragen zu stellen »Sollten wir vielleicht ... ?«, »Was halten Sie davon ... ?«, »Lassen Sie uns doch ... ?«. Männer hingegen treffen Feststellungen. Frauen gehen selbst bei ganz normalen Sätzen am Ende mit der Stimme hoch, was rein durch die Betonung aus einer Feststellung eine Frage werden lässt. Männer hingegen nehmen den Ton am Ende ihrer Sätze runter – so wird selbst aus einer als Frage gedachten Äußerung eine Feststellung. Sicherer und kompetenter wirkt natürlich der Sprecher, der seine eigene Äußerung nicht sofort wieder in Frage stellt.

Ebenso vermeiden Frauen offene Aggression auch sprachlich, Männer betrachten eine verbale Konfrontation eher als Versuch, die Konversation zu beleben. Welcher der beiden Sprachtypen wird wohl einem Chef signalisieren, dass er den Laden im Griff hat und durchsetzungsstark ein Problem lösen kann?

Bei öffentlichen Reden und Beiträgen in einer größeren Gruppe beanspruchen Männer mehr Redezeit, unterbrechen häufiger und beziehen Frauen seltener mit ein als umgekehrt. Besser vorbereitet und überzeugender wirken so natürlich die Männer. Und das hat Folgen. Erzählte doch der Vorstandsvorsitzende eines großen US-Konzerns der Sprachforscherin Tannen, dass er oft in fünf Minuten über Projekte entscheiden müsse, an denen andere fünf Monate lang gearbeitet haben. Dabei würde er sich an folgende Regel halten: »Wenn die vortragende Person von der eigene Sache überzeugt wirkt, stimme ich zu. Wenn nicht, dann nicht«. Schein bestimmt das Sein. Und letztlich ist das ganze Leben ein Marketingproblem.

Kein Wunder also, dass schon die Wahl ihres persönlichen Ausdrucks Menschen so in Frauen und Männer einteilt, wie Unternehmen Leute in Chefs und Untergebene. Die weibliche Hälfte der Welt läuft verbal immer auf Rang zwei: In hierarchischen Aufzählungen wie »Adam und Eva« sowohl auch bei Berufsbezeichnungen – »Lehrerin«, »Ärztin«, »Ingenieurin« – wird stets von der maskulinen Form abgeleitet. Nur in den Domänen Schrubben, Fortpflanzung und Kommunizieren ist das Vokabular weiblich: »Putzfrau« und »Hausmütterchen«, »Hebamme« und »Blondine«, »Quasselstrippe« und »Klatschbase« sprechen Bände. Ebenso das schon im Vorwort erwähnte, alte Sprichwort, mit dem schon auf dem Schulhof Grundschüler ihre Banknachbarinnen triezen: »Damen sind dämlich und Herren herrlich«.

Chefinnen allerdings bekümmert die Sprachwissenschaft nicht im geringsten. Sie unterbrechen wen und wann sie wollen, bestimmen das Gespräch und fürchten sich auch nicht vor verbalen Konfrontationen. Linguisten meinen: Mit der sozialen Rolle ändere sich auch das Sprachverhalten. Ich meine, es ist genau anders herum: Wer sein Verhalten ändert, kann auch die ihm oder ihr zugedachte Rolle ändern. Alles eine Frage des Trainings und der Entschlossenheit.

Doch daran herrscht Mangel. Auch in beruflichen Fragen tauchen die charakterlichen Deformationen vieler Frauen wieder auf, die schon in vorherigen Kapiteln beschrieben sind. Vor allem ihre Weigerung, Verantwortung für sich selbst und andere zu übernehmen.

In dieselbe Kerbe haut Regina Stachelhaus, Vorstand bei der E.ON: »Wenn Sie einem Mann einen tollen Job anbieten, erleben Sie nie, dass der Ihnen sagt: 'Will ich das wirklich?'. Das klingt dann eher so: 'Na endlich, da warte ich schon drei Jahre drauf!' Frauen jedoch zweifeln: 'Kann ich das? Will ich mir das antun?' Frauen hauen nicht auf den Tisch, wenn sie nicht vorankommen. Im Gegensatz zu den Männern schimpfen die nicht: Schweinerei, ich werde hier nur blockiert, jetzt reicht's ich kündige!«

Viele Frauen würden sich in der Tat eher nackt auf eine belebte Kreuzung stellen, als zuzugeben, dass sie ehrgeizig sind. Barbara Lady Judge, eine Amerikanerin, die schließlich in London die Chefposition in der britischen Atomaufsichtsbehörde inne hatte, lernte in einer langen Karriere: »Frauen sagen nicht: ›Ich kann das‹. In einem Bewerbungsgespräch wird ein Mann immer alles bejahen, egal ob er Erfahrung mit etwas hat oder nicht. Eine Frau sagt ›‹nein‹, wo ein Mann sagt ›‹aber selbstverständlich‹. Frauen bringt man bei, nicht anzugeben und nicht aggressiv zu sein. Als ich damals bei der amerikanischen Börsenaufsichtsbehörde SEC Kommissarin wurde, schrieb jemand einen wirklich netten Artikel über mich mit dem Titel: ›Keine Entschuldigung für Ehrgeiz‹. Mir gefiel das, aber viele Leute waren entsetzt, sie sagten: ›Ehrgeiz? Bei einer Frau? Barbara, willst du ehrgeizig genannt werden? Das ist ja scheußlich. Das kannst du nicht wollen.‹ Wenn ein Mann als ehrgeizig bezeichnet wird, fühlt er sich toll. Offenbar gibt es Wörter, die für Männer und Frauen nicht dasselbe bedeuten. Die Frauen kriegen nicht beigebracht, sich selber in den Mittelpunkt zu stellen. Keiner zeigt ihnen, wie man jemand wird. Aber genau das müssen sie lernen.«

Auch BCG-Beraterin Martina Rißmann kennt dieses universelle Phänomen: »In Bewerbungsgesprächen fällt mir immer wieder auf: Frauen sehen sich immer einen Level unter dem, was sie eigentlich können, während Männer immer einen höher wollen«.

Generell neigen Frauen auch dazu, ihren Gefühlen auch am Arbeitsplatz freien Lauf zu lassen. Ich kann mich nicht erinnern, jemals einen Mann in einer Konferenz in Tränen ausbrechen gesehen zu haben, aber ich erinnere mich an diverse Frauen, die auf die Tränendrüse drückten, wenn sie unter Beschuss gerieten oder um Argumente verlegen waren. Zum Beispiel an die Betriebsrätin eines großen Wirtschaftsverlages, die türeknallend den Raum verließ, wenn sie nicht mehr weiterwusste. Das kommt bei Männern nicht gut an – und bei professionellen Frauen auch nicht.

Wer Karriere machen will, muss wissen: »Das alte Handwerk der Macht, entwickelt in tausenden Jahren des Patriarchats, beruht auf Seilschaften und Allianzen. Zum Handwerk gehört die Kunst des

Wartenkönnens, der Statusdemonstration, der Machtdifferenzierung, auch die Intelligenz des wandlungsfähigen Chamäleons. Zur Not bedient sich das Chamäleon der feingesponnenen Intrige. Lauter Dinge, von denen anständige Mütter ihren braven Töchtern erklärten, sie wären bäh-bäh.

Auch das Misstrauen der Frauen sich selbst und dem eigenen Geschlecht gegenüber taucht in der Arbeitswelt wieder auf. Drei von vier Managerinnen sagen in Befragungen, dass sie sich von Kolleginnen auf derselben Hierarchieebene auf dem Weg zum Erfolg massiv behindert fühlen.[11] Und wenn sie die Wahl haben, will auch nur jede zehnte lieber einen weiblichen Chef.

Das Schlimmste jedoch ist: Frauen sind Biester – vor allem untereinander. Die Solidarität unter Frauen ist so unterentwickelt, dass man sich wirklich fragen muss, wie ausgerechnet diese missgünstigen Weiber jemals auf die Idee kommen konnten, dass Männer ihre Macht freiwillig mit ihnen teilen werden. Denn für eine Frau ist nichts absurder, als einer anderen freiwillig auch nur das Schwarze unter dem Fingernagel abzutreten. Die Grüne Renate Künast sagt: »Frauen mit beruflicher Ambition werden nach wie vor skeptisch beäugt, weniger von Männern, als vielmehr von den eigenen Schwestern«. Und weiter: »Wo Männer über persönliche Abneigungen und unterschiedliche Meinungen hinweg zu einer gemeinsamen Strategie kommen, lassen sich Frauen bereitwillig spalten«. So verlaufe die aktuelle Bruchlinie in der Politik zwischen Fach-Frauen und Frauen-Frauen. Inzwischen hätten sich nämlich viele entschieden, die Bereiche Küche, Kinder, Kirche da zu lassen, wo der Pfeffer wächst und sich auf das Feld der »harten Politik« begeben, da wo es um Arbeitsplätze, Steuern, Rechts- und Innenpolitik geht. Denen stünden »ratlos und gelegentlich sogar unversöhnlich« die Frauen-Frauen gegenüber, die sich weiterhin vor allem um das Thema Gleichberechtigung bemühen. »Nie war die organisatorische Spaltung der Frauen so tief wie heute«.[12]

Ganz ähnlich lauten die Beobachtungen der Hamburger Frauenforscherin Sonja Bischoff: »Insbesondere Frauen in den höheren Führungsetagen und Frauen in Unternehmen mit besonders hohen Frauenanteilen in Führungspositionen haben überdurchschnittlich häufig negative Erfahrungen mit vorgesetzten Frauen gemacht«. Rivalität, Konkurrenzdenken, Neid – die Professorin spricht gar von

Stutenbissigkeit – belasten oft die Arbeitsbeziehungen. Ähnliches hat die legendäre amerikanische Sexforscherin Shere Hite in einer großangelegten Untersuchung zum Thema »Männer und Frauen bei der Arbeit« beobachtet: Neben dem ganzen Hassel mit den Männern, »sehen sich Frauen, die mit anderen Frauen als Kolleginnen, Sekretärinnen oder Vorgesetzte zusammenarbeiten, mit zusätzlichen Problemen konfrontiert: Die anderen Frauen werden entweder in die Rolle als Konkurrentinnen oder aber als beste Freundinnen gedrängt« (siehe zu Hites Untersuchung auch Exkurs 3). Bücher wie *Zicken unter sich* von Anja Busse oder Nan Mooneys *I can't believe she did that* [13] würde man am liebsten gegen die Wand werfen, aus Wut, weil einem Büromenschen die darin geschilderten Gemeinheiten so verdammt bekannt vorkommen. Mooney schreibt nach über 100 Interviews mit Arbeitnehmerinnen aus verschiedenen Branchen: Statt ein professionelles Maß an Fairness zu pflegen sind Frauen auch im Büro entweder beste Freundinnen oder Feindinnen. Insbesondere, wenn eine aus der Gruppe heraus es wagt, aufzusteigen. Zu den Machtspielchen mit den Männern komme dann zusätzlich noch der Kampf gegen die Kolleginnen. Die vielgepriesene höhere emotionale Intelligenz der Frauen entpuppt sich dabei nicht

als Vorteil. Frauen erspüren genau, wo die Schwächen des Gegners sind und wissen, wo sie zuschlagen müssen. Dass Frauen persönlich stärker interagieren und daher die besseren Führungskräfte sind, wird gern betont, die Kehrseite fällt unter den Tisch: Frauen

nehmen alles persönlich, insbesondere die Aktivitäten anderer Frauen. Wo Männer das Visier hochklappen und offen attackieren, sabotieren Frauen laut Mooney im Verborgenen. Kurz: Von der Mär, Frauen seien schon deswegen die besseren Chefs, weil sie weniger mit ihrem Ego beschäftigt sind, können sich die Arbeitgeber getrost verabschieden.[14]

Wenn sich doch bloß all die Käuferinnen der Karriere- und Strategieratgeber mit der Kollegin im Nachbarbüro zusammentäten, wäre schon viel gewonnen. Stattdessen liefern die meisten Frauen eine Solonummer und knirschen im Schlaf mit den Zähnen. Frauen, die an Netzwerken und am Schulterschluss arbeiten, erleben oft Neid und Intrigen, wie Monika Rühl, verantwortlich auch für Chancengleichheit bei der Lufthansa beobachtet hat: »Jede, die sich in Sachen Frauenpower hervortut, trifft ganz schnell Frauen, die an ihr herumkritteln. Auf diese Art und Weise beschäftigen wir Frauen uns wunderbar mit uns selbst«. Ganz offenbar sind es doch nicht nur die Dinosaurier unter den männlichen Chefs, die die Damenwelt am Regieren hindern.

Unternehmensberaterin Birgit König findet die ganze Schuldfrage sowieso kontraproduktiv: Im Büro »darüber nachzusinnen, ob das Umfeld Männer möglicherweise bevorzugt, ist absolut nicht hilfreich. Wenn nämlich erst das Umfeld als Schuldiger identifiziert ist, nimmt der Zwang, an sich selbst zu arbeiten, ab. Die Frau nimmt sich damit möglicherweise wichtige Entwicklungsmöglichkeiten«. Trotzdem sind viele Artikel über Frauen, die in Männerdomänen aufsteigen, immer noch überschrieben mit Titelzeilen wie »Im Feindesland«. Wer baut hier also eigentlich welche Feindbilder auf? Interessant auch das Erlebnis eines leitenden Wirtschaftsredakteurs. Er hatte seinen Büro-Computer so programmiert, dass er jedes Mal mit lasziver Frauenstimme sagte »Master, I have got mail for you!«, wenn eine E-Mail für ihn eintraf. Die Kolleginnen waren darüber sehr erbost und fanden den Kollegen samt Spruch frauenfeindlich – zumindest die Abschaffung der Computerstimme setzten sie auch durch. Über dieses Auftreten kann man streiten. Erstens ist es humorlos, zweitens zickig und drittens wird es auch den liberalsten Mann überzeugen, dass viele Frauen an Verfolgungswahn leiden und schon von daher nicht ganz zurechnungsfähig sind. Hilfreicher wäre es jedenfalls, zu kontern und dem Kollegen immer mal wieder einen männerfeindlichen Witz zu erzählen. Keinen auf Lager? Nehmen Sie einen von mir: Wann ist ein Mann geistig in der Lage, die Klobrille runterzuklappen? Nach einer ... Geschlechtsumwandlung. Wirkt immer.

Exkurs 3: Shere Hite über Sex & Business

»Und kann ein Frauenzimmer dafür, wenn es auch ein Mensch ist?«

Rahel Varnhagen

Noch im Jahr 2001 findet sich im Programm des Management-Seminars »Wie man(n) Frauen führt« der Tagesordnungspunkt »Herr der Zicken – wie behaupten Sie sich?«.[1] Wirklich entspannt ist die Zusammenarbeit zwischen Männern und Frauen also noch immer nicht. Auch nicht in den USA, obwohl es dort doch schon sehr viel mehr weibliche Mittelmanager gibt als hier. Genug jedenfalls, damit Shere Hite, eine international renommierte Autorin auf dem Gebiet menschlicher Beziehungen und sexueller Verhaltensmuster, ein Buch schreiben konnte mit dem Titel *Sex & Business – Männer und Frauen bei der Arbeit*.[2] Dafür befragte sie die Mitarbeiter von zehn Unternehmen zum Thema Zusammenarbeit der Geschlechter. Die Ergebnisse sind vermutlich nicht repräsentativ, aber trotzdem interessant. Und auf jeden Fall verdienstvoll, belegen sie doch, dass nicht nur Männer über ihre Kolleginnen merkwürdige Vorstellungen im Kopf haben, sondern auch Frauen über ihre Kollegen.

Doch zunächst die Statistik. Auf die Frage »Wie fühlen sie sich bei der Zusammenarbeit mit Ihren Kolleginnen?« antworten 51 Prozent der Männer: »Ich vollbringe die unglaublichsten Verrenkungen, um nicht zu diskriminieren und nicht in Stereotypen zu verfallen«. Fragt man Frauen nach ihren männlichen Kollegen, sagen dasselbe nur 14 Prozent. Dafür sagen 63 Prozent der Frauen »ich fühle mich manchmal unwohl und weiß nicht, wie ich mich verhalten soll«. Dieses Unwohlsein im Zusammensein mit den Kolleginnen befällt dagegen nicht einmal jeden dritten Mann.

Wenn Männer sich über weibliche Untergebene äußern, sagen 31 Prozent, das Verhältnis sei »problemlos«, 18 Prozent sagen »ich helfe ihnen, voranzukommen« und 19 Prozent: »Sie bitten mich bei ihrer Arbeit um Hilfe, und ich komme mit den Problemen meines Privatlebens zu ihnen«. Die Frauen in den gleichen Firmen nehmen

Das dämliche Geschlecht Barbara Bierach

ISBN 978-3-527-50601-9

ihre männlichen Chefs ganz anders wahr: Nur 27 Prozent sagen »er behandelt mich fair«, 51 Prozent finden »er versteht mich nicht und unterschätzt mich, bemerkt aber gar nicht, dass er das tut« und 22 Prozent äußern »Ich werde von ihm schwer diskriminiert, männliche Kollegen werden mir vorgezogen, und er weiß das auch«.

Was ist da bloß schiefgegangen? Hite fasst ihre Gespräche wie folgt zusammen: »Hinter vielen Managementproblemen stecken traditionelle Rollenmuster samt ihrer unrealistischen Stereotypen. Frauen nehmen Männern übel, dass sie ihnen gegenüber im Vorteil sind, während Männer Frauen möglicherweise verübeln, dass sie jetzt mehr Konkurrenz bekommen haben und dass die Arbeit nicht mehr länger ein für Männer reserviertes, privates Reich ist«.

Hite meint allerdings auch, dass es durchaus viele männliche Führungskräfte gibt, die sich mit der Ungleichverteilung der Macht nicht wohl fühlen. Sie würden das gerne ändern, haben aber keine Lust, sich mit den anzüglichen Bemerkungen der Kollegen herumzuschlagen, wenn sie eine oder mehrere Frauen tatsächlich einstellen und fördern. Falls etwas schief geht, möchte so ein Chef nicht als derjenige dastehen, der die Frauen ja unbedingt haben wollte und noch viel weniger will er sich unterstellen lassen, er hätte Affären mit den Kolleginnen.

Um das nur ja zu vermeiden, beobachten viele Frauen, dass sich Männer ihnen gegenüber unkommunikativ, reserviert und steif benehmen, während sie mit anderen Männern entspannt und fröhlich wirken. Das entsteht nicht nur aus der Angst vor anzüglichem Geschwätz, so Hite, sondern auch weil viele Jungs in der Pubertät gehänselt werden, wenn sie mit Mädchen oder ihrer Mutter zusammen sind: Feigling oder Muttersöhnchen heißt es dann. Diese pubertären Initiationsriten führen dazu, dass Männer Männergruppen fürchten lernen. Es wird von ihnen verlangt, die Mutter und die Mädchen zu verlassen und sich den Männern anzuschließen, um ein ganzer Kerl zu sein. »Im Berufsleben haben viele Männer diese Lektionen – haltet euch fern von Frauen, sonst werdet ihr nicht als Teil der Männergruppe akzeptiert – verinnerlicht und leiden unter der zunehmenden Präsenz von Karrierefrauen«, so Hite.

Frauen hingegen assoziieren ihren Chef oft mit dem Archetypus Vater, meint Hite. Eine in vielen Familien idealisierte, respektierte und gefürchtete Figur, die nicht so recht zu durchschauen ist, da ständig abwesend. Mächtige Männer im Job lösen wieder ähnliche Gefühle aus – eine Mischung aus Angst und Sehnsucht. Daraus leiten Frauen ab: Wenn du es schaffst, seine Gunst zu erringen, gewinnst du an Status. Deswegen verhalten sich Frauen oft wie brave Töchter. Entweder sie flirten, oder sie greifen zu femininer Weichheit und sanften Umgangsformen, »um so stillschweigend um eine weniger raue Behandlung zu bitten«, schreibt Hite. So beobachtet die Forscherin in ihren Interviews mit männlichen Vorstandsvorsitzenden, dass die immer wieder darauf hinweisen, dass Frauen heute härter arbeiten und weniger dafür fordern als Männer. Ganz ernst genommen werden sie so natürlich nicht.

Das Ergebnis ist laut Hite der Sand im Getriebe, der in so vielen Unternehmen so häufig rieselt. Konkret manifestiert er sich in sexueller Belästigung am Arbeitsplatz, mühsam ausgebildeten Frauen, die in Scharen die Unternehmen verlassen, weil sie sich in dieser Welt nicht wohl fühlen und in den üblichen Klischees: »Männer sind Machos, die einen entweder ignorieren oder mit einem ins Bett wollen« versus »Frauen sind mehr auf die Liebe als auf die Arbeit fixiert«.

Dazu Shere Hite: »Viele Menschen projizieren unangemessenerweise noch immer stereotype Muster aus ihren Beziehungen in Privatleben und Familie auf ihre Kollegen am Arbeitsplatz, manchmal mit tragischen Folgen. Diese Projektion ist geschäftlichen Entscheidungen natürlich nicht zuträglich«. Notabene: Der Forscherin zufolge machen nicht nur die Männer am Arbeitsplatz Fehler und verharren in Dominanzgesten, auch die Frauen müssen lernen, sich von ihren Mustern und Vorurteilen zu befreien.

7. Die Kö-Schlampe oder Wer ist hier eigentlich die Intelligentere?

»Frauen heiraten am liebsten einen großen Mann, weil es sie reizt, ihn kleinzukriegen.«

Maurice Chevalier

Stress im Büro: Der Chef hat wieder mal die ganze Planung über den Haufen geworfen, ein Mitarbeiter erneut einen wichtigen Termin platzen lassen und nun müssen erstens alle Betroffenen beruhigt und zweitens alle Absprachen neu verhandelt werden. Dazu klingelt dauernd das Telefon, die Mailbox quillt über vor E-Mails, von denen keiner sagen kann, welche wichtig ist und welche nicht. Dabei müsste man eigentlich nach Hause, denn gleich kommt der Mann von Bosch, um endlich die blöde Geschirrspülmaschine zu reparieren. Obendrein beklagt sich die Mama, weil man sie vernachlässige und die beste Freundin feiert Geburtstag und braucht unbedingt ein Geschenk. Mamma kriegt Blumen via Fleurop, aber der Freundin schon wieder übers Internet ein Buch schicken zu lassen, geht nicht, denn das hat sie im letzten Jahr schon nicht besonders erfreut. Und wer überhaupt kümmert sich heute Abend um die Kinder, wenn auf das neue Lebensjahr angestoßen wird?

Kurz: Die Mittagspause entfällt, Frau rast mal eben nach Hause, um den Bosch-Techniker reinzulassen, sagt ihm, er solle die Rechnung auf den Küchentisch legen und die Tür einfach ins Schloss ziehen, hofft, dass der Mann ehrlich ist und hetzt weiter auf Kö/ Maximilianstrasse/Jungfernstieg – je nachdem, wo ihr Büro steht: in Düsseldorf, München oder Hamburg. (Im Weiteren verwende ich »Kö« für die Königsallee in Düsseldorf, weil ich die am besten kenne – das ist aber nur ein Synonym für jede beliebige Zusammenrottung teurer Geschäfte irgendwo im Land.) Dort muss ein Geschenk für die Freundin erbeutet werden.

Frau betritt also mit fliegenden Rockschößen, hektischen Flecken im Gesicht und verknautschtem Make-up das erste Geschäft – um sich gleich von einer elegant-gepflegten Verkäuferin schlecht behandelt zu sehen. Einfach vernichtend, dieser Blick auf die zerknitterte

Das dämliche Geschlecht Barbara Bierach

ISBN 978-3-527-50601-9

Bluse aus der letztjährigen Kollektion. Und man hört förmlich wie sie denkt: »Und dann noch diese Farbe! Völlig out, die Gute«. Sagen tut sie: »Dann schauen wir mal, was wir für Sie haben«, gemeint ist: »In deiner Preisklasse haben wir hier sowieso nix«. Es nützt einem nichts, dass man hier Kundin ist und gefälligst schon deswegen gut behandelt gehört. Und noch viel weniger nützt es, dass man vermutlich ein Vielfaches von dem verdient, was sich die Hüterin des guten Geschmacks in langen Stunden hinterm Tresen ersteht. Man fühlt sich mies als Frau. Ungepflegt, trampelig, überfordert.

Frau erträgt die emotionale Niederlage um der lieben Freundin willen, kauft schließlich ein todschickes, leider ziemlich teures Stück und verlässt fluchtartig den Ort der Handlung. Nur, um draußen auf der Kö der nächsten Katastrophe in die Arme zu laufen. Da wimmelt es nämlich nur so von gepflegten Damen, die in der Regel paarweise ganze Tage verbummeln. Was sie am Leibe tragen, ist mehr, als unsereins in einem ganzen Monat verdient, der Schmuck dazu nochmal ein Vielfaches davon wert und in den Tragetaschen (Chanel! Gucci! Todd's!) befinden sich weitere, nicht kalkulierbare Schätze. Und das Beste: Diese Frauen wirken keineswegs gestresst, sind dafür perfekt geschminkt und frisiert – und das Outfit? Natürlich der letzte Schrei. Offenbar sind deren Kinder gut betreut von Schule und Aupairmädchen oder im Reit-/Ballett-/Musikunterricht, um deren Spülmaschine kümmert sich das Personal und von unwilligen Chefs oder unpünktlichen Mitarbeitern hören sie nur aus dem Mund des Gatten oder Vaters. Und wenn das Handy klingelt, ist es eine weitere Freundin, die irgendwo tolle Schnäppchen erspäht hat. Kurz: Frauen, deren Männer sich hauptsächlich deswegen vor Weihnachten fürchten, weil sie eventuell von ihrer Frau Geschenke kriegen, die sie sich nicht leisten können.

So manche Frau wird sich spätestens jetzt fragen: Wer zum Teufel ist hier eigentlich die Intelligentere? Ich mit Hochschuldiplom, Karriere, Haushalt, Kind und Kegel und dem ewigen Stress? Ich, die ich immer alles irgendwie hinkriege, koste es was es wolle. Oder die da, die in aller Seelenruhe das Geld ihres Mannes oder Vaters ausgibt und offenbar keineswegs an Knicken im Selbstwertgefühl leidet? Warum tu ich mir das an? Soll doch künftig der Alte gucken, wie er uns alle ernährt kriegt und ich mach's mir nett! Andere Frauen tun das ja auch und keiner nimmt es ihnen übel. Und wie blöd der Chef gucken würde, wenn er seinen Mist endlich mal selber auf die Reihe kriegen müsste! Und erst die Kollegen! Ha!

Was die gestresste, berufstätige Frau dabei gerne übersieht: Diese einkaufenden Amazonen der Innenstädte sind meistens zu. Zu geschminkt, zu geschmückt, zu gestylt. Die Haare sind zu blond, die Schuhe zu hoch, die Röcke zu kurz, die Blusen zu eng, die Knöpfe zu golden. Sie plappern zu laut und zu fröhlich und sie wirken zu erleichtert, wenn endlich mal auch ihr Mobiltelefon klingelt.

Mal im Ernst: Wer würde nicht gerne mal ein paar Wochen nach Herzenslust shoppen und sich mit der besten Freundin durch die Cafés und Austernkeller dieser Welt schlürfen? Kids und Haushalt versorgt wissen und den Mann beschäftigt – das Geld muss ja schließlich irgendwo her kommen. Herrlich! Aber immer? Jahrein, jahraus? Keine Aufgabe und keine Probleme bedeuten nämlich auch: Keine Herausforderung. Keinen Triumph, wenn man wieder mal noch so eben einen schwierigen Auftrag gerettet hat. –Keine Siegesfeier nach einem erfolgreichen Jahr. Kein Lob vom Chef, keine Anerkennung von den Mitarbeitern, wenn man ihnen mal wieder ein tolles Projekt oder eine Gehaltserhöhung erjagt hat. Keine Gespräche mit dem Ehemann auf gleicher Augenhöhe über den Job, das Geld, die Regierung und die Entwicklung der Kids. Stattdessen den Mann bitten müssen um Geld. Und Urlaub ist gar keiner, weil er dem Alltag so ähnelt. Wie langweilig.

In der Tat: Viele dieser Frauen, die ich halb neidisch, halb verächtlich »Kö-Schlampen« nenne, haben einen leeren Blick, wenn sie nicht gerade animiert auf jemanden einreden. Und außerdem sind sie offenbar gar nicht glücklich: Aus der Nähe belauscht, ist ihre Konversation – wenn es nicht gerade um Mode und Kosmetik geht – eine Mischung aus Gejammer und Geläster. Erstens wird übers Älterwerden geklagt – die Fältchen hier und da, die Kilos oben und unten. Kein Wunder, wenn die einzige Beteiligung der Frau am gemeinsamen ehelichen Lebensstandard die Schönheit ist, die sie ihrem schwer arbeitenden Mann zu bieten hat. Natürlich fühlt sie sich bedroht, wenn ihre Reize eines Tages schwinden – und sie schwinden immer, Zeit ist das einzig Gerechte auf dieser Welt. Dann ist Einkaufen keine Lust mehr, sondern der verzweifelte Versuch, sich mit Cremes und Fräckchen Jugend und Attraktivität zu erstehen. Das sieht man irgendwann auch im Gesicht – und schon entsteht der schönste Teufelskreis.

Zweitens wird über abwesende Bekannte gelästert, insbesondere über den Zustand von deren Schönheit (»Ganz schön dick geworden, die Gabi!«) und deren Ehe. Gelästert wird, weil bei denen Sie immer nur tut, was er will, und sie sich deswegen nicht wundern muss, wenn ihr Mann sich langweilt und sich eine Freundin sucht. Oder weil sie nie tut, was er will, und sie sich folglich nicht wundern braucht, dass er sich eine Freundin sucht, wenn sie ihn immer ärgert. Oder über die Unterhaltsvereinbarung von irgendwem. »Unverschämt, wie viel die fordert!« Wahlweise: »Bescheuert, wie die sich abspeisen lässt«.

Drittens über die eigenen Männer: Nie da. Völlig verständnislos. Abends zu müde für die Oper oder Kai's Bistro. Nur den Job/das Auto/das Boot/die Jagd/den Golfplatz im Kopf. Kümmert sich nicht um die Kinder. Versteht sich nicht mit seinem Sohn. Hat den Hochzeitstag vergessen. Hat vielleicht eine Geliebte. Dennoch gilt natürlich der alte Spruch von Zsa Zsa Gabor: »Man sollte niemals einen Mann so hassen, dass man ihm seine Brillantringe zurückgibt«.

Viertens über die Männer anderer Frauen. Entweder die gleiche Leier: Nie da. Immer müde – siehe oben. Oder wenn das nicht zutrifft: Was für ein Verlierer! Neuerdings so viel zu Hause, mäht den Rasen selber. Ob sie ihn rausgeworfen haben? Das mit der Beförderung neulich hat ja schon nicht geklappt ... und so weiter und so fort. Weitere beliebte Themen: Die Kinder und ihre miserablen Lehrer, überhaupt der ewige Ärger mit dem Personal. »Du glaubst nicht, was mein Friseur sich neulich geleistet hat ... Da gehe ich nie wieder hin!« Im Grunde genommen jedoch ist ihnen furchtbar langweilig.

Der Romancier Martin Walser hat einer Kö-Schlampe und ihrer fundamentalen Leere ein ganzes Buch gewidmet. Der Lebenslauf der Liebe erzählt die Geschichte der Düsseldorferin Susi Gern, die sich die Untreue ihres Mannes mit einem rosafarbenen Porsche versüßen lässt. Und leidet. Ihr Mann Edmund nennt sie »Schnucke«, was nicht von ungefähr an eine Heidschnucke erinnert, also an ein Schaf. Mit einer seiner Geliebten fährt Edmund nach Rom, wohingegen Susi mit ihm bloß in die Ostzone fahren darf, um einen Geschäftsfreund zu besuchen. Sein Argument: »Aber er will mich nur mit dir sehen oder nicht«. Und außerdem habe die Geliebte solche Lust auf Paläste, Kuppeln und Säulen. Susi dagegen hätte »hie und da eine Basilika in Kauf genommen: aber sie war scharf auf Bikinis und auf Schuhe, auf

Tücher und auf Handtaschen. Schöne Sachen, das war Rom für sie«. Doch wenn Susi ihrem Edmund Vorhaltungen macht, schreit er »Ja soll ich mir denn meinen Schwanz abschneiden«! Dem Argument kann sie nichts entgegensetzen und so fügt sich Susi, packt ihm gar den Koffer. Nennt sich selber »Blödsuse« und denkt: »Wer etwas einsieht, ist verloren.« Doch sie tut so, also ob ihr seine Ausflüge in andere Betten einleuchteten. »Du setzt es auf die Rechnung«, sagt sie sich. »Nichts wird vergessen, alles vergolten«. Und vergolten wird natürlich in Waren – Wohnung, Kleider, Schmuck, Autos.

Das Buch porträtiert eine Frau, die nichts gelernt und nie in ihrem Leben gearbeitet hat, selbst der Haushalt wird von diversen Zugehfrauen erledigt. Ihr komplettes Dasein liegt in ihrem Mann begründet, emotional und natürlich auch finanziell. Der hat seinerzeit beschlossen, sie zu heiraten, weil sie als junge Frau selbst im Schneesturm vor seinem Büro stehen blieb, um auf ihn zu warten. Und das ist die Grundstimmung dieser Ehe geblieben: Sie wartet in Liebe, er finanziert das wärmende Mäntelchen. Geblieben ist aber auch die Kälte der Winternacht. Längst würde Susi nun lieber seine Aufmerksamkeit haben als sein Geld, ist aber mit 50 nicht mehr in der Lage, Veränderung durchzusetzen – zumal sie anderen Männern, geschweige denn einem etwaigen Arbeitgeber nichts rechtes mehr zu bieten hat. Und so sitzt sie mit ihren Katzen unter ihrem teuren Warhol-Portrait und trinkt.

Natürlich ist das nur ein Roman, werden jetzt viele sagen. Nun, aber gute Romanciers bilden nun mal die Zeitgeschichte ab. Deswegen wünschte ich, sagen zu können, das Buch stamme aus den frühen siebziger Jahren. Geht aber nicht, es ist 2001 erschienen.

Dafür stammt »Der dressierte Mann« von 1971. Esther Vilar beschreibt darin ziemlich prononciert den Mechanismus, der die Entstehung von Kö-Schlampen fördert. »Spätestens mit zwölf Jahren – einem Alter, in dem die meisten Frauen beschlossen haben, die Laufbahn von Prostituierten einzuschlagen, das heißt, später einen Mann für sich arbeiten zu lassen und ihm als Gegenleistung ihre Vagina in bestimmten Intervallen zur Verfügung zu stellen – hört die Frau auf, ihren Geist zu entwickeln. Sie lässt sich zwar weiterhin ausbilden und erwirbt alle möglichen Diplome, doch in Wirklichkeit trennen sich hier die Wege der Geschlechter ein für allemal. Deshalb ist es einer der wichtigsten Fehler, die dem Mann bei der Beurteilung der

Frau immer wieder passieren, dass er sie für seinesgleichen hält, das heißt für einen Menschen, der mehr oder weniger auf der gleichen Gefühls- und Verstandsebene funktioniert. Erfährt er zum Beispiel aus seinen Beobachtungen, dass seine Frau soundsoviel Stunden am Tag mit Kochen, Saubermachen und Geschirrspülen verbringt, so wird er daraus nicht folgern, dass diese Tätigkeiten sie befriedigen, weil sie ihrem geistigen Niveau ideal entsprechen. Er denkt, dass es gerade das sein muss, was sie an allem anderen hindert und bemüht sich, ihr den Geschirrspülautomaten, Staubsauger und Fertiggerichte zur Verfügung zu stellen.« Doch dann ist seine Enttäuschung groß, so Vilar, denn die Frau verwendet die so gewonnene Zeit nicht für Bücher und Kultur, sondern fängt an zu backen, das Bad zu dekorieren oder Rüschen an die Vorhänge zu nähen. Wenn er ihr dann den backfertigen Teig und die aufhängfertige Rüschchengardine erfunden hat, nutzt sie die Zeit endlich für sich selbst: Für ihre äußere Erscheinung. »Der Mann, der die Frau liebt und nichts sehnlicher wünscht, als ihr Glück, macht auch dieses Stadium mit: Er produziert für sie den kussechten Lippenstift, das tränenfeste Augen-Make-up.« Kurz: Sämtliche Bemühungen scheitern, die Frau geistig zu beleben. Sie wird zwar täglich geputzter und gepflegter, aber sie stellt nur immer höhere Ansprüche an die materielle Seite ihres Lebens, nicht an die geistige. Vilars Fazit: »Frauen können wählen, und das ist es, was sie den Männern so unendlich überlegen macht: Jede von ihnen hat die Wahl zwischen der Lebensform eines Mannes und der eines dummen, parasitären Luxusgeschöpfs – und so gut wie jede wählt für sich die zweite Möglichkeit. Der Mann hat diese Wahl nicht.«

Diesen Dressurakt machen Männer mit, so Vilar weiter, weil sie einerseits Sex dafür kriegen – und Frauen tun alles, um seine Lust wachzuhalten, deswegen schminken und schmücken sie sich ja dauernd. Andererseits sehen die Frauen zu, möglichst schnell Kinder in die Welt zu setzen, um sie dann als Geiseln gegen ihren Mann zu benutzen. »Wenn er für Frau und Kind arbeitet, arbeitet er nicht nur für zwei Menschen, von denen der eine nichts tun will, weil er weiblich ist, und der andere nichts tun kann, weil er noch zu klein ist. Er arbeitet für etwas, das mehr ist, als diese Frau und dieses
Kind: für ein System, das alles umschließt, was arm, hilflos und schutzbedürftig ist auf dieser Welt und das – wie er glaubt – seiner bedarf«.

Der Text stammt aus den frühen siebziger Jahren, wie gesagt, und ist ziemlich aggressiv formuliert. Doch auch dieses Buch hat seine Aktualität nicht eingebüßt, denn im Vorwort zu einer Neuausgabe wiederholt die Autorin ein paar schmerzhafte Beschreibungen der Wirklichkeit, an denen nach wie vor kaum zu rütteln ist: »Männer werden später pensioniert als Frauen (obwohl sie auf Grund ihrer kürzeren Lebensdauer ein Recht auf frühere Pensionierung hätten). Männer haben praktisch keinen Einfluss auf ihre eigene Fortpflanzung (es gibt für sie weder Pille noch Schwangerschaftsabbruch, sie müssen – oder können nur – die Kinder bekommen, die Frauen bekommen wollen). Männer ernähren Frauen. Frauen ernähren höchst selten – und wenn dann nur vorübergehend – Männer. Männer arbeiten ein Leben lang, Frauen vorübergehend oder gar nicht. Männer bekommen ihre Kinder ›geliehen‹, Frauen dürfen sie behalten (da Männer ein Leben lang arbeiten und Frauen nicht, beraubt man sie – mit der Begründung, dass sie arbeiten müssen – bei einer Trennung von der Mutter automatisch der Kinder).« Sie schreibt: Wie man sehe, habe sich die weibliche Machtposition seit 1971 »höchstens noch verfestigt. Männer trauen sich ja noch nicht einmal zu verlangen, dass man sie im gleichen Alter wie ihre Ehefrauen verbilligt mit der Eisenbahn fahren lässt. Ein Gentleman weiß, was sich gehört«.

Also was stimmt den nun? Sind solche Kö-Schlampen die bedauernswerten Opfer ihrer egoistischen Ehemänner, die ihnen statt Liebe und Zuwendung nur Geld geben, wie Walser seine Susi Gern empfinden lässt? Oder sind die Nur-Hausfrauen der oberen Mittelschicht gierige Ausbeuterinnen, die es sich zu Hause nett machen und den Mann zur Fronarbeit in die Wirtschaft schicken, mit dem Ergebnis, dass er kaputtgearbeitet deutlich früher stirbt als die Gattin, wie Vilar nahe legt?

Nun, Fakt ist, viele Frauen der gehobenen – und heutzutage sind das die akademisch gebildeten – Stände lassen arbeiten. Es gibt genug Umfragen, die zeigen, dass viele Frauen überhaupt keine Lust auf Karriere haben. Die Frauen, denen Macht nicht wichtig ist, gaben mehrere Gründe dafür an: Das Privatleben ist wichtiger, man selber sei halt kein Büromensch und dem Stress nicht gewachsen ... Frauen sind also nach wie vor nicht besonders scharf darauf, sich selber zu ernähren, sondern überlassen die ökonomische Verantwortung für die Familie ganz gern weitgehend dem Mann. Das kleine Einkommen aus Teilzeit wird eher als Taschengeld empfunden und dient mehr der Selbstbestätigung als echter Erwerbsarbeit.

Fakt ist auch, dass viele Männer diese Haltung ihrer Frauen als problematisch erleben. Sie haben meist mal irgendwann eine eigenständige, gebildete Frau mit eigener Meinung und eigenem Geld geheiratet. Das hatte Gründe. Aber zehn oder zwölf Jahre später müssen sie feststellen, dass es mit der Selbstständigkeit der Liebsten nicht mehr weit her ist. Nicht nur sind sie plötzlich alleine verantwortlich für den Lebensstandard ihrer Familie, sondern ihre Frau hat auch sonst irgendwie den Anschluss an all die Themen verloren, die ihn beschäftigen. Sein Heldennotausgang ist ein Klassiker: Entweder verbringt er jede freie Minute mit seinem Job oder er sucht gleich dort eine Neue unter den hoffnungsfrohen Nachwuchsmanagerinnen.

Fakt ist überdies, dass viele Frauen ein paar Jahre nach der Geburt ihrer Kinder relativ unzufrieden sind mit ihrer Weibchenrolle und ihrem Mann übel nehmen, dass er so viel Selbstbestätigung aus dem Job zieht und so selten daheim ist, während sie bestenfalls auf dem Spielplatz die Verdauung der lieben Kleinen diskutieren. Leider ziehen viele daraus nicht die Lehre, dass sie mit einem Beruf glücklicher wären und fangen wieder an, sich ernsthaft einer Karriere zu widmen. Wenn die Kinder in den Kindergarten kommen, arbeiten vier von zehn Müttern bestenfalls Teilzeit – und bleiben damit in der Regel weit unter ihren Möglichkeiten. Anstatt ihren Liebsten stärker für die Familie einzuspannen, damit sie selber ernsthaft ein aushäusiges Leben in Angriff nehmen können, lassen sie ihn den daraus resultierenden Frust spüren, ohne genau zu begründen, wo der Hase im Pfeffer liegt. Ihre Haltung lässt sich am besten beschreiben mit: »Du hast mich enttäuscht. Aber wann und womit musst du schon selber herausfinden«.

Der Ausweg liegt – leider – oft in einer Scheidung. Heute müssen die Ex-Hausfrauen wieder anfangen ihren Unterhalt selber zu bestreiten, sobald ihr jüngstes Kind acht Jahre alt ist. Viele werden das spontan nicht als Glück empfinden, aber es ist ihre einzige Chance, endlich das Leben von Erwachsenen zu führen und Verantwortung für das eigene Leben und das eigene Einkommen zu übernehmen. Und die Bestätigung und den Stolz zu erleben, den es bedeutet, einen Job auszufüllen, Projekte zu ergattern und Geld zu verdienen, statt es einfach nur zu bekommen. In einer neuen Beziehung wird sie dann vielleicht Gleiche unter Gleichen bleiben wollen, an ihrer Berufstätigkeit festhalten und sich mit dem neuen Partner ein inneres (Kinder und Haushalt) und äußeres (Beruf, Einkommen) Leben teilen. Das geht nämlich, wie einige Beispiele im folgenden Kapitel zeigen. Oder sie macht denselben Fehler zweimal und wird wieder zu einem kleinen Mädchen, das eine Vaterfigur um Geld bitten muss. Kurz: Sie re-inszeniert das Walsersche Drama. Ist daran dann ihr Partner schuld?

8.
Die Mutterkreuzphilosophie oder Ein Kind braucht seine Mutter!

»Geschlecht ist nichts, was wir sind oder haben, sondern was wir tun«

Judith Butler

Die deutsche Geburtenrate ist jämmerlich, aber nie war mehr Mutterliebe als heute. Da schlafen Dreieinhalbjährige noch immer im elterlichen Bett. Mütter gehen abends über Jahre nicht mehr aus, weil das Kind sich weigert, ohne sie einzuschlafen. Beim kleinsten Geräusch stürzen Muttertiere noch an das Lager von Vorschulkindern. Oder die Eltern gehen gleich mit den Kindern – und Hühnern – um halb neun ins Bett, weil ihnen die Kraft fehlt, den allabendlichen Kampf um die Schlafenszeit zu führen. Dreikäsehochs erlauben ihren Eltern nur gelegentlich, ein Gespräch oder Telefonat zu führen, denn wenn der kleine Mensch nicht will, haben auch die Großen nichts zu wollen. Und falls Papa den Nachwuchs anziehen will, der aber findet, das solle unbedingt die Mama tun, folgt eine filmreife Szene. Die regelmäßig damit endet, dass Mama zum Pullover greift, weil sie das vermutlich für Ausdruck der kindlichen Liebe zu ihrer Person hält. Und fast generell gilt: Die Mäuschen sind besser und liebevoller gewandet als die Mama. O-Ton: »Ich rieche ja eh dauernd nach Kotze, Fritzi hat seine Drei-Monats-Koliken«. Vollends Wahnsinnige versuchen, bereits dem Fötus mit Hilfe einer Halogenlampe das Zählen beizubringen.

Nie hatten Frauen mehr Zeit für ihre Kinder. In den bäuerlichen Gesellschaften der Vergangenheit mussten die Frauen auf dem Feld schwer schuften, die Kinder wurden als Säuglinge unter den nächsten Baum gelegt, danach durften sie ein paar Jahre tollen, um dann recht früh zur Mitarbeit angehalten zu werden. In den Städten war es eher schlimmer, bis weit in das 19. Jahrhundert hinein überließen viele Eltern ihren Nachwuchs regelmäßig einem ungewissen Schicksal. In europäischen Waisenhäusern starben 80 Prozent der Babys im ersten Jahr. Wer seinen Säugling nicht aussetzte, überließ ihn für gewöhnlich einer professionellen, oft ziemlich gleichgültigen Amme:

Das dämliche Geschlecht Barbara Bierach

ISBN 978-3-527-50601-9

Zeitweilig wurde in Paris nur jedes zwanzigste Kind am Busen der eigenen Mutter genährt. Kein Wunder, mussten doch damals viele Frauen eine kräftezehrende Schwangerschaft nach der anderen über sich ergehen lassen. In den wohlhabenderen Ständen wurden die Kinder ebenfalls Ammen in den Arm gedrückt und später vom Personal erzogen. Die Kleinen aßen in der Küche mit ihrer Nanny und durften vielleicht zum Gute-Nacht-Sagen kurz in den Salon. Sobald sie dafür alt genug waren, kamen sie in ein Internat. Kinder durfte man bestenfalls sehen, keinesfalls hören.

Kurz: Der Mythos von der aufopferungsvollen Mutterliebe ist eine ziemlich junge, ziemlich bürgerliche Idee. Der Elterninstinkt jedoch nicht, den teilen Menschen mit allen Säugetieren, wie die kalifornische Anthropologin Sarah Blaffer Hrdy ein Forscherleben lang analysierte. Sie hat sich mit dem Elternverhalten von Affen und Menschen beschäftigt und kam zu dem Schluss: Der Instinkt befiehlt die Fortpflanzung, aber nicht die Liebe zum Kind. Der Instinkt will Gene weitergeben, weiter nichts. »Die Emotionen einer Frau unterscheiden sich nicht so sehr von denen anderer Tiere: Werden die Kosten, für den Nachwuchs zu sorgen, den Umständen entsprechend zu hoch, gibt sie auf«. Soll heißen: Ein hungriges Neugeborenes durch eine Dürre zu schleppen, bedroht das Leben der Mutter. Wird sie den kleinen Schreihals rechtzeitig los, sichert sie ihren eigenen Fortbestand und so auch den ihrer Gene – sie kann später in besseren Zeiten weitere Kinder kriegen. Das berücksichtigt auch Mutter Natur. »Gleich nach der Geburt hat die Natur ein Fenster vorgesehen, durch das eine Mutter sich relativ schmerzfrei von ihrem Kind zu trennen vermag«, so Forscherin Hrdy. Allerdings ist das in westlichen Gesellschaften zum Glück nicht erwünscht. Anderswo nimmt man es nicht so genau. Studien aus den siebziger Jahren berichten von dem Papua-Volk der Eipo, das rund 40 Prozent aller Neugeborenen tötet. Wie unsere haarigen Verwandten: Viele Säugetiere töten ihre eigenen Jungen, um die Größe des Wurfs den Nahrungsressourcen anzupassen. »Die anfängliche Hingabe an die Kinder entfaltet sich Schritt für Schritt und muss durch äußere Anreize immer wieder verstärkt werden«, so Hrdy. Biologie alleine besagt also gar nichts, schon gar keine Mutterliebe.[1]

Genetisch festgelegt steuern vor allem Hormone die Elternschaft. Für die erste Dosis sorgt das Embryo selber. Es schüttet Choriongonadotropin aus, damit die Monatsblutung und damit die Abstoßung des Keimlings unterbleibt. Während der Geburt beginnt die Hirnanhangsdrüse der Mutter Prolaktin freizusetzen. »Wer immer sich um die Jungen kümmert, hat viel Prolaktin im Blut«, sagt Hrdy. Auch die Väter, wenn sie sich denn um ihre Kinder kümmern. Alles weitere übernimmt bei allen Säugetieren das Oxytocin. Es gilt bei Biologen als »emotionaler Universalkleber«, laut Hrdy ist es das hormonelle »Äquivalent von Kerzenlicht, gedämpfter Musik und einem Glas Wein«. Es löst ein Glücksgefühl aus, das süchtig nach Nähe macht. Sind die entsprechenden hormonellen Schleusen erst einmal auf, wird niemand mehr freiwillig sein Kind hergeben. Das stellten Pariser Ärzte schon im 19. Jahrhundert fest: Mütter, die die ersten acht Tage mit ihrem Kind verbrachten, setzten ihren Säugling nur noch halb so oft aus, wie Frauen, die ihre Entscheidung direkt nach der Geburt treffen mussten. Oxytocin ist mächtig, Nähe lässt nach noch mehr Nähe verlangen. Wer erst einmal angefangen hat, sich intensiv um einen Säugling zu kümmern, wird immer sensibler für seine Bedürfnisse. »Wenn eine Frau mehr Freiheit haben möchte, sollte sie sich angewöhnen, mit Ohropax zu schlafen, damit ihr Mann das Kind zuerst hört und stärker darauf geprägt wird«, empfiehlt Hrdy – übrigens Mutter dreier Kinder.

Dabei gäbe es durchaus einen Ausweg aus dieser Situation, die oft für Mütter und Kinder in übertriebener Sorge, Abhängigkeit und verlorener Freiheit mündet. »Der Homo sapiens betreibt kollektive Brutpflege« meint Hrdy. Kinder brauchen nicht unbedingt ihre eigene Mutter, sie brauchen Bezugspersonen. Es sei geradezu artspezifisch, dass Menschen die Rollenverteilung bei der Aufzucht der Brut niemals festgelegt hätten. Schließlich konnte sich eine Mutter schon im Pleistozän ihres Partners nicht sicher sein. Was seinerzeit der Säbelzahntiger anrichtete, übernimmt heute der Scheidungsrichter. Vielleicht überleben auch deswegen bei so vielen Säugetieren die Weibchen ihre Menopause – sie helfen dem eigenen Nachwuchs, die Enkel großzuziehen. Das ist nicht nur bei Menschen so, sondern beispielsweise auch bei Elefanten.

Das lehrt uns dreierlei: Erstens Elternliebe wächst – gesteuert von Hormonen. Die setzen auch männliche Drüsen frei, wenn Männer sich mit Kindern beschäftigen. Zweitens, ein Kind braucht Bezugspersonen. Das muss aber nicht notwendigerweise und schon gar nicht ausschließlich die biologische Mutter sein. Drittens: Die Vorstellung, dass es Aufgabe und Ziel einer Frau sei, sich hauptberuflich mit ihren Kindern zu beschäftigen, ist eine gesellschaftliche Überzeugung, keine evolutionär begründbare.

Leider hat sich dennoch die Überzeugung bei vielen deutschen Frauen festgesetzt, dass sie die einzigen sind, die ihre Kinder davor bewahren können, schreckliche Erwachsene zu werden. Bitte keine Missverständnisse: Zum Glück sind die Kinder-darf-man-sehen-aber-nicht-hören-Zeiten vorbei. Heute werden die Bedürfnisse des Nachwuchses zu Recht sehr ernst genommen. Schließlich sind Kinder ja auch perfekt dafür konstruiert, ständig absolute Aufmerksamkeit auf sich zu ziehen. Erst durch jeden Widerstand brechende Niedlichkeit und einen Geruch, der Herzen zum Schmelzen bringt und schließlich durch perfekt inszenierte Tobsuchtsanfälle und Erpressungen – wie sie übrigens auch bei jungen Primaten beobachtet werden können.

Das, und die Tatsache, dass Frauen immer später gebären – Frauen in Westdeutschland sind rund 29 Jahre alt beim ersten Kind, in Ostdeutschland zwei Jahre jünger – und dann schier platzen vor Stolz, hat mittlerweile im gehobenen Bürgertum dazu geführt, die kindlichen Bedürfnisse absolut zu setzen. Besonders die immer zahlreicher werdenden akademisch vorgebildeten Spätgebärenden verschwinden für drei bis fünf Jahre in einer Art Baby-Trance, die alle in der Umgebung ungeheuer anstrengt, die gerade nicht Mütter kleiner Kinder sind. Erstens lassen diese Frauen ihr Kind niemals aus den Augen – ich meine das wörtlich – und es ist schwer, mit jemandem Konversation zu machen, der einen nicht ansieht, sondern immer einem kleinen Wackelzwerg nachblickt. Und zweitens reden sie über nichts anderes als Babys erstaunliche Fortschritte und Begabungen. Vermutlich sind sie in dieser Zeit tatsächlich am besten unter ihresgleichen in der Krabbelgruppe aufgehoben .

»Frauen landen in einer emotionalen Falle«, beschreibt die selbständige PR-Fachfrau und Mutter einer Tochter, Regina Eisele. »Ein Kind ist wie eine neue Liebesbeziehung, da will man ja auch nicht schon nach einem halben Jahr in eine Wochenendehe einsteigen. Was die Frauen dabei nur übersehen: Erziehen ist kein Beruf.« Damit meint sie natürlich nicht Kindergärtnerinnen oder Lehrerinnen, das sind natürlich Berufe, für die es ja auch Geld und Sozialleistungen gibt. Sie meint das Nur-Hausfrauentum, auf das sich so viele Frauen einlassen.

Soll heißen: Die Mütter wollen gerne bei ihren Babys bleiben, geben sie nicht aus der Hand und lassen auch die Väter nicht genug ran, damit sie eine so enge Beziehung zum Kind entwickeln könnten (Oxytocin!), dass sie sich tatsächlich und dauerhaft auch emotional verpflichtet fühlen. Das wiederum wäre die Voraussetzung dafür, die Elternrolle tatsächlich zu teilen. Aber eine echte Partnerschaft ist ja bei den Frauen auch gar nicht erwünscht, siehe Kapitel 6. Die aller meisten Frauen wollen höchstens ein bisschen nebenher arbeiten.

Und genau so organisieren sich die Damen dann auch ihre Realität: Nur 18 Prozent der Mütter mit Kindern und 14 Jahren sind voll berufstätig, 37 Prozent der Mütter arbeiten in Teilzeitverträgen. Auch wenn das jüngste Kind bereits zwischen 10 und 14 Jahre alt ist, sind mehr als zwei Drittel der erwerbstätigen Mütter teilzeitbeschäftigt. Bei mehreren Kindern bedeutet das leicht eine ganze Dekade ohne Vollzeitjob. Danach haben sich die Themen Karriere und vernünftige Altersvorsorge so gut wie erledigt. Deswegen machen Männer so was in der Regel nicht – im Gegensatz zu den Müttern verändert sich der Umfang der Erwerbsbeteiligung von Vätern mit jüngstem Kind unter 15 Jahren kaum. Die Teilzeitquote der Väter liegt um die sechs Prozent.[2]

Offenbar entspricht dieses reduzierte Lebensmodell dem Wunsch vieler deutscher Frauen. Das Gemecker, Mann lasse sie nicht arbeiten, klingt vor diesen Hintergrund ziemlich hohl. Erwerbsarbeit wird schließlich immer komplizierter. Einfache Tätigkeiten in Industrie und Handel sind fast alle automatisiert, wer heute Geld verdienen will, muss mit dem Hirn ran und die Konkurrenz ist hart. Viele Frauen ahnen, dass es ihnen in ihrem Vorstadt-Biotop tausendmal besser geht, als ihren ringkämpfenden Männern in der City. Gelegentlich hat auch mal eine die Größe und gibt es zu, wie Ann-Ripley Rapp aus Offenbach in einem Leserbrief an den Spiegel: »Da man in diesem unserem Land fast alles zugeben darf, nur nicht, dass einem der Arbeitsplatz mit dem darin herrschenden Ton maßlos zum Halse heraushängt, zieht ›frau‹ sich lieber auf ihr ureigenstes Privileg des Kinderkriegens zurück«. Schließlich ist es ja auch sehr schön, mit den Zwergen zu malen, zu spielen, Schwimmen zu gehen. Dieses selbstgewählte Leben darf auch keiner kritisieren – nur sollten sich die Frauen, die es leben, hinterher nicht beschweren, dass Frauen kein eigenes Geld und kein eigenes Terrain mehr haben und von der ganzen Familie als Managerin eines Hotels betrachtet werden – und auch so behandelt. Vielleicht besteht deswegen bei Nur-Hausfrauen Psychiatern zufolge ein höheres Riskio, depressiv zu werden.[3]

Und bitte auch kein Gejammer über die finanziellen Folgen, die der Mütterlichkeitswahn nach sich zieht. Es gibt genug Studien über weibliche Altersarmut, alle mehr oder weniger mit dem Tenor: Etwa 80 Prozent der Witwen, die jetzt in Armut leben, waren vor dem Tod ihres Mannes oder der Scheidung nicht arm. Die Fakten sind eindeutig: Wer keine eigene Altersversorgung aufbaut, sondern sich auf Ehemann, den Staat und die Riesterrente verlässt, bekommt im Alter unausweichlich Probleme (siehe dazu auch Kapitel 4: »Frauen leben länger – aber wovon?«).

Solange ihnen ihre Nur-Mutti nicht zu langweilig wird, ist es den Männern ganz recht, wenn sie mit Kindergeschrei und -exkrementen möglichst wenig zu tun haben. 80 Prozent der jungen Väter fühlen sich durch die Existenz ihres Kindes »in keiner Weise beruflich oder sonst wie eingeschränkt«, wie Forscher des Deutschen Jugendinstituts in München in repräsentativen Studien herausfanden. Kein Wunder, wird ihnen doch die Wäsche gewaschen und dem Baby der Hintern gepudert. Frauen verbringen – berufstätig oder nicht – fast drei Mal so viel Zeit mit ihren Kindern wie ihre Männer, laut OECD sind Mütter am Tag im Schnitt 140 Minuten mit Küche und Kids zugange, Väter dagegen nur 42 Minuten.[4]

Witzigerweise können Männer die Verantwortung für einen Haushalt sehr wohl tragen, bevor sie verheiratet sind: Von den unverheirateten Männern fühlen sich 58 Prozent auch fürs Kochen zuständig, von den verheirateten nur noch 29 Prozent. Jeder fünfte männliche Single wäscht seine Wäsche selber, bei den Ehemännern nur noch jeder zehnte. Ähnlich sieht's beim Bügeln aus. Bis auf drei Prozent lassen Männer das heiße Eisen fallen, sobald sie ihren Trauschein unterzeichnet haben – auch wenn sie vorher sehr wohl in der Lage waren, ein bürofähiges Hemd zu plätten. Die anderen 80 Prozent der Singles bringen ihre dreckigen Socken und T-Shirts zur Mama oder anderer weiblicher Verwandtschaft – und wenn die streikt, in die Wäscherei. (Kommt mir irgendwie bekannt vor: Mein Mann beispielsweise bügelte früher selber, heute geben wir seine Hemden außer Haus.)

Es liegt also nicht daran, dass Männer sich im Haushalt dumm anstellen. Frauen wollen die Verantwortung für die Haushaltsführung haben und da Männer nicht dämlich sind, geben sie sie ihnen. In der Folge sitzt er vor der Glotze und sie vor der Waschmaschine. Besser wäre es, sich endlich mal nach Zsa Zsa Gabor zu richten, die sagt: »Ich bin eine hervorragende Haushälterin. Jedes Mal, wenn ich einen Mann verlasse, behalte ich das Haus.«

Stattdessen gilt in Deutschland das Ideal der Vollzeitmutter. Die ist rund um die Uhr im Dienst und Spezialistin in allen Fragen rund um Baby-Yoga, Baby-Schwimmen und Baby-Massage. In Deutschland wird immer noch die Übermutter mit Kleinfamilie propagiert als kuscheliger Gegenentwurf zur brutalen Welt des Wettbewerbs und der Kälte eines globalisierten Marktes. In einer Gesellschaft, der nach und nach verbindliche Werte abhandenkommen, fungiert die Mutter als letzter Garant der Humanität. Diese Mutterkreuzphilosophie nebst der dazu gehörigen Mär von der Rabenmutter ist im Ausland unbekannt. Deswegen verhält sich Mama anders als Maman oder Mummy.

Während sich der Rest der Welt und die entsprechende Forschung darüber einig ist, dass Kinder am liebsten mit anderen Kindern zusammen sind und dass eine frühe Sozialisation unter Gleichaltrigen für ein gesundes Selbstbewusstsein unverzichtbar ist, sehen viele deutschen Frauen in der Betreuung von Vorschulkindern höchstens eine Notlösung. Ganztagskrippe ab sechs Monaten, wie in Frankreich oder Italien üblich, ist für viele Deutsche eine Provokation. »Da könne sie es ja gleich zur Adoption freigeben, befindet sie und zählt die lange Liste der Störungen auf, die ein solches, um Mutterliebe geprelltes Kind zwangsläufig befallen«, schreibt die Kulturwissenschaftlerin Barbara Vinken, deren Buch *Die deutsche Mutter* die Entstehung des heimischen Mutterphänomens seit der Reformation nachzeichnet.[5] Auch meine liebe Kollegin Jutta Hoffritz hat die Spezies Supermama köstlich beschrieben in ihrem Buch *Aufstand der Rabenmütter*, wo sie meint: »Frauen, die gegen dieses Ideal verstoßen, weil sie arbeiten müssen oder schlicht keine Lust haben auf die hyperaktive Müttergruppenherrlichkeit, haben den Apparat gegen sich.«[6]

Der Apparat, das sind eine Steuergesetzgebung mit Ehegattensplitting, ein Staat, der die Frauen mit Kindergeld und überlangen Erziehungszeiten an den Herd lockt – und vor allem die anderen Mütter.

Das Ergebnis ist der Glaubenskampf Gluckenmafia gegen Karrierehühner. »Wenn Frauen sich für ein Lebensmuster entschieden haben, wird auf Frauen mit anderen Vorstellungen eingehauen. Die einen reden von den ›Übermüttern', die anderen von den ›Rabenmüttern'. Beides ist ja wohl gleichermaßen unpassend«, findet die Managerin Regine Stachelhaus. Sie ist oft fassungslos über das Ausmaß der Aggression unter Frauen: »Viele Mütter, die sich ausschließlich für ihre Kinder entschieden haben, leben ihren zum Teil enormen Ehrgeiz über ihren Nachwuchs aus. Ich habe mich auf all den Elternabenden immer über den verbissenen Ehrgeiz der Mütter gewundert, die sich Gedanken machten, wie sich die Religionsnote zusammensetzt, um den Notenschnitt vielleicht doch noch irgendwie zu heben und die so versuchten, Erfolge über ihre Kinder zu verwirklichen. Dieselben Frauen lehnen es militant ab, wenn sich jemand für ein anderes Lebensmuster entscheidet. Sie stehen an vorderster Front, wenn es darum geht zu sagen: ›Das schadet dem Kind! Das einzig akzeptable Lebensmuster ist meines. Ich stille drei Jahre lang und ich bin in allen möglichen Spielgruppen!‹ Und das Kind wird gefördert, bis es blau anläuft. Genauso heftig ist allerdings auch die Arroganz der arbeitenden Frauen. Die sagen über die anderen: ›Und dann sitzt die zu Hause und hat gar keinen Überblick mehr ..., weiß nicht, was läuft, hat nichts erreicht.‹ Es gibt hier keine Solidarität unter den Frauen.«

Dafür gibt es eine gewaltige Schere im kollektiven Kopf, die ganz selbstverständlich davon ausgeht, dass Kindererziehung zuerst und nahezu ausschließlich das Problem der Mütter sei. Dennoch hat jedes Kind auch einen Vater – und die erleben in der Regel keinerlei beruflichen Konflikt, bloß weil sie Väter werden. Im Gegenteil: Es gibt Väter – in großen Unternehmensberatungen oder wichtigen Anwaltskanzleien –, die vor wichtigen Terminen im Hotel übernachten, damit das Geschrei der lieben Kleinen sie nicht bei der Vorbereitung auf Termine mit wichtigen Klienten stört. »Und die Männer bleiben außen vor«, erlebt auch die Unternehmerin Christine Hesse, die in Düsseldorf ein Designstudio führt. »Ich zum Beispiel werde dauernd gefragt, wie ich das hinkriege mit Job und Familie, aber es hat noch nie einer gefragt, wie mein Mann das wohl macht«. Ins gleiche Horn stößt Nicola Leibinger-Kammüller, Chefin des Maschinenbau-Unternehmens Trumpf: »Auch ich muss mir immer noch von Männern und Frauen die Frage stellen lassen, ob ich nicht meine Kinder vernachlässige oder ob ich ein schlechtes Gewissen habe.«[7]

Dass das mit dem schlechten Gewissen auch so bleibt, besorgen übrigens die Nur-Hausfrauen, die wie Schießhunde darüber wachen, dass dem Mythos »Ein Kind braucht seine Mutter« nur ja keine zu Leibe rückt. Der schlimmste Feind der beruflich ambitionierten Mutter ist die Hausfrau. »Die Frau, die zu Hause bleibt, tut ein Übriges, die Berufstätige als Mutter zu diffamieren. Nur-Hausfrau und berufstätige Hausfrau sind erbitterte Feinde: Die Berufstätige beweist der Nur-Hausfrau, wie wenig im Haus zu tun ist, während letztere gerade dadurch, dass sie sich so beschäftigt gibt, der Berufstätigen die Vernachlässigung wichtiger Pflichten suggeriert. So treiben sie sich gegenseitig in die Enge«, schreibt Esther Vilar in Das Ende der Dressur.[8]

Das war 1987 – und gilt längst nicht mehr? Pustekuchen. Im März 2011 erzählt mir die Irin Angela Cullen, die das Frankfurter Büro der Wirtschaftsagentur Bloomberg leitet, dass sie nach der Geburt ihres zweiten Kindes von ihren deutschen Nachbarinnen als Rabenmutter beschimpft wurde, als sie sieben Monate nach der Geburt wieder arbeiten ging. Ihre irischen Freundinnen haben übrigens auch gelästert: Sie sei ein Luxusweibchen, hieß es da, weil sie es sich erlaube, sieben Monate zu Hause zu bleiben. Mummy ist offenbar deutlich entspannter als Mami.

Vertreter der Nur-Mütterfraktion finden zum Beispiel: Die typische Karrierefrau habe ein Kindermädchen, eine Putzfrau, sie geht arbeiten und kümmert sich nicht darum, was zu Hause ist. Und sie habe ein schlechtes Gewissen, weil sie sich in ihrem Innersten schäme. Solche Elogen musste sich auch Ursula von der Leyen anhören, als sie es wagte mit sieben Kindern zu Hause Bundesministerin zu werden.

Sie ist nicht alleine, gemeint sind all die Frauen, die ihre Karriere vorantreiben, auch wenn sie Mütter werden. Viele von ihnen beschreiben übereinstimmend Anfeindungen durch die Nur-Mütter in den eigenen Familien, im Freundes- und Nachbarnkreis und in der Krabbelgruppe. Nicht nur, dass sie den Löwenanteil ihres Gehalts an ihre Kindermädchen weiterreichen, sie schlagen sich auch noch mit den Vorwürfen irgendwelcher Tugendbolzen herum, die glauben, dass die Kinder berufstätiger Frauen im Leben von einer Schwierigkeit in die nächste taumeln. Diese selbsternannten Hüter der Kinder anderer Leute finden sich übrigens auch unter den männlichen Kollegen, die natürlich alle eine Nur-Mutter zu Hause sitzen haben. Sie erklären die Kolleginnen zum »Kampfgeschwader«. Warum diese Aggression? Entweder erläutern denen ihre Gattinnen, dass sie keinesfalls arbeiten können, ohne die Zukunft ihrer Kinder zu gefährden – oder die Männer verarbeiten auf diese Weise ihr eigenes schlechtes Gewissen, weil sie selber ständig unterwegs sind.

Wenn es nach diesen Hütern der Moral geht, darf sich eine Mutter nicht mal richtig amüsieren. Als die Schauspielerin Veronika Ferres im Stern zum Besten gab, dass sie nach der Geburt ihres Kindes nicht nur weiter Filme dreht und Theater spielt, sondern auch noch golft, reitet, Ski fährt und ihren Partner begleitet, empörte sich eine Leserin in einem Brief an das Magazin: »Bei dem finanziellen Hintergrund und dem Personalzugriff einer Veronika Ferres mag das gut gehen (gut für wen?), bei einem entsprechenden Lebenswandel der Otto Normalverbraucherin würde etwas auf der Strecke bleiben. Hoffentlich das Golfspiel. Und nicht etwa das Kind«. Diese Propaganda wirkt. Viele Karrierefrauen quälen sich mit dem Gedanken, dass ihre Kritiker recht haben könnten. Was, wenn sie tatsächlich egoistische Biester sind und ihre Kinder emotional und auch sonst verwahrlosen lassen?

Dieses Phänomen schildert auch E.ON-Vorstand Regine Stachelhaus: »Ich hab in meinen Teams immer wieder erlebt, dass die Frauen beim ersten Problem, das die Kinder haben – sei es in der Schule, sei es irgendwo anders – ,sagen, das sei ihre Schuld. Das wird ihnen von außen so gesagt und die Frauen selbst finden: ›Ja, so ist es.‹ Sie akzeptieren völlig automatisch, dass es ihr Job ist, rund um die Uhr für die Kinder da zu sein und reiben sich dabei völlig auf. Viele haben auch deswegen solche Angst vor einer Doppelbelastung, weil sie anders als in Frankreich glauben, sie seien für Familie und Job jeweils zu 100 Prozent zuständig. Das ist natürlich das, was ihnen gesellschaftlich suggeriert wird.« Soweit die Beobachtung einer der hochrangigsten Managerinnen Deutschlands. Ihr Vergleich mit dem Ausland wirft kein gutes Licht auf Teutonia. Denn witzigerweise stimmt genau das Gegenteil von den deutschen Überzeugungen: Je mehr Frauen in einem Land voll berufstätig sind, desto mehr Kinder kommen dort auch zur Welt. Beispielsweise in Island. Mit zwei Kindern pro Frau hat das kleine Land eine der höchsten Geburtenraten in Westeuropa und mit fast 90 Prozent auch mit die höchste Beteiligung der Frauen am Erwerbsleben. Knapp dahinter liegen Norwegen und Schweden – Deutschland hingegen liegt im hinteren Mittelfeld in beiden Kategorien.[9]

Auch unser Wort »Fremdbetreuung« spricht Bände. Klingt es doch nach der lieblosen Verwahrung der Kinder durch irgendwelche dahergelaufenen Fremden. In der Wahrnehmung der Deutschen ist ein Doppelverdienerhaushalt mit Kindern eher eine Neurotiker-Zuchtanstalt als eine Familie. Das ist natürlich grober Unfug. In Finnland oder Frankreich sind 80 Prozent der Mütter mit Kindern im Vorschulalter berufstätig –auf das Wohl und die Entwicklung der kleinen Finnen oder Franzosen hat das keinen negativen Einfluss. Sie sind keineswegs neurotischer als deutsche Kinder. Überdies sind sie im Schnitt in der Schule besser als unser Nachwuchs, wie mehrere Auflagen der so genannten PISA-Studie nachhaltig beweisen. Gleichzeitig zeigt PISA sogar, dass nicht etwa die Kinder berufstätiger Mütter schulische Probleme haben, sondern eher Kinder aus einkommensschwachen Haushalten – was vielleicht auch dafür sprechen könnte, dass es für alle besser wäre, wenn die Mütter arbeiten, zum Familieneinkommen beitragen und sich eine professionelle Kinderbetreuung leisten können.

Wer dennoch immer noch glaubt, dass nur von der Mama beaufsichtigte Kinder glückliche Kinder sind, versenke sich bitte in die entsprechenden wissenschaftlichen Untersuchungen. Die Amerikaner setzen sich mit am intensivsten mit der Frage auseinander, ob der Kindergarten den dort betreuten kleinen Kindern schadet. Seit den frühen 1990er Jahren des vergangenen Jahrhunderts begleitet das National Institute for Child Health and Human Development (NICHD) Tausende von Kindern an zehn verschiedenen, über die USA verstreuten Orten bis ins Schulalter. Diese so genannte Child Care Study beobachtet den Zusammenhang zwischen kindlichem Verhalten, häuslicher Umgebung und der Art und dem Umfang der Betreuung außer Haus. So soll herausgefunden werden, wie sich Kinder unter welchen Umständen entwickeln. Die NICHD-Forscher haben einige wichtige Botschaften für alle, die sich losgelöst von überholten Glaubenssätzen ernsthaft mit Erziehung auseinandersetzen wollen.

Eine der beteiligten Wissenschaftlerinnen, Christine M. Todd, Professorin für Familienentwicklung an der Universität von Georgia, beschreibt das wichtigste Ergebnis der Langzeitstudie: »Es gibt keinen Beleg dafür, dass Betreuung während der Kleinkindjahre negative Effekte auf die spätere Entwicklung hat. Darüber hinaus zeigen Kinder mit einer höheren Stundenzahl täglicher Betreuung später in den Grundschuljahren bessere sprachliche und kognitive Fähigkeiten als Kinder, die weniger Stunden in der Betreuung verbracht haben.« Die Studie ergab jedoch vor allem, dass es ganz wesentlich auf die Qualität der Betreuung ankommt. Je besser ausgebildet die Erzieher sind, je weniger Kinder auf einen Betreuer kommen, desto besser. Kinderverwahr-Anstalten – die es zu Beginn des dritten Jahrtausends in Deutschland ohnehin nicht mehr gibt – sind in der Tat eine Katastrophe für kindliche Seelen, aber Einrichtungen, die ernsthaft und liebevoll auf Kinder eingehen, sind für ihre Entwicklung förderlicher als die ausschließliche Beaufsichtigung durch die Mutter. Zumal im häuslichen Wohnzimmer allzu oft die Glotze läuft. Professor Todd schreibt: »Kinder, die in einer stimulierenden, gut geführten Einrichtung betreut werden, haben ein größeres Vokabular, eine längere Aufmerksamkeitsspanne, ein besseres Gedächtnis und kommen besser mit Gleichaltrigen zurecht.« Im Gegenzug zeigen zu Hause betreute Kinder, die mehr Zeit vor dem Fernseher verbringen, mehr Verhaltensauffälligkeiten, entwickeln einen kleineren Wortschatz, geringeres Vokabular und haben später größere Probleme, mathematische Aufgaben zu lösen.

Ob die Dauer der Betreuung außer Haus eine Rolle spielt, ist nicht ganz klar. Von den Kleinkindern, die mehr als 30 Stunden in der Woche im Kindergarten zubrachten, zeigten 16 Prozent später Verhaltensauffälligkeiten, wie etwa Aggression. Wobei »Aggression« in diesem Kontext meint, dass die Kinder aktiv Aufmerksamkeit fordern und die Neigung haben, Erwachsenen zu widersprechen. Ein Teil der beteiligten Forscher finden deswegen, dass »aggressiv« für diese Kinder der falsche Ausdruck sei. Vielmehr seien sie »eine Herausforderung« für die Erwachsenen. Das gibt uns Anlass zu fragen, welche Gruppe Kinder für die Zukunft besser gerüstet ist: die lieben – oder diejenigen, die den Großen aktiv auch mal widersprechen? Aber wir sind ja auch keine Pädagogen.

Interessant ist in diesem Zusammenhang jedenfalls, dass 16 bis 17 Prozent aller Kinder mit jeglichem Hintergrund so genannte Normabweichungen zeigen. Dazu Professor Todd: »Die beobachteten Verhaltensauffälligkeiten von Kindern in Vollzeitbetreuung waren nicht höher als die in der Gesamtbevölkerung.«

Ein weiteres Ergebnis der Studie lautet: Vor allem die Situation in der Familie und die Qualität der häuslichen Umgebung ist entscheidend dafür, dass sich Kinder gesund entwickeln und fröhliche, zufriedene Menschen werden. Je anregender und liebevoller das Daheim, desto besser für die Kinder.[10] Die Studie ergab allerdings auch, dass gerade Kinder aus ärmeren, gestressten, zerstrittenen und wenig am Kind orientierten Familien oft in schlechter geführten Betreuungseinrichtungen landen. Wenn sich also ein wenig liebevolles Zuhause mit früher, lange andauernder, sub-optimaler Betreuung koppelt, leidet die Entwicklung des Kindes. Das passiert offenbar öfter als uns recht sein kann und die Erziehungsergebnisse dieser Kombination sorgen dafür, dass Kinderbetreuung in den Medien oft in Bausch und Bogen als »schädlich« abgeurteilt wird. Kurz und gut, es kommt nicht auf die Zahl der Stunden an, die eine Mutter bei ihrem Kind ist, sondern darauf, dass zu Hause eine warme und anregende Atmosphäre herrscht. Dasselbe gilt für Fremdbetreuung: Wesentlich ist, das sie liebevoll und gut gemacht ist – dann schadet sie keineswegs.

Auch zahlreiche deutsche Studien haben nachgewiesen, dass es weder die Kinder noch die Mütter glücklicher macht, wenn die Frau komplett aus dem Beruf aussteigt, um sich ganz ihren Sprösslingen zu widmen. Der Münchner Pädagoge Wassilios Fthenakis stellte fest, dass in solchen Familien bei beiden Ehepartnern gehäuft Depressionen auftreten, was für die Kinder nicht eben stimulierend ist. Er beschreibt die »vier Reiter der Apokalypse«, wenn ein erstes Kind das Gewicht in einer Beziehung verschiebe:

- sie arbeitet weniger, er dafür umso mehr, so entfremden sich die beiden;
- er verdient auf einmal das Geld, so entsteht nicht nur ein finanzielle Ungleichgewicht, sondern auch ein Macht-Ungleichgewicht;
- sie macht plötzlich die gesamte Hausarbeit, die früher wenigstens auch zu einem Drittel von ihm übernommen wurde;
- dieses Ungleichgewicht störe die Partnerschaft, die Partner reden weniger miteinander, Konflikte schaukeln sich hoch.

Hier bewahrheitet sich mal wieder die Erkenntnis, dass für das Wohl des Kindes am besten ist, mit ihrer Lebenssituation zufriedene Eltern zu haben. Eine geforderte, aber glückliche Mutter mit Job ist für das Kind jedenfalls besser als eine, die zwar rundum zur Verfügung steht, aber frustriert und intellektuell unterfordert ist. Ebenso scheint klar zu sein, dass die Vollzeit-Supermutter so super gar nicht ist. Kinder von Hausfrauen schneiden in der Schule eher schlechter ab, als Kinder berufstätiger Mütter. Vollzeitmütter sind »keine optimale Lernumgebung«, stellt beispielsweise die Berliner Pädagogin Elsbeth Stern vom Max-Planck-Institut für Bildungsforschung fest. Gut gemachte, die Familie ergänzende Betreuung hat ihre Vorteile, denn dort lernen Kinder Sozialkompetenz und konstruktives Miteinander in Gruppen.[11] In Deutschland jedoch wollen das viele Frauen nicht hören – und viele Männer auch nicht. Schließlich müssten die Väter sich doch selbst stärker bei der Betreuung ihrer Kinder engagieren, wenn ihre Gattinnen wieder arbeiten würden.

In Deutschland ist die Beweislast, dass sie ihre Kinder nicht verkümmern lassen, trotzdem und immer noch nachhaltig bei den arbeitenden Müttern. Kann es sein, dass die entsprechenden Sorgen der Mütter zu einem Teil auch aus dem Wunsch resultieren, partout das Wichtigste in der Welt ihrer kleinen Geschöpfe zu sein? Auf die Frage jedenfalls, warum ausgerechnet sie, die sie ihr Leben bislang in Hörsälen und Meetings verbracht haben, besser zur Kinderbetreuung geeignet seien als eine ausgebildete Erzieherin, bleiben Mamas in der Regel die Antwort schuldig. Vielen Kindern kommt die Überfürsorglichkeit ihrer Mutti auf jeden Fall gerade recht. Sie nützen sie weidlich aus und entwickeln sich zu den reinsten Terroristen. Was das für Folgen hat, ist hinlänglich beschrieben. Unter dem Titel »Diktatur der Unschuldigen« schildert der *Spiegel* wie immer mehr Eltern an ihren kleinen Tyrannen verzweifeln[12]: Die Eltern wollen Partner ihrer Kinder sein und lieben sich um Kopf und Kragen, weil sie in ihren Kindern Wesen sehen, denen sie ihre eigenen, enttäuschten Wünsche erfüllen: nach konfliktfreiem Miteinander, nach lustbetontem Alltag, nach Entspannung und Freiheit von Zwang.« Im Ergebnis werden dann Fünfjährige mit Pudding bestochen, damit sie ihr Gemüse essen.

PR-Beraterin Regina Eisele findet jedenfalls, dass es Kindern eher gut tut, wenn sie früh selbständig werden und an ihren Müttern lernen können, dass Arbeit auch eine lustvolle Beschäftigung sein kann. Sie berichtet von ihrer elfjährigen Tochter Miriam, die schon mit zehn einfache Gerichte selber zubereiten konnte Das kam so: Der Herr Papa war auf Geschäftsreise aus der Stadt und Muttern unterwegs zu einem wichtigen Termin, als das Mobiltelefon klingelt: »Mamma, die letzten drei Stunden sind ausgefallen. Ich bin zu Hause und hab' Hunger«. Via Handy erklärte Eisele dem Töchterchen, wie man eine Tiefkühlpizza aus der Truhe nimmt und – »Plastikfolie unbedingt auch abmachen!« – in die Röhre schiebt. Miriam war stolz wie Bolle auf ihre erste Pizza und die Frau Mama erst recht: »Neulich kam ich nach Hause, da hatte sie Schnitzel gebraten und Nudeln gemacht. War super – höchstens ein bisschen trocken.«

Unbestritten jedenfalls ist, dass Kinder ihre Geschlechtsidentität nach den Mustern erlernen, die ihnen vorgelebt werden. Mütter, die den dazugehörigen Vätern erlauben, als alleiniger Brotverdiener ständig abwesend und wenn anwesend müde zu sein, prägen die nächste Generation, ebenso wie Mütter, die ganz selbstverständlich Nur-Hausfrauen bleiben. Sie schaffen auch im Kopf ihrer Töchter festgezurrte Verhaltensmuster – und eben keine Optionen. Definitiv schlecht ist es jedenfalls, Kindern vorzuleben, dass die Zuständigkeit für Familie geschlechtsspezifisch sei, denn damit zementieren sich bestehende Verhältnisse bis in alle Ewigkeit.

Interessanterweise ist die Kritik an den Müttern, die arbeiten, auch wenn es rein ökonomisch für die Sicherung des Familieneinkommens nicht erforderlich ist, urdeutsch. Denn nirgendwo sonst in der westlichen Welt fügen sich Frauen so bereitwillig in die Mutterrolle – in vielen anderen Industrieländern ist der Prozentsatz arbeitender Mütter höher. Sind französische, schwedische und dänische Kinder deswegen neurotischer als deutsche? Dass ich nicht lache.

Der wichtigste Unterschied zwischen Deutschland und den anderen Industriestaaten ist aber die positive Haltung der Gesellschaft gegenüber berufstätigen Müttern. Und in der Tat: Der Übersetzungsversuch für das Wort »Rabenmutter« wird von französischen Frauen gar nicht verstanden. »Für eine Frau ist es tausendmal angenehmer in den USA zu arbeiten, als in Deutschland«, findet auch Christa Häussler, die in New York als Beraterin arbeitet. Kristin Abel lebt in Kopenhagen – auch weil da 87 Prozent der Vorschulkinder betreut werden, in Deutschland besuchen gerade mal acht Prozent der Kids in dem Alter eine Krippe. Sie sagt: »Wären wir in Deutschland geblieben, wäre ich heute bestimmt keine dreifache Mutter.«[13] Deutsche Krippengegner toben dagegen über die »Ideologie der Entmutterung.«

Diese Mutterkreuzphilosophie ist für mein Empfinden ein immer noch hoch-toxisches Erbe der Nazi-Jahre. Wie schon Adolf forderte: Eine ordentliche Frau kriegt Kinder und hütet den Herd. Bis auf die Kosmetik gilt immer noch der Spruch aus den Dreißigern »Eine deutsche Frau raucht, trinkt und schminkt sich nicht«. Das neue-alte Weltbild ist klar: Erst eine Frau mit Kind ist wirklich vollständig. Dieser gesellschaftliche Anspruch an den Körper anderer Leute ist nicht nur eine Frechheit, sondern auch politisch brisant. Er verewigt nämlich die bestehenden, fast frauenfreien Verhältnisse. Denn sollte sich tatsächlich mal ein Hausmann ins Biotop der Mütter wagen, wird er als ausgesprochen störend empfunden. Nicht von den Medien – die stürzen sich auf den Ausnahme-Mann, dem es offenbar gleichgültig ist, was andere von ihm halten –, aber von den anderen Müttern. Mir ist ein Fall persönlich bekannt, wo ein Vater aus einer Mütterrunde wieder ausgeladen worden ist, vermutlich weil er das kuschelige Tri-Tra-Trallala der Glucken störte. Andreas besuchte nämlich mit dem kleinen Jacob regelmäßig die Krabbelgruppe. Nach den Sommerferien rief die dazugehörige Mutter Stefanie bei der Veranstalterin an und sagte, dass Jacob gerne weiter in die Gruppe kommen will. Zunächst war alles bestens: »Wunderbar wir freuen uns auf euch«. Als Stefanie dann aber fragte: »Selbe Zeit, selber Ort für Andreas und Jacob?« stutzte die Gute und fragte zurück: »Wieso, ich dachte Du kommst mit dem Kind?«. Nachdem Stefanie erklärt hatte, dass sie arbeiten gehe, aber gerne Andreas kommen würde, ruderte die andere Mutter schnell zurück: »Da muss ich erst mal die anderen Damen fragen, ob noch Platz ist. Ich rufe wieder an«. Natürlich hat die kleine Familie von diesen Leuten nie mehr was gehört.

Rette sich, wer kann! Am besten in ein Unternehmen. Es stimmt nämlich nicht, dass Karriere und Mutterschaft einander ausschließen. Die schon mehrfach zitierte Sonja Bischoff, die verdienstvollerweise seit Mitte der 80er Jahre immer wieder die Befindlichkeit weiblicher und männlicher Führungskräfte erforscht, beobachtet folgendes: »Der Anteil der aufstiegsorientierten Frauen ist unter den kinderlosen Frauen größer als unter denjenigen, die Kinder haben. Aber die Vereinbarkeit von Familie und Beruf ist nicht das wichtigste Karrierehindernis. Denn Frauen in höheren Positionen haben öfter Kinder als Frauen in niedrigeren Positionen und Unternehmerinnen haben häufiger und mehr Kinder als ihre angestellten Kolleginnen. Der Preis für den Aufstieg ist somit nicht der Verzicht auf Familie«.

Dass es geht, haben uns auch die Amerikaner längst vorgemacht. Dort kämpfen die Unternehmen um einen guten Platz im Ranking der familienfreundlichsten Arbeitgeber. Das bringt nämlich PR und gute Mitarbeiter. Hierzulande hat die gemeinnützige Hertiestiftung Beruf & Familie e. V. ein Gütesiegel für Familienfreundlichkeit entwickelt. Natürlich ist es für die Unternehmen teurer, sich auf die neuen Modelle für Mütter einzulassen – Teilzeitchefs verursachen vor allem höhere Lohnnebenkosten und Sozialversicherungsbeiträge. Andererseits: Zufriedene Mitarbeiter bleiben im Unternehmen und feiern weniger krank. Und die loyalsten Mitarbeiter sind oft die Frauen, die endlich einen Arbeitsplatz gefunden haben, wo sie beides sein dürfen: Mütter und Manager.

Keine Frage: Kinder sind anstrengend, Karriere machen auch. Dass die Kombination erst recht nicht immer lustig ist, steht außer Frage. Doch Bangemachen gilt nicht, denn: Wer aufhört, schadet allen. Weil sie sich den Luxus leisten kann, vermeintlich nicht wirklich arbeiten zu müssen gibt die berufstätige Hausfrau wegen all dieser Schwierigkeiten ihren Job meist wieder auf und verstärkt so die Vorurteile gegen weibliche Arbeitnehmer. Jede Frau, die durch eine Kündigung ihrer eigenen Diskriminierung aus dem Weg geht, verschärft die Diskriminierung gegen jene, die bleiben, weil sie sie durch ihre Kapitulation ihr Geschlecht noch mehr in den Ruf der beruflichen Unzuverlässigkeit bringt. Wer also möchte, dass die Tochter wirklich eine Wahl für ihr eigenes Leben hat, sollte arbeiten gehen und dafür sorgen, dass die Mädchen ein Rollenvorbild haben. Denn sonst fängt jede Frauen-Generation wieder von vorne an.

9.
Der Schwachsinn mit der Quote oder Frauen und Politik

»Wer nur andere verantwortlich macht, ändert selber nichts«.

S. Naipaul

Im Juli 2001 einigten sich die vier Spitzenverbände der deutschen Wirtschaft und Bundeskanzler Gerhard Schröder darauf, dass endlich was geschehen müsse, um die beruflichen Chancen des schönen Geschlechts zu verbessern. Pflichtgemäß verschickte also der Bundesverband der Deutschen Industrie ein Rundschreiben betreffs »Förderung der Chancengleichheit von Frauen und Männern in der Privatwirtschaft«. Leider offenbarte schon die Anrede des Schreibens, wie es um die Karrierechancen im Land bestellt ist. Da stand kurz und knapp: »Sehr geehrte Herren«.[1]

Zehn Jahre später ist die Frauenquote wieder in aller Munde, denn passiert ist nämlich nichts. Die Vereinbarung mit der Wirtschaft auf freiwilliger Basis sei »krachend gescheitert«, sagt Arbeitsministerin Ursula von der Leyen: Die Vorstandsposten seien zu 97 Prozent in Männerhand – und in den Aufsichtsräten liege die Männerquote bei 90 Prozent. Ihr Fazit: »Für die Frauen hat sich kaum was bewegt.«

Von der Leyen will nun also eine gesetzliche, verbindliche Quote von 30 Prozent für Vorstände und Aufsichtsräte großer börsennotierter Unternehmen. Ihre Parteifreundin von der CDU jedoch, Kristina Schröder, setzt auf eine Soft-Variante, also nur auf eine »Pflicht zur Selbstverpflichtung« ohne starre Quote. Justizministerin Sabine Leutheusser-Schnarrenberger von der FDP habe schon Beistand signalisiert – doch das wohl nur der Form halber. Hinter den Kulissen kursiert das Gerücht, sie sei so erbost, dass sich die Ministerinnen Schröder und von der Leyen weitgehend ohne sie streiten, dass sie sich nun weigere, entsprechende Gesetzesvorschläge in ihrem Ministerium schreiben zu lassen. Der Job soll nun angeblich bei der Uni Mannheim gelandet sein. Die Debatte innerhalb der Union sei kein Zickenkrieg, ist derweil von der Kanzlerin Angela Merkel zu hören, sondern ein ganz »normaler Diskussionsprozess«. Und die Vize-

Das dämliche Geschlecht Barbara Bierach

ISBN 978-3-527-50601-9

Regierungssprecherin Sabine Heimbach meint, den Streithähnen sei es ja doch »das Grundanliegen, dass eine Veränderung notwendig ist«.[2]

Im Grunde ist das ja auch egal, denn die Diskussion um die Frauenquote ähnelt fast dem Feilschen auf dem Trödelmarkt: Die Frauen in der Unionsfraktion haben einen Stufenplan für eine 30-Prozent-Regelung bis 2018 ins Gespräch gebracht. SPD und Grüne sind für 40 Prozent, die Linken für 50 Prozent Frauenanteil in den Führungsetagen der Wirtschaft. Gleichzeitig frohlocken Teile der deutschen Wirtschaft. So erklärt der Deutsche-Bank-Chef Josef Ackermann, er sei sehr für Frauen in Führungspositionen, denn die machten das Leben »farbiger und schöner«. In der Bank – Frauenanteil in der Belegschaft 50 Prozent, Frauenanteil im Vorstand null Prozent – herrschte Verblüffung und Verbraucherschutzministerin Ministerin Ilse Aigner von der CSU empfahl bissig: »Wer es farbiger und schöner mag, soll ins Museum gehen.«[3]

Gleichzeitig diskutieren die Professoren: So hält der Kölner Staatsrechtler Michael Sachs jede Form von Quote für verfassungswidrig. »Nach dem Wortlaut des Grundgesetzes darf niemand wegen seines Geschlechts benachteiligt oder bevorzugt werden.« Allerdings leite die Rechtsprechung daraus kein Quotenverbot ab und erlaube unter bestimmten Voraussetzungen Quotenregelungen im öffentlichen Dienst. »Das Bundesverfassungsgericht hat sich bislang noch nicht eindeutig festgelegt, doch ich gehe davon aus, dass es grundsätzlich eine Quotenregelung für die Wirtschaft für zulässig erklären könnte«, sagt Sachs. Allerdings seien Ausnahmeregelungen erforderlich – etwa, falls in einem Bereich keine ausreichend qualifizierten Frauen zu finden sind. »Man kann ein Unternehmen nicht ernsthaft verpflichten, untaugliches Personal einzustellen.«

Frauke Brosius-Gersdorf, Professorin für Öffentliches Recht an der Uni Hannover, hält eine Quotenregelung hingegen nicht nur für zulässig, sondern sogar für notwendig. »Artikel 3 Grundgesetz enthält eine ausdrückliche Verpflichtung des Staates, tatsächliche Nachteile für die Geschlechter zu beseitigen – wie hier eine Unterrepräsentierung von Frauen in der Wirtschaft.« Bei der Quote handele sich also nicht nur um ein Recht, sondern sogar um eine Pflicht des Staates.

Über all dem Palaver bleiben die entscheidenden Fragen jedoch häufig außen vor. Wollen wir die Quote? Was soll damit erreicht werden? Was würde durch eine gesetzliche Quote tatsächlich besser? Nützt sie Karrierefrauen mit Kindern, ihren Weg zu gehen?

Doch der Reihe nach. Die Frauenpolitik der vergangenen 30 Jahre ist die Folge einer unglücklichen Gemengelage aus weiblichem Beleidigtsein und männlichem Chauvinismus. Die einen stilisieren sich zu einer behinderten Minderheit, die besonderer Förderung bedarf und den anderen kommt das höchst gelegen, weil dann die eigentliche Frage nach der Macht gar nicht erst gestellt wird. Das Ergebnis ist katastrophal und nur dazu angetan, die bestehenden Verhältnisse bis zum Sankt Nimmerleinstag zu zementieren. Legendär sind die Einlassungen des damaligen Bundeskanzlers Gerhard Schörder, unter dem die völlig untaugliche Selbstverpflichtung der Wirtschaft formuliert wurde: Er bezeichnete seine neu ernannte Ministerin Christine Bergmann als Ministerin für Jugend, Familie »und Gedöns«. Nun, Einlassungen dieser Güte sind keine SPD-Spezialität, das deutsche Frauenbild ist parteiübergreifend miserabel – und das schon ziemlich lange. Die Frauen sind daran leider nicht unschuldig, ihr Verhalten – politisch und persönlich – lädt häufig geradezu dazu ein, Frauen nicht ernst zu nehmen, zu übergehen und abzukanzeln.

Beispielsweise in Sachen Quote. Es ist verwunderlich, aber das Problem fängt schon damit an, dass die meisten Funktionärinnen einen Vorstand nicht von einem Aufsichtsrat unterscheiden können. Derzeit schreit alles nach »mehr Frauen in Führungspositionen« und fordert zur Erreichung dieses Ziels Frauenquoten für die deutschen Aufsichtsräte. Dass in diesen Gremien gar nicht geführt werden darf, sondern stattdessen beraten und kontrolliert werden muss, geht im Eifer des Gefechts völlig unter.

Das Ziel »Mehr Frauen in Führungspositionen!« wird mit dem einäugigen Schielen auf die Räte nicht erreicht. Ein Sitz im Aufsichtsrat ist keine Führungsposition, sondern eine Kontrollfunktion. Wir haben in Deutschland qua Gesetz ein zweiteiliges System: Geführt wird im Vorstand! Der Aufsichtsrat berät und überwacht diese Führung. Wer mehr Damen in der operativen Chef-Funktion sehen will, muss Frauen also nicht für die Rats- sondern für die Vorstandsebene qualifizieren, denn da wird wirklich entschieden, da werden Strategien beschlossen und Märkte gemacht.

Heiner Thorborg, der sich mit einer Initiative »Generation CEO«, die mehr Frauen für Vorstandspositionen qualifizieren will, ums

Thema verdient gemacht hat, schüttelt nur den Kopf: »Ich bin absolut für mehr Frauen in Führungspositionen, aber gesetzliche Quoten für Aufsichtsgremien produzieren nicht automatisch mehr weibliche Topmanager. Eigentlich kann die Sache nur umgekehrt funktionieren: Die für eine Kontrollfunktion nötigen Kompetenzen können nur in einer aktiven Entscheiderrolle aufgebaut werden. Ein substanzieller Frauenanteil in der ersten und zweiten Führungsebene wäre daher extrem wünschenswert – tatsächlich sind laut einer Erhebung des Deutschen Instituts für Wirtschaftsforschung von den 833 Vorständen der 200 größten deutschen Unternehmen aber nur 21 weiblich – das sind drei Prozent. Es wäre hoch an der Zeit, da anzusetzen.«[4]

Genau das passiert jedoch bestenfalls in privatwirtschaftlichen Initiativen. Und so fragt man sich, wo die 20, 30 oder gar 50 Prozent weibliche Aufsichtsräte herkommen sollen, wenn es doch nach wie vor nur drei Prozent Topmanagerinnen gibt, die qualifiziert wären für so einen Kontrolljob.

Leider ist auch das immer wie eine Trophäe geschwenkte Beispiel Norwegen irreführend. Da gibt es eine gesetzliche Frauenquote von 40 Prozent für die Aufsichtsräte. Das hat allerdings die Zahl der Frauen im operativen Top-Management nicht beeinflussen können. Selbst in den emanzipiertesten Gesellschaften der Welt dümpelt die Frauenquote in den aktiven Vorstandspositionen bei rund 15 Prozent – viele der höher aussehenden Zahlen aus Skandinavien verwirren, weil sie »non-executive board members«, also kontrollierende Aufsichtsräte zusammenwerfen mit »executive board members«, also tatsächlich operativ führenden Vorständen.

Was gemeint ist, verdeutlicht ein Beispiel aus Großbritannien. Die 20 größten börsennotierten Unternehmen beschäftigen 141 »non-executive board members«, davon sind 33 weiblich. Der Frauenanteil der Kontrolleure liegt also bei tollen 23 Prozent. Dieselben Unternehmen haben aber 158 »executive board members«, davon sind 22 weiblich. Frauenanteil im operativen Topmanagement: also nur 14 Prozent.

Norwegen hat nun also seine 40 Prozent Aufsichtsrätinnen – aber weil es so wenig qualifizierte Damen gibt, haben manche nun deutlich mehr Positionen, als es beispielsweise der Deutsche Corporate Governance Kodex zulassen würde, der hierzulande festschreibt, was gute Unternehmenskontrolle ist und was nicht. Eli Saetersmoen beispielsweise sitzt in gleich zwölf norwegischen Gremien, darunter in denen von solchen Schwergewichten wie Scandpower und Statoil. Spötter nennen Frauen wie sie daher schon die »goldenen Röcke«. Marit Hoel, die Direktorin des Osloer Zentrums für Unternehmerische Vielfalt meldet, Umfragen unter den Konzernchefs hätten ergeben, dass sich der Arbeitsstil in den Kontrollgremien mit dem neuen Gesetz kaum verändert habe, nur einige würden berichten, »der Diskussionsstil sei nun offener« geworden. Geschadet hat die Quote den norwegischen Unternehmen also nicht – den Frauen geholfen allerdings auch nicht. Mehr Entscheiderjobs in den Vorständen? Fehlanzeige. Vor der Einführung der Aufsichtsratsquote gab es in Norwegen 16 Prozent weibliche Firmenchefs- und nach der Einführung sind es immer noch 16 Prozent.[5]

Laut einer Studie von Catalyst, einer New Yorker Lobbyorganisation für Frauen im Management, sind im Frühjahr 2011 in den USA nur 2,2 Prozent der Chefs, der 500 größten börsennotierten Gesellschaften, der so genannten »Fortune 500« weiblich, unter allen Vorstandsposten in der Stichprobe sind 15 Prozent in weiblicher Hand.

Ganz offenbar liegt die Rate der Frauen, die Vorstand werden will, weltweit irgendwo zwischen 15 und 20 Prozent, denn nirgendwo sind wirklich mehr Frauen zu finden. Aber was bedeutet das für unsere Quotendiskussion, wo immer von 30 oder 40 Prozent-Quoten für das Management die Rede ist? Wären die überhaupt erfüllbar? Die Deutsche Telekom war der erste Dax-Konzern, der 2010 freiwillig eine Frauenquote festlegte. 2015 sollen 30 Prozent der Führungspositionen von Frauen besetzt sein. Ein ambitionierter Plan – und einer, der gar nicht so leicht umzusetzen ist. Im ersten Jahr ist es dem Konzern nach eigenen Angaben gelungen, den Anteil international von 19 auf 22,6 Prozent zu erhöhen. Das Unternehmen hat im Frühjahr 2011 also 200 Managerinnen mehr an Bord als vor einem Jahr. Doch »bis zu den 30 Prozent ist es noch ein mühseliger Weg«, sagt selbst Telekom-Personalvorstand Thomas Sattelberger.[6]

Derweil führt der Hype um Frauen im Aufsichtsrat nicht zu mehr weiblichen Topmanagern, sondern nur zu seltsamen Blüten, wie Personalberater Heiner Thorborg berichtet. Unlängst hätte ihn eine auf Baurecht und Genehmigungsverfahren spezialisierte Juristin angesprochen: Mittelfristig sehe sie sich auch als Aufsichtsrätin. Dieser

Ehrgeiz ist eindrucksvoll, aber auch Frauen brauchen für die Ratsrolle spezifische Kompetenzen. Dazu Thorborg: »Gerade Juristinnen sollten mit den rechtlichen Konsequenzen vertraut sein, die das Gesetz für stümperhafte Kontrolleure börsennotierter Gesellschaften vorsieht.«

Er fände es hilfreich, wenn die ganze Diskussion künftig etwas nüchterner geführt würde. In den Unternehmen – die die Frauen ja qualifizieren und beschäftigen sollen – wird nämlich durchaus zwischen Aufsichtsrat und Vorstand unterschieden. Möglicherweise sehen da nun einigen Herren in der Debatte um den »ohnehin mit Arbeitnehmervertretern verseuchten« Aufsichtsrat eine Möglichkeit zu einer Feigenblatt-Scheinlösung in der Frauenfrage: Sollen die Damen da herumwursteln, Hauptsache im Vorstand bleiben wir unter uns!

Außerdem finden es viele Frauen, die je einen wichtigen Stuhl unter den Hintern gekriegt haben, nach wie vor beleidigend, wenn man das Erreichte mit ihrem Geschlecht und nicht mit ihrer Leistung in Verbindung bringt. So sagt Rita Frost, als Maschinenbau-Ingenieurin Entwicklungsvorstand der Adam Opel AG und in der Position Chefin von 6 000 Ingenieuren in ganz Europa, auf die Frage, ob sie Karriere gemacht habe, weil sie ein Frau ist oder obwohl sie eine Frau ist: »Gerade in den Ingenieursberufen ist Qualifikation das A und O. Ich habe Karriere gemacht, weil ich gut bin und nicht weil ich eine Frau bin.«[7] Auch Nicola Leibinger-Kammüller, Chefin beim Maschinenbauunternehmen Trumpf, hält die Quote für überflüssig. Sie möchte es »im betrieblichen Alltag keiner Frau zumuten, im Ruf zu stehen, dass sie ihren beruflichen Erfolg als 'Quothilde' erzielt hat.«[8]

Monika Rühl, bei der Deutschen Lufthansa unter anderem zuständig für Diversity und schon von Berufs wegen Frauenförderin, ist ebenfalls keine Freundin der Quote, ganz einfach, weil sie die Ansätze »viel zu undifferenziert« findet. Eine strenge Quote wird einfach nicht allen Branchen gerecht, denn was im Dienstleistungssektor noch leicht zu schaffen sei, wäre für viele Unternehmen der »old economy, wie den Versorgern oder den Stahlherstellern« doch kaum machbar. Was sie meint verdeutlicht sich an Hand der Zahlen beim Kranich: In der Lufthansa Technik arbeiten nur elf Prozent Frauen – wo sollten da 30 Prozent weibliche Führungskräfte herkommen? In den Zentralressorts sieht es besser aus: 60 Prozent weibliche Mitarbeiter stellen immerhin 14 Prozent Frauen auf der Leitungsebene. Rühl sagt daher: »Dieser Einheitsgrößenansatz der Regierung funktioniert nicht, stattdessen müssten die Branchen genau analysiert werden, um dann spezifische Ziele zu definieren. Die müssen realistisch sein – und ruhig auch ambitioniert.«

Dem kommt noch am ehesten ein Vorschlag von Kristina Schröder entgegen, die einen Stufenplan präsentierte, der für jedes Unternehmen eine unterschiedliche »Flexi-Quote« vorsieht. Ende März 2011, nach einem Spitzengespräch mit den zuständigen Kabinettsmitgliedern, veröffentlichten die Personalvorstände der Dax-Unternehmen nun die Erklärung, dass sich jedes Unternehmen noch in diesem Jahr auf eine selbst definierte Quote festlegen will. Trotzdem – es gibt zu denken, dass der gleiche Staat, der nun Quoten für die Wirtschaft einführen will, es nicht geschafft hat, bei der eigenen Belegschaft mehr Chefinnen durchzusetzen. Der Frauenanteil bei den Hauptabteilungsleitern der Bundesbehörden ist zwar höher als der vergleichbare Wert in der Wirtschaft, aber längt noch nicht eindrucksvoll.

Doch ob nun Flexi oder bloß Quote, in der deutschen Wirtschaft bleibt der Ausdruck »Quotenfrau« die beste Voraussetzung dafür, nicht ernst genommen zu werden. Also bitte, bitte keine weiteren Quoten! Keine Reservate und keine Etikette à la »es sind Damen im Raum!«. Denn: Solange Frauen – eine 52-prozentige Mehrheit – sich selber für eine Minderheit halten, die des besonderen Schutzes bedarf, solange werden sie auch so behandelt. Dazu Rita Forst von Opel: »Von der Quote halte ich gar nichts: Wenn es eine Frauenquote gäbe, hätte jede Frau in einer Führungsposition das Problem, dass sie unter Verdacht steht, nur über die Quote in die Position gekommen zu sein und nicht über Qualifikation und Leistung. Frauen müssen sich durchsetzen, beharrlich sein, sich bewähren und beweisen – genauso wie die Männer.« Frauen wären gut beraten, wenn sie nicht die Hälfte der Stühle fordern würden, sondern stattdessen die Hälfte der Macht.

Ob die Quote den Frauen wirklich was bringen würde, bleibt also auch unter den Experten offen. Dennoch wird sie kommen, wenn die deutschen Unternehmen weiter nichts tun. Die 60 Preisträgerinnen der Initiative »Generation CEO« schreiben in ihrer Kronberger Erklärung: »Wir sind überzeugt, dass eine Quote als Ultima Ratio auch in der Wirtschaft eingeführt werden wird, sofern die Unternehmen keine glaubwürdigen Schritte einleiten. Als Managerinnen würden wir marktwirtschaftliche Prinzipien jedoch immer bevorzugen und glauben, dass es noch nicht zu spät ist für eine Selbstverpflichtung der Wirtschaft anstelle staatlicher Eingriffe.« Die Managerinnen empfehlen daher »mit Nachdruck, das Thema zur Chefsache zu machen und diesen Wandel wie jeden anderen Corporate Change auch aus dem Vorstand zu führen. Wenn die Vorstandsvorsitzenden es wollen und den Kulturwandel anführen, können die Volkswirtschaften in Deutschland, Österreich und der Schweiz den erforderlichen Sprung von 2,5 auf 20 Prozent in einem überschaubaren Zeitraum erzielen.[9]

Eile ist in der Tat geboten. Wenn sich zum Stichtag 30. Juni 2013 die Zahl der Frauen in Toppositionen nicht mindestens verdreifacht hat, will auch Familienministerin Schröder mit einer gesetzlichen Quote dagegen halten. In den Vorstandsetagen müssen also ziemlich pronto rund zehn Prozent Frauen her. Deswegen wird offenbar auch schon umgekehrt diskriminiert, wie Manfred Gentz findet, Aufsichtsrat bei der Deutschen Börse und Mitglied in der Deutschen Corporate-Governance-Kodex-Kommission. »Unternehmen, die derzeit nach neuen Aufsichtsräten suchen, interessieren sich fast ausschließlich für Frauen«, sagt er. Auch auf den Empfehlungslisten der Headhunter seien die längst in der Überzahl, »die Männer haben da mitunter nur noch eine Alibifunktion.« Das könne man nun auch als umgekehrte Diskriminierung werten und das sei »rechtlich nicht in Ordnung«.[10]

Personalberater Heiner Thorborg weiß, was Gentz meint: tatsächlich werden künftig überall da Frauen in die Aufsichtsgremien einziehen, wo die Fünfjahresverträge der Herren auslaufen. Neue Kontrolleurinnen angekündigt haben bereits Qiagen, Linde, VW, Munich Re, Daimler und Deutsche Bank. Das Etappenziel »Mehr Frauen in die Kontrollorgane« sei daher bereits in Sicht. Doch wenn viele Männer nun meinten, sie müssten sich einer Geschlechtsumwandlung unterziehen, um überhaupt noch Chancen auf einen Entscheiderjob zu haben, sei das, mit Verlaub, lächerlich. »Zwar sind inzwischen auch vermehrt Frauen auf den Kandidatenlisten der Personalberater aufgetaucht, aber nach wie vor sind laut *Wiwo* nur 21 der 668 Spitzenpositionen bei börsennotierten Gesellschaften im Lande mit Frauen besetzt. Da ist also noch jede Menge Luft, bevor Männer ernsthaft behaupten könnten, sie würden jetzt diskriminiert. Die männlichen Heulsusen, die sich nun über 30 Prozent weibliche Namen auf den Vorschlagslisten für anstehende Beförderungen aufregen, sollten sich klar machen, dass die Verhältnisse dekadenlang anders herum waren. Wer sich damals keine Gedanken über Diskriminierung gemacht hat, braucht jetzt auch nicht in Tränen auszubrechen.« [11]

Warum ist die Abwesenheit der Frauen in den Leitungsebenen der deutschen Unternehmen überhaupt ein Problem, wird jetzt so manch ein männlicher Dinosaurier fragen. Nun: Die Abwesenheit der Frauen in der deutschen Wirtschaft ist volkswirtschaftlich eine Katastrophe und betriebswirtschaftlich die Verschwendung einer wertvollen Ressource. Diese Feststellung ist übrigens nicht die Folge ethischer Überlegungen, sondern schlicht die Konsequenz ökonomisch relevanter Erkenntnisse.

Demografisch gesehen laufen wir in einen Führungskräftemangel. Die Baby Boomer sind inzwischen in ihrem siebten Lebensjahrzehnt und zahlenmäßig wird der

Nachwuchs immer knapper. Es ist keine Herausforderung auszurechnen, dass unsere Volkswirtschaft in Wachstumssorgen gerät, wenn wir bei den Führungsaufgaben weiterhin auf 50 Prozent des Potenzials verzichten.

Weitaus wichtiger jedoch als der Fachkräftemangel sind die überraschenden Erkenntnisse mehrerer Studien. Deren übereinstimmendes Ergebnis lautet: Firmen, in denen Mitarbeiterinnen führende Positionen einnehmen, erwirtschaften mehr Gewinn.

Die US-Frauenorganisation Catalyst untersuchte die 500 größten Aktiengesellschaften Amerikas und kam zum gleichen Schluss wie die Unternehmensberatung McKinsey:

Gemischte Führungsgremien sind signifikant erfolgreicher. Die Firmen mit den meisten Frauen im Vorstand erzielten im Vergleich zu solchen ohne Frauen eine bis zu 53 Prozent höhere Eigenkapitalrendite. Wo sich mindestens drei Frauen im Vorstand finden, steigen die Erträge nachweislich. Drei allerdings müssen es sein, um die dominierende Kultur in einer Gruppe zu beeinflussen. Die klassische Einzelkämpferin, so viel steht fest, kann nichts verändern. Entweder sie passt sich dem männlichen Verhaltenskodex an – oder sie scheitert. Doch eigentlich muss man gar nicht erst in Finanzdaten einsteigen, ein wesentlich simplerer Gedanke zeigt ebenso, worum es geht: 80 Prozent aller Kaufhandlungen werden von Frauen getätigt – es kann alsso nur geschäftsfördernd sein, wenn die auch auf Anbieterseite ein Wörtchen mitzureden hätten. [12]

Also führt die Deutsche Telekom freiwillig eine Frauenquote ein und Konsumgüterhersteller Unilever ermöglicht Jobsharing. Angela Nelissen und Christiane Haasis sind beide Mütter und beide »Category Director Savoury« und damit verantwortlich für Marken wie Knorr oder Bertolli in Unilevers einträglichster Sparte mit einer halben Milliarde Umsatz im Jahr. Beide haben eine 60-Prozent-Stelle, teilen sich eine E-Mail-Adresse und einen Telefonanschluss, damit im Unternehmen niemand lange überlegen muss, wer jetzt gerade im Hause ist. Autoausrüster Robert Bosch veranstaltet eigene Rekrutierungs-Runden für Frauen, will den Frauenanteil im Management von jetzt zehn auf bald 15 Prozent treiben. Das ist allerdings gar nicht so einfach, der der Anteil der Absolventinnen in den MINT-Fächern (Mathe, Informatik, Naturwissenschaft und Technik) liegt halt nur bei 30 Prozent. Die Commerzbank fördert die Elternzeit: Damit der Nachwuchs nicht zur Karrierefalle wird, bekommt, wer eine Babypause macht, zehn Prozent des Gehalts weiterbezahlt, egal ob Mann oder Frau. Im Gegenzug müssen die so Geförderten Kontakt zum Unternehmen halten und Fortbildungsveranstaltungen mitmachen.[13]

Vera Gäde-Butzlaff, Chefin der Berliner Stadtreinigungsbetriebe, ordnete im März 2010 an, künftig bei jeder Einstellungsrunde 50 Prozent Frauen anzuheuern. Bislang machten sich in der Hauptstadt nämlich so ziemlich ausschließlich die Männer die Finger schmutzig. Das Geschrei war groß: Die Müllmänner wollten sich ihren harten Dienst nicht zum Weichei-Job degradieren lassen, den auch Frauen schaffen. Auch sei die Arbeit den Mädels doch sicher zu schwer. Das sollten mal die Frauen selber entscheiden, fand Gäde-Butzlaff. Von 300 Bewerberinnen hat sie schließlich 69 eingestellt und ihr ursprünglich kritischer Einsatzleiter Reinhard Lange ist nun auch bekehrt: »Es gibt kaum Ausfälle. Und einen deutlich höflicheren Umgangston.«[14] Schon wahr, die Putzdamen sind nicht gerade Führungskräfte, doch das Beispiel belegt immerhin, was auch ohne gesetzliche Eingriffe alles geht, wenn der Chef Gleichstellung ernst nimmt.

Microsoft Deutschland beispielsweise organisierte Frauenförderung schon systematisch, bevor die Quotendiskussion in voller Wucht losbrach, bereits 2008 saßen im 13-köpfingen Leitungsgremium fünf Frauen. Alle Mütter, übrigens. Geschäftsführer Achim Berg war damals geradezu prophetisch: Im *Spiegel* sagte er: »Wenn es uns jetzt nicht gelingt, Frauen zu gewinnen, stehen wir in spätestens fünf Jahren vor massiven Problemen.« Tatsächlich haben diese Probleme nun – bereits drei Jahre später – viele andere Unternehmen, die nicht proaktiv tätig wurden wie Berg und nun mit den Herausforderungen des Bevölkerungsschwundes und mangelndem Ingenieurnachwuchs kämpfen.

Gäde-Butzlaff oder Berg haben das Erreichte auch ohne gesetzliche Quote hingekriegt. Brauchen wir also wirklich ein neues Recht? Zweifel sind angebracht. »Politische Versuche, auf dem Weg gesetzlicher Regelungen, soziale Ungerechtigkeiten und ungerechtfertigte Machtverhältnisse durch entsprechende gesetzliche Vorschriften zu beseitigen, gehen in aller Regel nach hinten los und wenden sich in ihren Wirkungen oft gegen den Betroffenen« schreibt der Münchner Soziologe Reinhard Kreissl. »So führte etwa die Einführung des Mutterschutzgesetzes, des Jugendarbeitsschutzes oder auch des Verbots von so genannten Kettenverträgen im Rahmen von Zeitarbeitsverhältnissen keineswegs immer nur dazu, dass sich die Arbeitsbedingungen derjenigen, die durch diese Regelungen geschützt werden sollten, verbesserten. Vielmehr wurden die angestrebten Effekte eines besseren Schutzes der Betroffenen durch die sinkende Attraktivität der so geschützten Personen auf dem Arbeitsmarkt wieder neutralisiert.«.[15]

Politik hin oder her, schon aus schierem Eigennutz und Führungskräftemangel scheinen viele Unternehmen also durchaus willig, mehr Frauen regieren zu lassen. Was also hält die Damen zurück, den roten Teppich auch zu beschreiten? Das war auch die Frage einer Konferenz der amerikanischen Eliteuniversität Wharton für ihre weiblichen Absolventen. Die Antwort ist – zumindest laut einigen der Sprecherinnen – darin zu suchen, dass Frauen oftmals nicht kriegen, was sie wollen, weil sie es schlicht nicht einfordern. Frauen würden seltener ihr Gehalt neu verhandeln als Männer, sie netzwerken nicht so effizient und sie sind weniger engagiert darin, die entscheidenden Beziehungen aufzubauen, die ihnen am Ende zum Sprung auf der Karriereleiter verhelfen. Ein Bericht in der *Harvard Business Review* mit dem Titel »The Sponsor Effect: Breaking Through the Last Glass Ceiling« beispielsweise zeigt, dass die Wahrscheinlichkeit für

Männer, einen Sponsor im Unternehmen zu haben, um stolze 46 Prozent höher liegt als für Frauen. »Frauen fragen einfach nicht«, meint beispielsweise Priya Tauber: »Wwir bitten die Menschen nicht uns zu fördern und wir stehen auch zur Förderung nicht zur Verfügung.« Tauber arbeitet für die Investmentbank Morgan Stanley, wo sie für das Einstellen und Fördern von Frauen zuständig ist. »Wir müssen endlich lernen, was unseren männlichen Kollegen schon seit Jahren bekannt ist – dass Beziehungen wichtig sind, dass Forderungen wichtig sind und dass jede selbst dafür verantwortlich ist, wahrgenommen zu werden.«[16] Ob sich das ausgerechnet mit gesetzlichen Quoten ändern ließe? Allein, mir fehlt der Glaube.

Und was tut sich sonst noch seitens der Politik? Ursula von der Leyen hat als Familienministerin immerhin bei Elterngeld zwei Vätermonate durchgesetzt, die vollen 14 Monate werden nur gezahlt, wenn Papi auch acht Wochen zu Hause bleibt und ein Wickelvolontariat absolviert. Geschiedene Mütter müssen neuerdings wieder selbst für ihren Unterhalt sorgen, sobald das jüngste Kind acht Jahre alt ist.

Und sonst? Nicht viel in Sicht, was Mütter zum Arbeiten motivieren könnte. Nehmen wir mal das Ehegattensplitting. Susanne Mayer von der *Zeit* regt an, mal die ewige Diskussion um die kinderlose Akademikerin aufzugeben und stattdessen zu betrachten, was uns eine Akademikerin mit Kind zu Hause kostet: Die Ausbildung der Dame schlägt für die Allgemeinheit mit rund 200 000 Euro zu Buche, wer arbeitet, zahlt danach rund 30 000 Euro im Jahr an Steuern und Sozialleistungen zurück. Die gebildete Hausfrau verursacht also 300 000 Euro an Ausfällen, wenn sie wegen Erziehung zehn Jahre daheim bleibt. Dazu addiert sich im ungünstigsten Fall der Maximalsatz des Ehegattensplittings von rund 80 000 Euro pro Dekade, wenn die Lady mit einem wohl verdienenden Akademiker verheiratet ist. Diese 38 000 Miese auf dem staatlichen Konto werden dann zur »Wahlfreiheit« verklärt.

Das gilt auch für das Betreuungsgeld, das nun im Grundsatzprogramm der CDU verankert ist und faktisch wirken wird wie eine Daheimbleib-Prämie. Ab 2013 sollen Familien entweder einen Betreuungsplatz für ihre Kids nutzen bis die drei Jahre alt sind, oder 150 Euro im Monat kassieren. Dazu das Elterngeld: Es beträgt höchstens 1800 Euro im Monat und mindestens 300. Zusammen mit dem Ehegattensplitting kann die akademisch gebildete Gattin so auf rund

1000 Euro im Monat kommen. Nicht schlecht, besonders im Vergleich zu dem Hartz-IV-Regelsatz von 364 Euro.[17]

Das Resultat dieser glorreichen Politik? Statistisch gesehen arbeitet die deutsche Mutter gerade mal 22 Stunden in der Woche, hat sie Kinder unter drei, sogar nur 5,3 Stunden wöchentlich. Laut dem siebten Familienbericht haben deutsche Mütter damit die geringste Präsenz am Arbeitsmarkt unter allen europäischen Müttern. Aber die Quote wird das ganz bestimmt ändern, oder?

10.
Das wirklich schwache Geschlecht: Männer.

> »Wenn sich ein Geschlecht plötzlich massiv bewegt und verändert, das andere aber stehenbleibt, muss es logischerweise zu Problemen kommen.«
>
> *Walter Hollstein*

Anne Lauvergeon, die Vorstandsvorsitzende des französischen Atomkonzerns Cogema hatte keine Schwierigkeiten, 150 andere weibliche Chefs auf einer Konferenz zum Lachen zu bringen. Sie erzählte die folgende Geschichte aus ihrem Leben: Zum Amtsantritt im Vorstand ihres neuen Arbeitgebers begrüßte sie der Vorstandsvorsitzende des Unternehmens mit den Worten: »Meiner Meinung nach können Sie das hier nicht. Der Beruf einer Frau«, sagte er, »ist es, einen Haushalt zu führen und Kinder zu erziehen«. Etwas später kam Lauvergeon zu Ohren, dass derselbe Boss sie gegenüber anderen Kollegen lautstark gelobt hatte. Also ging sie in sein Büro und fragte ihn, ob er immer noch finde, dass Frauen diese Art von Top-Job nicht machen könnten? »Ja«, antwortete er, »das denke ich immer noch. Aber Sie sind keine Frau«.[1]

Viele Männer sind einfach Würstchen. Lieber unterziehen sie eine Kollegin einer Geschlechtsumwandlung, als ihr eigenes Weltbild zu ändern. Aber es fällt schwer, ihnen ihre Albernheiten übel zu nehmen, denn letztlich sind Männer arm dran.

Es fängt schon damit an, dass alle Menschen vom Prototyp her Frauen sind. Erst in der sechsten Woche nach der Befruchtung wird durch das Y-Chromosom aus dem ursprünglich weiblichen Embryo ein Junge. Dem Y-Chromosom fehlt ein Beinchen zum weiblichkeitsbestimmenden X-Chromosom, deswegen wird es gelegentlich spöttisch zum Unfall der Natur erklärt. Und in der Tat ist das Y ziemlich anfällig für Störungen: Schon im Mutterleib sterben mehr männliche als weibliche Föten und auch die Säuglingssterblichkeit von Jungen ist 25 Prozent höher als die von Mädchen. Das liegt daran, dass Frauen zwei X-Chromosomen haben – sollte eines davon einen krankmachenden genetischen Fehler aufweisen, wird es einfach stillgelegt

Das dämliche Geschlecht Barbara Bierach

ISBN 978-3-527-50601-9

und das Mädchen lebt fröhlich mit dem anderen, gesunden weiter. Ein Junge hat nur ein X-Chromosom. Ist das nicht in Ordnung, ist das Kind nicht lebensfähig oder behindert. Fazit:
Von Natur aus sind Frauen das starke Geschlecht und Männer das schwache.

Die moderne Medizin setzt diesem natürlichen Nachteil kaum etwas entgegen, ist sie doch weitgehend auf Mädchen geeicht. Das war nicht immer so. Noch vor 35 Jahres gab es keine speziell auf weibliche Belange hin ausgerichtete Heilkunde. Mit Ausnahme der Gynäkologie gingen die Doktoren davon aus, dass Männer und Frauen zumindest auf dem Krankenlager gleich behandelt werden müssten. Doch konsequente feministische Lobbyarbeit führte dazu, dass die Besonderheiten des weiblichen Körpers in der Medizin inzwischen berücksichtigt werden. »Als beinahe notwendige Konsequenz aus der Konzentration auf das Weibliche sind in der Medizin männliche Belange ins Hintertreffen geraten«, schreibt der Medizinprofessor Siegfried Meryn im British Medical Journal. Und der Kölner Urologe Theodor Klotz bemängelt, dass für die Erforschung typisch weiblicher Tumore wie Brustkrebs wesentlich mehr Geld ausgegeben werde, als für typisch männliche Krebsarten, die Magen, Darm, Lunge und Prostata betreffen – obwohl diese häufiger seien.[3]

Gleichzeitig steigt das Problembewusstsein. Auf Kongressen zur Männergesundheit wird heute unter anderem diskutiert, warum Frauen im Schnitt sechs Jahre länger leben als Männer, denn noch 1920 betrug der weibliche Vorsprung lediglich ein Jahr. Würde die Lebensdauer der Männer die der Frauen so deutlich übersteigen, hätten uns die Feministinnen längst klar gemacht, dass die Lebenserwartung der beste Indikator dafür ist, wer wirklich über Macht und Wohlstand in einer Gesellschaft gebietet. Aber so wird eben achselzuckend akzeptiert: Männer wollen herrschen und dafür müssen sie eben den Preis bezahlen.

Tatsächlich sind Männer die Problemzone des 21. Jahrhunderts. Bei den 15 weltweit führenden Todesursachen haben sie die Nase vorn. Männer sterben fast doppelt so häufig an Herz-Kreislauf-Erkrankungen wie Frauen, auch Krebs rafft doppelt so viele Männer wie Frauen dahin und ein Schlaganfall trifft sowieso häufiger das starke Geschlecht. Trotzdem gibt es keinen Gesundheitsbericht für Männer in Deutschland, aber sehr wohl seit Jahren einen für Frauen.

Auch psycho-sozial fallen vor allem Männer aus dem Rahmen: Zwei Drittel der in Deutschland überschuldeten Personen sind männlich. Bei Alkohol- und Drogenmissbrauch und bei gewalttätigen Auseinandersetzungen – überall führen Männer.

»Ob Bildung, Gesundheit, Lebenserwartung – Frauen haben die Männer abgehängt« konstatiert auch der *Spiegel* und zitiert mehrere Studien[2]: »Mädchen sind besser in der Schule, mittlerweile auch in den klassischen Jungs-Fächern wie Mathematik. Mädchen machen häufiger Abitur und studieren, Jungs schmeißen häufiger die Schule. Frauen sind seltener kriminell. Frauen rauchen weniger als Männer, nehmen nicht so häufig Drogen, leiden nicht so sehr unter Herz-Kreislauf-Erkrankungen, und sie leben länger.«

Die Gründe für die männliche Kurzlebigkeit suchen viele Ärzte in den Hormonen. Es fehlt dem Mann vor allem am Anti-Stress-Hormon Östrogen, das – zumindest bis zu den Wechseljahren – weibliche Hirne, Herzen und Knochen fit hält. Auch die Produktion der Hormone Somatotropin und Melatonin – Letzteres wird gelegentlich als Wunderdroge gegen das Altern gefeiert – geht bei Männern schneller zurück als bei gleichaltrigen Frauen. Und während für die Damen Hormongaben in der Menopause zum medizinischen Standard gehören, wird das Testosteron-Defizit alternder Herren so gut wie nie mit Tabletten ausgeglichen. Das so genannte Klimakterium virile wird einfach ignoriert – bestimmt auch deswegen, weil bisher nicht ausreichend erforscht ist, welche Nebenwirkungen Hormongaben auf Männerkörper haben.

Doch lassen wir die Hormone mal beiseite und uns dafür auf ein gedankliches Experiment ein: Könnte es nicht auch sein, dass die Frauen an dem Männerelend Mitschuld tragen, in dem sie ihren Teil der Verantwortung in Wirtschaft und Gesellschaft einfach nicht übernehmen, sondern den Männern zusammen mit der Macht auch ganz gerne den Stress überlassen – mit den bekannten gesundheitlichen Folgen? Beobachtungen des Evolutionsbiologen Karl Grammer legen das nahe. Er sagt, die Obsession des Mannes mit dem eigenen Status und der daraus resultierende Stress würde letztlich von den Frauen verursacht. Er argumentiert: »Wird eine Frau gesichtet, läuft beim Mann ein Programm ab wie bei einer Waschmaschine – die Brust schwillt, und die Rede endet im endlosen Ich.« Frauen sind in ihrem Balzverhalten jedoch gewaltig auf der Hut, besonders an ihren fruchtbaren Tagen. Genau dann erreicht ihre verbale Leistungsfähigkeit ihren Höhepunkt – und »auf der Höhe ihrer Geisteskraft suchen die Frauen nicht unbedingt einen schönen Mann, sondern einen, der mächtig, wohlhabend und dominant ist«, so Grammer. Sein Fazit: »So betrachtet, ist unsere scheinbar von Männern dominierte Gesellschaft in Wahrheit ein Produkt weiblicher Fortpflanzungsstrategie«.

Das Weib will einen ganzen Kerl. Und das aus diesem Lockruf resultierende Verhalten wird zum Männer-Killer: »Wie die Primaten kämpfen die Knaben um ihre Position in der Rangordnung«, meint kühl der Züricher Psychiatrie-Professor Jules Angst über das erhöhte Risiko der Männer, zum Opfer der eigenen Aggression zu werden.[3] Wer oben in der Rangordnung steht, kommt bei den Damen gut an. Also wird erst im Job bis zur Erschöpfung gearbeitet und dann in Extremsportarten das Leben riskiert, bis im wahrsten Sinne des Wortes die Schwarte kracht. Dadurch etwa blankliegende Nerven werden gerne mit Currywurst, Pommes und Schnaps wieder zugedeckt. Die Folgen sind eindeutig: Zwei Drittel aller Notfallpatienten sind Männer. Denn wenn's nicht gerade um's Überleben geht, führt der Zwang, ein harter Kerl zu sein, kaum je zum Arzt oder gar zur Krebsvorsorge. Gucken Sie sich um: Die Wartezimmer der Ärzte sind voller Frauen.

Die kümmern sich nicht nur besser um das Gehäuse, in dem sie leben, sie haben in der Regel auch ein intakteres soziales Umfeld. Vielen Männern fehlt dagegen oft die Zeit, außerhalb ihrer Partnerschaft soziale Beziehungen aufzubauen und zu pflegen. Besonders dramatisch macht sich dieser Unterschied im Sozialverhalten nach dem Tod des Partners bemerkbar: Während Witwer doppelt so schnell dahin kümmern wie Witwen, erlebt von den letzteren so manch eine einen zweiten Frühling.

Neben der beruflichen Belastung wirkt hier auch wieder das tradierte Rollenverständnis. Während sich Frauen im Kummerfall wochenlang im Kreise ihrer Freundinnen ausheulen dürfen, weil Menschen weinende Frauen normal finden, werden krisengeplagte Kerle so lange als »Jammerlappen« abqualifiziert, bis sie einen Abend lang mit ihrem besten Freund am Tresen stehen können und trotzdem außer den Fußballergebnissen und »Willste noch'n Bier, Alter?« nicht viel sagen. Denn »sensibel«, »kontaktfreudig« oder »feinfühlig« ist nur in der Beschreibung von Frauen ein Kompliment. Angewendet auf Männer werden dieselben Worte als höfliche Umschreibung von »mimosig«, »anstrengend« und »ängstlich« verstanden. Und das will Mann ja keinesfalls sein.

Gleichzeitig sollen Männer immer weiblicher werden, sollen zuhören und einfühlsam sein – was denn nun? Macho oder Memme? Kein Wunder, das im Lager der Kerle oft Verwirrung herrscht. Der Lack der traditionellen Männlichkeit hat schwere Dellen, konstatiert auch Walter Hollstein, Schweizer Geschlechterforscher und Autor des Buches *Was vom Manne übrigblieb*[4]. Er beobachtet, dass ehemals als typisch männlich geltende Tugenden mittlerweile als Stigma gelten. Die Welt sei weiblicher geworden, meint Hollstein. Das Weibliche gelte mittlerweile als die Norm, das Männliche als pathologisch. Das geht schon in der Schule los, beschreibt auch Klaus Hurrelmann, Sozial- und Bildungswissenschaftler an der Universität Bielefeld: In den Kindergärten und Schulen arbeiten heute vor allem Frauen mit der Folge: »Jungen werden in der Schule nicht genügend angesprochen.« Manch ein Sohn einer alleinerziehenden Mutter begegnet in seinem ersten Lebensjahrzehnt im Erziehungssystem keinem einzigen Mann – und das, obwohl Rollenvorbilder und männliche Bezugspersonen für die gesunde Entwicklung von Jungs essentiell wichtig sind. Matthias Franz, Psychologe von der Universität Düsseldorf, meint: »Es fehlt an männlicher Präsenz und damit an dringend notwendigen Identifikationsfiguren in Kitas und Grundschulen.« Wissenschaftler sehen gar einen Zusammenhang zwischen dem Männerdefizit an den Schulen und der Gewaltbereitschaft der männlichen Jugendlichen: Wer sich nicht liebevoll mit Männern identifizieren und mit Männern rangeln könne, verliere sich oft später in diffuser Unruhe oder destruktiver Gewalt. Amerikanische Psychologen spotten angesichts der Feminisierung der Erziehungswelten schon, dass Tom Sawyer und Huckleberry Finn heute sofort zum Schulpsychologen abkommandiert würden.

Kein Wunder also, dass sich die ersten Vertreter der Männerlobby beispielsweise auf pappa.com heute gegen Veranstaltungen wehren, in denen Jungs Babypuppen windeln und Laken bügeln sollen. Das seien Inszenierungen von »Kampf-Emanzen in Reinkultur«, die bloß die Umerziehung des männlichen Geschlechts im Sinn hätten. Das seien »Gehirnwäscheaktionen«, die auch noch als Jungenförderung verkauft würden.[5]

Der deutsche Mann will mächtig sein und stark – denn was bleibt ihm sonst auch übrig? Schwache Männer – also Verlierer – sind einfach unerotisch. Schwache Frauen dagegen geradezu eine Einladung an den Beschützer. Statt sich also Freunde zu suchen und über ihre Versagensängste zu sprechen, eifern die Herren nun ausgerechnet beim Thema Schönheit den Damen nach: 600 Millionen Euro gibt der deutsche Mann im Jahr für Kosmetik aus. In USA begaben sich 2010 über 63 000 Männer für eine Nasenverkleinerung unters Messer, über 31 000 ließen sich die Augenlider liften und mehr als 23 000 das Fett absaugen. Rund um die Wall Street, sollen derzeit die Kinn-Implantationen boomen. Von der Börsen-Achterbahn gebeutelte Banker und Broker hoffen, mit energischem Gesichtsausdruck die nächste Entlassungswelle zu überstehen. Na klar: Sowohl Gattin als auch Geliebte erwarten einen verlässlichen Ernährer und alle zwei Jahre einen Karrieresprung.

Zu alldem droht am Horizont die Überflüssigkeit: Die Fortpflanzungsmedizin macht's möglich. Der Vermehrung wegen muss die Hälfte der Menschheit nicht mehr aus Männern bestehen. Eine Handvoll würde genügen, um die Samenbanken zu bestücken. Das heißt im Klartext: Ein Mann, der als Ernährer und Beschützer der Brut nicht taugt, wird jetzt von der weiblichen Welt noch viel leichter ausgemustert, denn zum Kinderzeugen braucht ihn bald keine mehr. Kein Wunder, dass viele Männer erst ein geknicktes Ego und dann – spätestens mit 40 – eine erektile Dysfunktion kriegen, oder schlichter ausgedrückt: Potenzprobleme. Die Krone der Schöpfung ist von dem Wahn mit der eigenen Leistungsfähigkeit mittlerweile weltweit so gestresst – die Hauptursache für Potenzsorgen –, dass auch ihre Spermien immer matter werden. Im Zeitraum von 1940 bis 1990 sank laut *Spiegel* die Zahl der Samenzellen im Ejakulat des Durchschnittsmannes von ehemals 113 Millionen pro Milliliter auf 66 Millionen. Außerdem schwand auch die Menge der Produktion pro Orgasmus von 3,4 auf 2,75 Milliliter.

Doch wollen die Frauen die vom Feminismus lange ausdrücklich propagierten sanften neuen Männer eigentlich an ihrer Seite haben? Der Softie in Norwegerpulli und Birkenstockschuh verendete als Karikatur in *Brigitte* und *Freundin* – oder konvertierte eilig zum coolen Yuppie, weil er auf das weibliche Gesellschaft dann doch nicht verzichten wollte.

Und so klagt Patrick Schwarz in der *Zeit*: »Die Moderne hat unser Selbstbild zertrümmert und uns den Selbstzweifel beschert.« Um das Aufbäumen dagegen zu besichtigen, reiche der Besuch in einer durchschnittlich sortierten Buchhandlung: »Es boomen die Ich-will-wieder-Mann-sein-dürfen-Traktate, und sie gereichen unserer Gattung nicht zum Ruhme. Der Gestus schwankt zwischen depressiv und aggressiv ... Egal, wie ein Mann sein Leben lebt, er hat Grund, sich daneben vorzukommen.«[6]

Währenddessen viele Männer grübeln, nutzen die Frauen ihre neue Freiheit. Immer öfter reichen die Frauen die Scheidungsklage ein oder werfen den Vater ihrer Kinder aus der Wohnung. Das Scheidungsrecht hilft ihnen dabei. Nach 20 Jahren Frauenbewegung können sie sich darauf verlassen, dass sie sowohl die Kinder als auch Unterhalt zugesprochen bekommen. »Emotional und finanziell geplündert, weigern sich einige Männer zu zahlen. Doch in Amerika und zunehmend auch in Großbritannien jagt der Staat alimenteflüchtige Väter. Wer zum Beispiel in New York seinen Führerschein verlängern lassen will, muss die Sozialversicherungsnummer angeben, damit der Staat überprüfen kann, dass es sich bei ihm nicht um einen delinquenten Vater handelt«, schreibt der renommierte britische Economist schon vor mehr als zehn Jahren.[7] Besonders hart trifft die Emanzipation die Männer aus den unteren Schichten: Während sozial schwachen Müttern dank jahrelanger harter Lobbyarbeit staatlich geholfen wird, unterstützt niemand sozial schwache Väter, die ihre Alimente nicht zahlen können. Sie werden einfach als verantwortungslos abgestempelt. Dabei haben sie es – dank der Pille – gar nicht mehr in der Hand, ob sie zeugen wollen oder nicht. Und zu allem Überfluss sind Untersuchungen zufolge auch noch zehn Prozent der Kinder Kuckuckskinder – also nicht von dem Vater gezeugt, der ihr Leben finanziert.

»Ein Mann, der erlebt, dass seine Ehe zur Unterhaltszahlung wird, sein Heim zum Heim seiner Ehefrau und seiner Kinder, die dazu gebracht wurden, sich gegen ihn zu wenden, hat psychologisch das Gefühl, dass er ein Leben lang für Leute arbeitet, die ihn hassen. Er möchte verzweifelt gern wieder lieben, fürchtet aber, dass er sich mit einer neuen Ehe noch eine Hypothekenschuld einhandelt, noch ein paar Kinder, die sich von ihm abwenden, und noch tiefere Verzweiflung. Wird das dann als ›bindungsscheu‹ bezeichnet, fühlt er sich unverstanden,« schreibt Warren Farrell, ein Mann. Das wäre nicht weiter bemerkenswert, wäre nicht Farrell drei Jahre lang im Vorstand von NOW, der amerikanischen National Organization for Women, gesessen. Die Heuchelei und das ungleiche Maß, mit dem in der Geschlechterfrage gemessen wird, beschrieb er nach dieser Erfahrung: »Wenn Frauen Männer kritisierten nannte ich das ›Erkenntnis‹, ›Selbstbehauptung‹, ›Frauenbefreiung‹, ›Unabhängigkeit‹ oder ›entwickeltes Selbstbewusstsein‹. Wenn Männer Frauen kritisierten, dann sprach ich von ›Sexismus‹, ›männlichem Chauvinismus‹, ›Abwehr‹, ›Rationalisierung‹ und ›Backlash‹. Ich tat das höflich – aber die Männer verstanden sehr wohl. Bald unterließen es die Männer, ihre Gefühle auszudrücken und ich kritisierte sie wiederum.«

Farrell betont, dass Frauen die Wahl haben zwischen Vollzeitjob, Vollzeitmutter und einer Mischung aus beidem, während die Option der Männer immer nur lautet: Vollzeitarbeit. Dass viele dann irgendwann wutentbrannt schreien: »Du warst es, die heiraten wollte. Du warst es, die Kinder wollte. Du wolltest das Haus und die Möbel, und jetzt bist DU es, die BEFREIT werden will?« kann eigentlich niemanden wundern.[8]

Letztlich ist es auch eine Schimäre, dass die Männermacht Frauen in die schlechtbezahlten Berufe abdränge. Anders herum wird ein Schuh daraus. Echte Drecksarbeit lassen die Frauen der westlichen Welt gerne von Männern erledigen. Von den 25 schlechtesten Jobs – definiert durch eine Kombination aus den Faktoren Stress, schlechte Bezahlung und Aufstiegschancen, Gefahren am Arbeitsplatz und schwerem körperlichem Verschleiß – sind 24 reine Männerjobs wie Lastwagenfahrer, Metallarbeiter, Dachdecker, Baumaschinenfahrer, Schweißer, Bergarbeiter. Schlecht ausgebildete Frauen machen natürlich auch mies bezahlte Jobs, aber die finden meist in geschlossenen Räumen statt und sind weitestgehend ungefährlich wie Verkäuferin oder Rezeptionistin.

Um das Maß an männlicher Frustration voll zu machen, haben Frauen den Penis inzwischen von einem furchteinflößenden Tabu zum Objekt für Witzchen verwandelt. In den sechziger Jahren hatte nicht mal Ken, Barbies Mann, auch nur die diskreteste Beule in seinen Boxershorts. Doch dann kamen die 68er und von nun an ging's bergab. Nicht nur im Fernsehen. In *Sex in the City* sprechen die Frauen über sein bestes Stück wie über eine Bratwurst, die Potenz von Bill

Clinton und die daraus resultierenden Flecken auf Monica Lewinskys Kleid füllten monatelang die Presse und die Witzseiten im Internet.

Und dann kamen Viagra und die anderen Potenzprodukte: Die Werbung und Berichterstattung über die blaue Wunderpille riss sämtliche Barrieren ein. Männer bezeugen – Pfizer sei Dank – nun treuherzig auf halben Zeitungsseiten, dass sie wieder können und warum. Überhaupt die Werbung: Sie hat den Finger am Puls der Zeit und auch sie beginnt, das Unbehagen der Männer ironisch zu verbrämen. Der Schweizer Uhrenhersteller IWC forderte ganzseitig: »Frauen rauchen unsere Cohiba. Sie fahren unsere Harley. Trinken unseren Lagavulin. Lasst uns wenigstens unsere IWC!«. In anderen Worten: Männer sind inzwischen auch Witz- und Sexobjekte und fühlen sich in dieser Rolle ähnlich unwohl wie die meisten Frauen.

Die Privilegien des Mannseins – Studieren, Arbeiten und Erben dürfen – haben sich Frauen längst unter den Nagel gerissen, die Nachteile dieses Geschlechts – Verantworten, Beschützen und Ernähren müssen – sollen jedoch schön sein Problem bleiben. Am liebsten wäre es vielen Frauen, wenn Mann die Nachteile des Frauseins – Depressionen, Unsicherheit, Schönheitswahn – auch gleich mit übernähme. Dazu passt, dass einstmals von den Frauen monopolisierte Krankheiten wie Bulimie und Magersucht – Essstörungen, deren Ursache in der mangelnden Annahme der eigenen Körperlichkeit vermutet wird – zunehmend auch zum Problem von pubertierenden Jungen werden. Fehlt nur noch, dass künftig Brustkrebs beim Mann ähnlich epidemisch ausbricht wie bislang bei Frauen.

11.
Bossa nova? Wenn Frauen managen, sind sie oft richtig gut.

»Wenn du etwas erklärt haben willst, frag einen Mann. Wenn du etwas erledigt haben möchtest, frag eine Frau.«

Margaret Thatcher

»Da will einer ein Gehirn kaufen und stellt fest, dass die grauen Zellen einer Frau sehr viel billiger sind als die eines Mannes. Warum? Die Antwort lautet: Sie sind schon benutzt!«. Sharon Stone liebt diesen Witz. Die Hollywood-Heroine mit dem berüchtigt hohen Intelligenzquotienten erzählt ihn gern und häufig. Und wie jeder enthält auch dieser Witz ein Körnchen Wahrheit. Trotzdem halten sich Männer für intelligenter als Frauen. Sie taxieren ihren IQ auf 127. Frauen hingegen geben sich in der Selbsteinschätzung schon mit einem IQ von 120 zufrieden. Der Durchschnitt liegt für beide Geschlechter allerdings nur bei 100. Das zumindest behaupten schottische Studien. Aber sollte Intelligenz mit Denken zu tun haben, brechen kanadische Forscher für die Frauen eine Lanze: In den Teilen des Hirns, die für das Nachdenken und Erinnern zuständig sind, werden bei Frauen 18 Prozent mehr Hirnzellen gezählt. Es gibt also gar keinen Grund für weibliche Bescheidenheit. Männliche Angeberei und weibliches Understatement haben trotzdem Methode. Schon mal eine Karrierefrau gefragt, woher ihr Erfolg rührt? »Ich hatte Glück und einen wirklich guten Mentor«, heißt es meist. Ganz anders die Selbstauskunft der Männer: Allein ihre gute Ausbildung, harte Arbeit und große Belastbarkeit haben sie an die Spitze gebracht. Frauen in den Chefetagen sind bescheiden und Männer voller Selbstbewusstsein – ein Klischee aus dem Unternehmensalltag, das viele empirische Studien belegen. Zum Beispiel die, die das Bonner Forschungsinstitut zur Zukunft der Arbeit (IZA) in Zusammenarbeit mit internationalen Forschern durchgeführt hat[1]. Grundlage bildete ein Test, bei dem BWL-Studenten der Universität Chicago unter Zeitdruck einfache Rechenaufgaben lösen mussten. Anschließend sollten sie versuchen, ihre Leistung möglichst objektiv zu bewerten. Für eine korrekte Selbst-

Das dämliche Geschlecht Barbara Bierach

ISBN 978-3-527-50601-9

einschätzung erhielten sie Geld – wer seine Leistung zu hoch oder zu niedrig einschätzte, ging allerdings leer aus. Auf diese Weise gewannen die Forscher sowohl Informationen über die tatsächlichen Leistungen der Probanden als auch über deren Fähigkeit, sich selbst einzuschätzen. Im nächsten Schritt wurden die Teilnehmer in Gruppen eingeteilt. Sie mussten jeweils einen Vertreter wählen, der im Wettbewerb mit anderen für die eigene Gruppe bei Rechenspielen Geld erwirtschaften sollte. Dieser Anführer erhielt unabhängig von seinem Erfolg auch einen zusätzlichen Geldbetrag. Für das Auswahlverfahren innerhalb der Gruppe schätzten die Probanden erneut ihre eigene Rechenleistung ab. Hier konnten sie nun ungestraft schwindeln, um ihre Chancen auf den Anführerjob zu erhöhen. Ergebnis: Bei diesem Test neigten beide Geschlechter dazu, ihre eigene Leistungsfähigkeit aufzupolieren – die Männer stellten allerdings ihre tatsächliche Leistung um rund 30 Prozent besser dar, die Frauen hingegen nur um weniger als 15 Prozent. Dieser Unterschied führte den Forschern zufolge dazu, dass die weiblichen Teilnehmer bei der Wahl der Anführerjobs schlechter abschnitten: Sie waren in den Führungspositionen zu rund einem Drittel unterrepräsentiert. Mit Diskriminierung habe das übrigens nichts zu tun gehabt, meinen die Forscher: »Die männliche Selbstüberschätzung ist nach unseren Beobachtungen der Hauptgrund dafür, dass Frauen trotz objektiv besserer Eignung vielfach die Führungsposition verwehrt bleibt. Darunter leidet dann der Erfolg der gesamten Gruppe.«

Nur 'ne doofe Studie? Nicht ganz. Auch im Arbeitsalltag sind Männer arroganter in ihrer Selbsteinschätzung und fordern daher mehr Geld. Am Ende entgehen den Ladys laut der Business Schule INSEAD nachweislich bis zu zwei Millionen Dollar an Lebenseinkommen, weil sie einfach zu nett sind, wenn es ums Verhandeln geht.[2] Bescheidenheit ist eine Zier, doch besser lebt es sich ohne ihr – finden bloß Männer. McKinsey[3] belegt nach einer Umfrage unter Studenten im Juni 2010: Studentinnen haben wesentlich geringere Erwartungen an das Einstiegsgehalt als ihre männlichen Kommilitonen. Mit bis zu 20 Prozent mehr Bruttogehalt als ihre Kommilitoninnen rechnen Studenten, bei gleicher Qualifikation wohlgemerkt. Selbst Topstudentinnen erwarten 7 Prozent weniger Lohn als Studenten mit deutlich schlechteren Abschlussnoten.

Dabei müsste die Gemütslage eigentlich umgekehrt sein: Frauen hätten allen Grund, sich stolz an die Brust zu schlagen. Studien – ebenfalls von McKinsey – belegen nämlich auch: Frauen sind häufig die besseren Manager. Die Studie *Woman Matter*, 2010 schon in einer dritten Auflage durchgeführt, zeigt: Frauen kriegen die deutlich besseren Noten als Männer, wenn es darum geht Menschen zu Führungskräften zu entwickeln, Incentive-Systeme zum Wohl des Unternehmens anzuwenden und weiterzuentwickeln und als Rollenvorbilder zu fungieren. Auch sind sie Männern überlegen als Quelle der Inspiration und bei der Entscheidungsfindung im Team. Genauso gut wie Männer sind sie, wenn es darum geht, andere intellektuell zu stimulieren und effizient zu kommunizieren.

Dieselbe Untersuchung belegt aber auch, dass Männer Frauen in zwei Punkten schlagen, die in vielen Unternehmen als Grundvoraussetzung für Chefs gelten: bei einsamen Entscheidungen und als Kontrolleure anderer. Beide Erkenntnisse – dass Frauen in der Regel sozial kompetenter und Männer kein Problem haben, andere auch zu strafen, wenn es nötig ist – verblüffen kaum.[4] Sie sind seit Jahren bekannt. Schon 1990 belegten die beiden US-Psychologen Alice Eagly und Blair Johnson in einer Meta-Analyse von 171 verschiedenen Studien zum geschlechtsspezifischen Führungsverhalten, dass weibliche Chefs eher demokratischer führen und männliche eher autokratisch. Und dass Frauen gleichzeitig mehr um die persönlichen Beziehungen am Arbeitsplatz und die Erfüllung von Aufgaben bemüht sind als ihre männlichen Kollegen. Doch offenbar passen diese Erkenntnisse erst jetzt so richtig zum Zeitgeist der Wissensgesellschaft, werden doch Frauen in all den Disziplinen höher bewertet, die als Voraussetzung für den Erfolg im Informationszeitalter gelten.

Untersuchungen der amerikanischen Verhältnisse zeigen nämlich, dass Fortune-500-Unternehmen mit einem hohen Frauenanteil im Topmanagement bessere Ergebnisse erzielen als die mit einem geringem. Erstere schlugen Letztere bei der Eigenkapitalrendite um 35 Prozent. Catalyst, die große amerikanische Forschungs- und Lobbyorganisation für Frauen im Management, zeichnet seit 1987 jährlich große Unternehmen aus für »hervorragende Initiativen, um Frauen im Business voranzubringen«. Die bisher preisgekrönten Organisationen können auf eine Investitionsrendite verweisen, die um die Hälfte höher liegt als die der in Frauenfragen ignoranten Unternehmen.

Folglich beginnen auch manche deutsche Unternehmen zu ahnen, dass weibliche Manager durchaus den Unternehmenserfolg steigern, nadelstreifig denkende Manager bringen schließlich auch lauter nadelstreifige Ergebnisse – und das sind nicht immer die besseren. Daimler hat sich beispielsweise 30 Prozent mehr weibliche Mitarbeiter zum Ziel gesetzt, die Deutsche Telekom sich gar eine interne Quote verordnet. Selbst die Deutsche Bank, wo Frauen immer noch vor allem als Schalterpersonal dienen, schreibt in einem Bericht: »Um die Bedürfnisse einer multikulturellen, diversen, komplexen und unvorhersagbaren Welt zu erfüllen, sind homogene Vorstände und Aufsichtsräte aus weißen Männern im Alter von 50 bis 65 Jahren möglicherweise nicht ideal – vor allem nicht, wenn diese noch sämtlich über dieselbe Staatsangehörigkeit und Ausbildung verfügen.«[5] Das Management sei zu weiß, zu deutsch und zu männlich, klagte auch Siemens-Chef Peter Löscher daher kurz nach seinem Amtsantritt. Viele Talente blieben so ungenutzt. Am 30.März 2011 erklärten die Personalchefs der 30 Dax-Konzerne zerknirscht: »Für die Unternehmen in Deutschland ist es inzwischen auch angesichts wachsender Führungskräfteengpässe unerlässlich, gezielt qualifizierte Frauen für sich zu gewinnen und mehr Frauen in Führungspositionen zu bringen.«

Das war nicht unbedingt von Einsicht getrieben, sondern von der massiven Forderung nach einer gesetzlichen Frauenquote, der die Unternehmen zu entkommen glauben, wenn sie jetzt endlich selber tätig werden. Schließlich droht die EU-Kommissarin Viviane Reding unmissverständlich mit dem Fingerchen: Entweder die börsennotierten Firmen in Europa legen innerhalb eines Jahres auf den Tisch, wie sie es erreichen wollen, 30 Prozent weibliche Aufsichtsräte bis 2015 und 40 Prozent bis 2020 zu haben. Oder Frau Reding zieht einen Richtlinienentwurf aus der Schublade. Außerdem sind laut Siemens nur 17 Prozent des weltweiten Führungsnachwuchses weiß und männlich – den wachstumsorientierten Unternehmen bleibt also auch in Deutschland gar nichts anderes übrig, als sich dem gesamten Talentpool zu widmen und nicht nur den kaukasischen Jungs.

Jedoch: Nicht alle ziehen aus den US-Studien den euphorischen Schluss, dass ab sofort ein weiblicher Boss automatisch auch den Unternehmenserfolg sichert. Susan Gebelein, Vizepräsidentin der Beratung Personnel Decisions International, wertet schon seit 1984 Persönlichkeitsprofile von Managern aus und weiß daher schon lange, dass Chefinnen bessere Noten kriegen als Chefs. Die besten Beurteilungen erfahren sie übrigens in Unternehmen mit nahezu ausschließlich männlichen Führungskräften. Wahrscheinlich deswegen, weil die Frauen, die sich da durchsetzen, tatsächlich sehr gut sind.

Birgit König, Mutter und Partnerin im deutschen Büro der Unternehmensberatung McKinsey, teilt diese Ansicht: »Da noch viele Unternehmen in den Chefetagen deutlich männlich dominiert sind, trifft man in den Frauen dort eine Positivselektion an«. Vielleicht wird also umgekehrt ein Schuh draus, so auch Gebeleins ketzerische Vermutung: Wenn Frauen in einem feindlichen Habitat Erfolg haben, sind sie meist auch rundum überlegen. Dazu Beraterin König: »Die Frau als solche ist nicht der bessere Manager – die wenigen Topfrauen, die es geschafft haben, möglicherweise schon«.

Auch Robert Kabacoff hatte seine Zweifel an der allgemeinen Überlegenheit der Damen. Den Vizepräsidenten der Personalberatung Management Research Group im amerikanischen Portland beschlich angesichts der hervorragenden Noten für die Frauen in vielen seiner Studien nämlich der Verdacht, dass Chefinnen auch deswegen so gut bewertet werden, weil die Beurteiler sie nicht mit Männern in derselben Position vergleichen. Beispielsweise bekommen Führungskräfte in Personalabteilungen generell bessere Noten als Manager aus anderen Bereichen. Da viele weibliche Bosse gerade da arbeiten, könnte das Lob eher mit ihrem Job als mit dem Geschlecht zusammenhängen, so seine These. Also begann er, 900 weiblichen 900 männliche Manager auf der gleichen Position in einer vergleichbaren Firma gegenüberzustellen. In seiner Studie bekamen die Chefinnen immerhin bei genau der Hälfte der abgefragten Qualitäten bessere Beurteilungen. Kollegen und Untergebene fanden die Frauen effektiver, die Vorgesetzen befanden: Männer und Frauen managen etwa gleich gut.[6]

Im Stil jedoch gibt es gewaltige Unterschiede. Prototypisch beschreibt die Wissenschaft den »weiblichen Führungsstil« als eine »kreisförmig teambezogene Netzwerkstruktur mit der Frau im Zentrum des Teams. Die Führungsfrau bildet das ›Herz‹ und bemüht sich um intensive Beziehungen zu ihren Mitarbeiterinnen und Mitarbeitern. Informationen können direkt weitergegeben werden, ohne den Umweg über die Hierarchie. Kreativität und Eigeninitiative werden eher gefördert«. Den »männlichen Führungsstil« dagegen protokollieren die Forscher als »pyramidal-hierarchisch, mit dem Führer als ›Kopf‹. Informationen laufen über die Hierarchie, Beziehungen stehen unter dem Aspekt des Erfolgs und der Effektivität, respektieren weniger die kreativen Potenziale und die lebensweltlichen Bezüge der Mitarbeiterinnen und Mitarbeiter«. Fragt man in den Unternehmen Praktiker beiderlei Geschlechts, kommen ähnliche Beobachtungen ans Licht: Informationen unter Verschluss zu halten, empfinden Frauen als nutzlosen Machttrip, Männer dagegen setzen ihr Wissen sparsam ein und gezielt. Frauen dagegen pflegen ihre Mitarbeiter besser.

Doch immer noch stellt sich die Gretchenfrage: Wenn es nun tatsächlich den Frauen gelingt, Kopf und Herz besser zu verbinden, und sie deswegen tatsächlich die besseren Manager sind – warum managen sie dann nicht? Wenn Frauen für die profitorientierten Unternehmen mehr Gewinn erwirtschaften könnten, als Männer das tun, müssten die Konzerne sich doch rückwärts verbiegen, um weibliche Vorstände aufzutreiben. Das tun sie aber nicht, besonders nicht in Deutschland, wie die schon mehrfach zitierten Statistiken zeigen. Warum?

Nun, extreme Mitarbeiterorientierung wird oft nicht erkannt und nicht belohnt. Wenn ein weiblicher Chef einen Kollegen über ein verpasstes Meeting informiert, wird er einfach als »nett« empfunden, und nicht als eine Person, die die Voraussetzungen für wichtige Entscheidungen schafft. Vielleicht werden Frauen deswegen von manchen Studien als »nicht strategisch« und »nicht visionär« beurteilt. Die vermeintlich größte Stärke der Chefin wird ihr zur Falle: Weil sie hart arbeitet, um mit dem Team gute Ergebnisse zu produzieren, hat sie keine Zeit, am eigenen Netzwerk zu stricken. Auch übergroße Mitarbeiterorientierung kann zur Sackgasse werden. So äußern in Deutschland nahezu alle Befragten in den Unternehmen, Beratungen und Forschungseinrichtungen, dass viele Frauen große Probleme damit haben, Konflikte auszuhalten. Viele werden zum Opfer ihrer eigenen Gefallsucht und versuchen im täglichen Gerangel um Macht und Budget die Atmosphäre zu klären, während die Männer schon längst mit ihrem nächsten Projekt beschäftigt sind. Die Harvard-Professorin Rosabeth Moss Kanter folgerte messerscharf: »Solange Frauen als diejenigen glorifiziert werden, die den Arbeitsalltag nett gestalten, werden sie nicht Vorstandsvorsitzende.«

Frauen führen in der Tat anders als Männer. Aber ein extrem teamorientiertes »Herzchen« an Führungskraft wird die Truppe wohl eher in einen Diskutierklub führen, als zu den Ergebnissen, die die Unternehmensleitung erwartet. Genauso wie ein extrem autokratischer »Kopf« so viel innovatives Potenzial verschüttet, dass ebenfalls die Ergebnisse darunter leiden. Vermutlich gibt es keinen weiblichen oder männlichen Führungsstil, sondern nur guten und schlechten. Und der gute vereint Herz und Kopf. Wer beides mitbringt, wird von beiden Geschlechtern als Chef akzeptiert; wer nur eine Seite nutzen kann, wird auf Dauer Schwierigkeiten haben, sich als Führungskraft durchzusetzen. Das gilt für Männer und Frauen.

Dennoch hält sich in vielen Konzernen hartnäckig der Eindruck, dass Unternehmenslenker vor allem Helden sein müssen. Für Vorstände und Topmanager wird immer noch mit zweierlei Maß gemessen. Männliche Firmenlenker werden gut beurteilt, wenn sie machtvoll, überzeugend und wettbewerbsorientiert auftreten; und schlecht, wenn sie sich kooperativ und mitfühlend geben. Für weibliche Topmanager gilt genau das Gegenteil: Schlechte Noten für dominantes Verhalten, gute für kooperatives. Merke: Emotionale Intelligenz wird zunehmend für wichtig erachtet, aber wenn es bei der Besetzung des Vorstandssessels zum Schwur kommt, wird nach wie vor der »ganze Kerl« an die Spitze gesetzt. Die FDP-Politikerin Hildegard Hamm-Brücher hat wahrscheinlich deswegen schon vor Jahren gesagt: »Erst wenn eine blöde Frau ebenso wie ein blöder Mann einen Spitzenjob bekommen kann, dann haben wir Gleichberechtigung.«

Aber selbst wenn ein Unternehmen gerne einen Top-Job an eine Frau vergeben würde, finden sich kaum dafür qualifizierte Frauen, wie jeder Personalberater bestätigen kann. Frauen stehen auf einer bestimmten Ebene einfach nicht mehr zur Verfügung, weil sie sich zurückziehen, bevor es wirklich ernst wird. Macht finden die meisten Frauen bedrohlich und haben daher an ihrer Ausübung kein Interesse. Die Übernahme von Verantwortung löst bei vielen schier unüberwindliche Ängste aus (siehe dazu auch Kapitel 3: »Macht ist eklig oder Die Angst der Frauen vor der Verantwortung«). Die Vorstellung, dass sie bessere Chefs wären, macht sie nicht etwa stolz, sondern verschreckt. Denn die Umsetzung dieser Erkenntnis würde ja auf unbekanntes Terrain führen und ihre Sicherheit als Ehefrau und Mutter bedrohen, die ihre Erwerbstätigkeit eher als Ausflug in die große weite Welt begreift, denn als Lebensaufgabe.

Leider ist dieses distanzierte Verhältnis der Frauen zur Herrschaft für manche Frauenrechtlerinnen schon wieder eine Tugend, nach dem Motto: Gerade die Verhaltensweisen, die aus Frauen gute Führungskräfte machen, sind gleichzeitig auch die, die verhindern, dass sie es werden. Ich finde das bedenklich, denn mit ihrer Kritik am hässlichen Gesicht der Macht vermeiden Frauen es einerseits sehr geschickt, sich mit der eigenen Unfähigkeit auseinander zu setzen, Macht und Verantwortung zu übernehmen. Und andererseits kommen die Frauen dann auch um den Beweis herum, dass sie verantwortungsvoller mit Macht umgehen als die Männer.

Und letztlich löst der Angriff auf das Tabu, dass die Männer nicht die besseren Manager sind, bei beiden Geschlechtern Abwehr aus. »Es ist gesellschaftsfähig zu sagen, dass Frauen anders sind oder dass sie in den als typisch weiblich eingestuften Bereichen besser sind als Männer. Sogar, dass Männer ihre Aufgaben nicht gut genug machen, darf man sagen. Aber: Die Behauptung, dass Frauen bessere Manager sind, wird als Provokation empfunden«, schreibt die Feministin und Trainerin Dorothea Assig. Viele Männer empfinden die Feststellung, Frauen seien die überlegenen Chefs als direkten, persönlichen Angriff auf ihre Potenz. Die Abwehrreaktionen sind entsprechend heftig, persönlich und sexistisch.

Managementtrainer allerdings raten Frauen, keine Energie mit Hierarchien und hodenfixierten Chefs zu vergeuden. Wer an einem vorgesetzten Dinosaurier immer wieder scheitert, sollte wechseln: die Abteilung oder das Unternehmen. Wer wirklich ein Händchen dafür hat, immer aufs Neue mit idiotischen Chefs zu enden, sollte das Martyrium der Festanstellung beenden. Sich selbstständig machen – und dann möglichst selber kein idiotischer Chef sein. Christine Hesse, Gründerin und Geschäftsführerin der Düsseldorfer Hesse Designstudios, spricht für viele Frauen, wenn sie sagt: »Die Wahrscheinlichkeit, in einem bestehenden Unternehmen was zu werden, erschien mir gering. Also habe ich die Gründung gewagt – im eigenen Unternehmen bin ich nur noch vom Markt und der Qualität meiner eigenen Ideen abhängig, aber nicht von der Bürokratie, der Konvention und dem Wohlwollen der Kollegen.«

Mit diesen Ideen ist Hesse nicht alleine. Laut dem Institut für Mittelstandsforschung in Bonn stieg die Zahl der selbständigen Frauen in Deutschland auffällig: Ihre Zahl sei von 1991 bis 2009 von 780 000 auf gut 1,3 Millionen angestiegen – eine Zunahme um 68,1 Prozent. Der Frauenanteil unter den Selbständigen sei damit von 25,7 Prozent auf 31,1 Prozent gewachsen. Das ist die gute Nachricht – laut IW Köln allerdings gründen immer noch nur halb so viele Frauen wie Männer eine eigene Firma. Schon im Nachbarland Belgien sei dieses Verhältnis deutlich ausgeglichener. Ganz anders sehe es in den USA aus: Hier kämen auf 1 000 Erwerbspersonen 70 Gründerinnen und 82 Gründer.

Die Folge beweist ein kleines Experiment: Nennen Sie mir spontan eine bekannte deutsche Gründerin! Es fällt Ihnen leider auf die Schnelle keine ein? Nun, so geht es den meisten Leuten. Bekannte Frauen wie Beate Uhse mit ihren Sexshops oder die Designerin Jil Sander bleiben die Ausnahme. Das ist schlimm für die deutsche Gesellschaft, denn eine hohe Rate an Selbstständigkeit in einem Land ist so gut wie immer auch mit schnellem Wirtschaftswachstum gekoppelt, wie die Volkswirte wissen.

Zu den üblichen bürokratischen Hürden auf dem Weg in die Selbständigkeit haben Frauen jedoch auch beim Gründen einige spezifische Probleme, die nicht ausschließlich auf feindlich gesinnte Männer zurückzuführen sind. Viele Frauen scheitern, weil sie vor allem gründen, um mehr Zeit für die Familie zu haben. Die hohe Arbeitsbelastung einer Gründung wird von Frauen selten im Vorfeld richtig eingeschätzt, sie führt aber oft später zu Problemen. Einer Schweizer Untersuchung bei jeweils 750 weiblichen und männlichen Gründern zufolge, wird im Mittelstand in der Tat hart geschuftet: Frauen kommen im Schnitt auf 44 Stunden in der Woche, Männer auf 53. Darüber hinaus sind Frauen im Umgang mit Geld nicht besonders clever und bei Bankern als Schuldner nicht sehr beliebt (siehe auch Kapitel 4 »Frauen leben länger – aber wovon?«). So schreibt Syliva Lehmann, Expertin für Starthilfe bei der IHK Ostbrandenburg, von den Vorbehalten gegenüber Unternehmerinnen, da Frauen, nach Expertenmeinungen, oftmals nicht geübt sind sich »richtig zu verkaufen«. Das könne sich bei Kreditverhandlungen »negativ auswirken«.

Frauen haben überdies ein gespaltenes Verhältnis zum Risiko. Nach der globalen Wirtschaftskrise erschienen Studien mit den wildesten Korrelationen, um die These zu bestätigen: Frauen sind risikoavers und daher ist Geld bei ihnen sicherer aufgehoben als bei den draufgängerischen Kerlen. »Mehr Frauen wären gut gewesen in der Krise. Verhindert worden wäre sie nicht, aber einen anderen Verlauf hätte sie genommen«, schrieb beispielsweise das *Handelsblatt*[7]. Kronzeuge für diese Theorie ist der Wirtschaftsprofessor Michel Ferrary von der französischen Business-Schule Ceram. Der veröffentliche im März 2009 in der *Financial Times* seine Untersuchungen des französischen Aktienindex CAC 40 mit dem Fazit: Je mehr Frauen in der Führung eines Unternehmens sitzen, desto weniger Verluste hätte der Konzern in der Finanzkrise einstecken müssen. Beim Luxusmode-Hersteller Hermès, wo 55 Prozent Frauen in der Beletage arbeiten, stieg der Aktienkurs um 16,8 Prozent. Der CAC 40 rutschte hingegen um 42,7 Prozent nach unten.

Im elfköpfigen Board of Directors der Pleitebank Lehman Brothers, die das ganze Finanzdrama Ende 2008 mit ausgelöst hatte, saß tatsächlich keine einzige Frau, dafür waren vier der Herren zum Zeitpunkt des Untergangs über 75 Jahre alt. Hätten mehr der sanfteren, eher risikoscheuen Frauen in mehr Unternehmen mehr zu sagen gehabt, wäre das Finanzdebakel so nicht passiert – dieser Schluss wird von vielen Eminenzen geteilt. Klaus Schwab beispielsweise, Gründer des World Economic Forum, sagt: »Mehr Frauen müssen in Führungspositionen, um künftig solche Krisen abzuwehren.« Trendforscher Matthias Horx sieht in einer »Feminisierung der Werte« sogar die Chance für die Genesung der Weltwirtschaft. Diese Hypothese leidet ein wenig daran, dass im Nachhinein nicht zu beweisen ist, dass die Krise nur entschärft eingetreten wäre, hätten mehr Frauen in den Institutionen mitgeredet. Denn fairerweise muss man ja auch die Gegenbeispiele erwähnen: Im Vorstand der Pleitebank Hypo Real Estate war mit Bettina von Oesterreich eine Frau für die Risikoabsicherung verantwortlich. Doch sollte es tatsächlich stimmen, dass Frauen Risiken eher meiden, ist das wohl auch ein Grund für ihre Scheu als Unternehmerinnen – denn jede Gründung ist zunächst mal ein Risiko!

Auch neigen Frauen dazu, aus lauter Vorsicht auf Wachstum zu verzichten. Elaine Warga-Murray gründete vor vielen Jahren mit ein paar Spargroschen und dem, was ihre Kreditkarte hergab, eine Immobilienbetreuungsgesellschaft in New Jersey. Mittlerweile setzt sie drei Millionen Dollar um, sagt aber: »Ich hätte viel schneller wachsen können, wenn ich Firmenanteile verkauft hätte«. Das ist typisch für die Frauen weltweit, wie eine Studie der Washingtoner Foundation for Women Business Owners belegt. Frauen wollen unabhängig bleiben und nehmen deswegen ungern Partner an Bord – auch wenn deren Wissen oder Finanzkraft sie deutlich weiterbringen würde. Dabei verpassen die Frauen nicht nur das Wachstum ihrer Firmen, sondern auch das ihrer Bankkonten. Im Gründerboom Ende der 90er Jahre, als Beteiligungsgesellschaften, Venture-Capital-Geber und Anleger an den Börsen nur so mit dem Geld herumschmissen und selbst für die Beteiligung an fragwürdigen Geschäftsideen hohe Summen ausklinkten, sind viele männliche Gründer ziemlich reich geworden. Die Frauen dagegen haben ihren Wunsch, unabhängig zu bleiben, teuer bezahlt: Der warme Regen ging an ihnen weitgehend vorbei.

Aber der wichtigste Grund, warum es in Deutschland so wenig Unternehmensgründerinnen gibt, lautet: Es gibt so wenig Gründerinnen, weil es so wenig Gründerinnen gibt. Soll heißen: Den deutschen Frauen fehlen die Vorbilder. Und sie werden weiterhin fehlen, wenn nicht mehr Frauen den Sprung ins kalte Wasser wagen. Männer tun sich da in der Regel leichter – schon deswegen, weil viele Väter mit eigenen Geschäften haben. Leider werden Töchter auch in Unternehmerfamilien seltener als Söhne dazu ermuntert, über eine Selbständigkeit nachzudenken.

Und Mütter mit eigenen Unternehmen sind wie gesagt ohnehin ziemlich selten. Susanne Veltins hatte eine. Dabei stand für die gelernte Bankkauffrau und Juristin erst mal gar nicht fest, dass sie die gleichnamige Brauerei auch in fünfter Generation weiterführen würde. Eigentlich wollte sie nur mal unverbindlich schauen, ob der Job Spaß macht und ob sie auch die Qualifikation mitbringt, um eine moderne Privatbrauerei zu managen. Und dann starb die Mutter, die bislang die Geschäfte führte – und Susanne Veltins musste mit 34 Jahren den gesamten Laden übernehmen. Das Leitbild der eigenen Unternehmer-Mutter vor Augen machte es ihr leicht, sich auf ihr neues Dasein einzulassen.

Im Gegensatz zu Susanne Veltins wusste Marlis Harry immer, dass sie die Bäckerei, die ihre Familie seit 300 Jahren betreibt, weiterführen wollte. Zielsicher absolvierte sie eine entsprechende Lehre und stieg mit 19 in den Betrieb ein, ein Jahr später begann sie, auch unternehmerische Verantwortung zu übernehmen. 42 Jahre lang war Marlis Blohm-Harry in der Geschäftsführung, machte Harry-Brot zur Marke und baute neue Produktionsstätten auf und den ostdeutschen Markt. Doch Veltins und Harry sind Ausnahmen. Und sie werden welche bleiben, solange Mädchen nicht im gleichen Ausmaß wie Jungen dazu ermutigt werden, in die Geschäftswelt einzutreten, »werden wir nie so viele erfolgreiche Frauen sehen wie Männer«. Auch hier liegt der Schwarze Peter offenbar bei den Erziehenden – und das sind meist die Mütter. Wer soll das ändern, wenn nicht sie?

12.
Wer, wenn nicht wir? Plädoyer für die Selbstverantwortung

»Wer wirklich leben will, fängt am besten gleich damit an; wer das nicht will, kann's ja bleiben lassen, doch stirbt er dann.«

W. H. Auden

Ganz zum Schluss kommen wir wieder bei der Frage an, mit der dieses Buch begann: Was ist Glück? Was ein gelungenes Leben? Unter welchen Umständen erleben Menschen diesen schwebenden Zustand der Erfüllung, der uns alles andere vergessen lässt? Gehen wir noch mal zurück zu dem im Vorwort schon genannten Glücksforscher Mihaly Csikszentmihaly und seiner Definition von Glück als »Flow«. Das empfinden wir, wenn wir etwas gerne und gut tun und wenn die Aufgabe gerade so schwer ist, dass wir sie noch eben so hinkriegen. Überforderung und Kontrollverlust erleben nahezu alle Menschen als Stress. Glück dagegen ist, wenn wir völlig konzentriert und angestrengt in einer Aufgabe aufgehen, die uns interessiert und dabei positives Feedback kriegen. Dann ist kein Raum mehr im Bewusstsein für Gedanken und Gefühle, die nichts mit der Sache zu tun haben. Jede Gehemmtheit schwindet, wir fühlen uns stärker als gewöhnlich. Stunden vergehen wie Minuten, das ganze Sein einer Person verschmilzt mit der einen Aufgabe. Kurz: Jeder sollte so viel von diesem Gefühl in seinem Leben kriegen, wie irgend möglich, denn Glücksgefühle machen hübsch und halten jung und gesund.

Manche Frauen finden höchste Erfüllung im Zusammensein mit ihren Kindern. Sie tun gut daran, sich einen passenden Vater zu suchen und eine Familie zu gründen. Dazu kann man ihnen nur von Herzen gratulieren, denn die meisten Frauen wissen nicht so genau, was sie wollen vom Leben und sind tendenziell unzufrieden. Viele der gut ausgebildeten Frauen, von denen dieses Buch handelt, finden eine hauptberufliche Hausfrauen- und Erzieherinnenrolle allerdings nur ein paar Monate lang wirklich erfüllend, dann fühlen sie sich unterfordert und ein bisschen gelangweilt. Das ist nicht nur eine Behauptung von mir, sondern das Ergebnis von riesigen Reihenuntersuchungen. Csikszentmihaly und die University of Chicago begann

Das dämliche Geschlecht Barbara Bierach

ISBN 978-3-527-50601-9

in den 70er Jahren Tausende von Menschen mit einem Piepser auszurüsten, der sie zu willkürlichen Tageszeiten dazu auffordert, aufzuschreiben, was sie gerade machen, woran sie denken und mit wem sie zusammen sind. Danach bewerten die Probanden ihren Bewusstseinszustand in dem gegebenen Augenblick: wie glücklich, konzentriert und motiviert sie sind und wie hoch ihre Selbstachtung ist. Auf diese Weise lassen sich nicht nur die Tätigkeiten einer Person aufzeichnen, sondern auch die Stimmungsschwankungen, die mit ihnen verbunden sind. Im Lauf der Jahre haben die Forscher in Chicago mehr als 70 000 Selbstbeschreibungen gesammelt, andere Wissenschaftler rund um die Welt wiederholten diese Experimente und trugen eine unglaubliche Datenfülle zusammen. Leider kam dabei heraus, dass die häusliche Arbeit kaum etwas zum emotionalen Wohlbefinden der Menschen beiträgt. Kochen, Einkaufen, Familienangehörige chauffieren oder Kinder betreuen wird für die überwältigende Mehrheit der Menschen lediglich von durchschnittlichen Gefühlen begleitet. »Hingegen stellen das Putzen des Hauses, das Reinigen der Küche, die Wäsche zu versorgen, die Reparatur verschiedener Dinge im Haus und das Führen des Haushaltskontos für Frauen generell die negativsten Erfahrungen im Tagesverlauf dar«, so Csikszentmihaly, der all diese Daten gesammelt und ausgewertet hat.

Diese wissenschaftliche Erkenntnis wird von der ganz praktischen Alltagerfahrung bestätigt. Viele Hausfrauen finden ihr Schicksal eher beklagenswert. Ihre Männer dagegen sind häufig der Meinung, sie sollten sich nicht so anstellen, denn was gäbe es denn Schöneres, als den ganzen Tag zu Hause zu sein und sich die Zeit frei einteilen zu können? Auch die alten Philosophen hatten viel zu sagen über den Glanz der freien Tagesgestaltung, dabei hatten sie allerdings meist einen Feudalherren mit Ländereien und Sklaven im Auge. Der moderne Mensch dagegen erlebt die aufgezwungene Häuslichkeit in der Regel als einen gewaltigen Verlust an Selbstachtung und empfindet in dieser Situation häufig eine allgemeine innere Unruhe. Das besagen auch alle Umfragen unter Arbeitslosen: Selbst wenn sie durch Sozialversicherungssysteme vor grober Not geschützt sind, bedeutet die Freiheit, daheim zu bleiben und sich den Tag selber einzuteilen, für sie keinen Segen, sondern eine gewaltige Last.

Wahrscheinlich liegt es auch daran, dass weibliche Probanden nach Csikszentmihalys Forschungsergebnissen ihre Berufstätigkeit als etwas wahrnehmen, dass sie tun wollen und nicht als etwas, das sie tun müssen. Sie finden die Arbeit außer Haus in der Regel sogar befriedigender als Männer – vermutlich weil sie die Alternative Hausfrauentum aus nächster Anschauung kennen. Zu einem ähnlichen Ergebnis kommt übrigens auch die Geschlechterforscherin Shere Hite, die Männer und Frauen bei der Arbeit beobachtet hat. Ihren Statistiken zufolge mögen 83 Prozent der Akademikerinnen ihre Arbeit, aber nur 67 Prozent der Akademiker.[1]

Dennoch bleiben viele deutsche Frauen und Mütter jahrelang zu Hause – trotz ihrer auch vielfach formulierten Unzufriedenheit mit der Situation. Die Gründe, die sie meist dafür anführen, lauten: 1. Kinder brauchen ihre Mutter. 2. Kinder, deren Mutter arbeitet, sind schlechter in der Schule. 3. Mein Mann ist beruflich so eingespannt, dass er keine Zeit hat für die Kinder. 4. Für mich übt auch die Hausfrau einen Beruf aus und zwar einen sehr schönen. 5. Ich weiß nicht, ob ich das alles schaffen kann. 6. Ich freue mich auf die gemeinsame Zeit mit den Kindern. 7. Ich werde meinen Beruf nicht vermissen. 8. Mein Mann ist für Kinderbetreuung völlig ungeeignet. 9. Karriere interessiert mich nicht. 10. Ich weiß nicht, wo ich die Kinder lassen soll.

Was den jungen Müttern dabei regelmäßig nicht auffällt: Die meisten dieser Argumente sind fremdbestimmt. Nicht die eigenen Bedürfnisse stehen im Vordergrund, sondern die der anderen.

Csikszentmihalys Forschung macht uns jedoch klar: Unser persönliches Glück hängt vor allem mit dem zusammen, was wir im Leben tun. Und wer sollte das bestimmen? Wir selber oder die anderen? Nur wer wirklich findet, dass Hausfrau ein auch langfristig erfüllender Beruf ist, der auch die Segnungen des erlernten vergessen lässt, wer wirklich kein Interesse an Karriere hat und sich ausschließlich auf die Zeit mit den Kindern freut, sollte getrost zu Hause bleiben oder sich auf Teilzeit einlassen. Sind für eine Frau allerdings eher die anderen Statements aus der Zehn-Punkte-Liste von Belang, sollte sie die Entscheidung noch mal überdenken, dauerhaft auf eine eigene Karriere zu verzichten.

Aber was eine auch tut, sie sollte sich klar machen: Das Leben regnet in der Regel nicht auf uns herab, sondern ist die Folge unserer Vorstellungen und unserer Entscheidungen. Es ist schmerzlich festzustellen, dass die eigenen Lebensumstände vor allem mit einem selbst zu tun haben, besonders wenn sie gerade nicht besonders beglückend sind. Nicht »die Männer« oder »die Umstände« sind schuld an dem Leben, das wir führen. Meist waren wir selber die Verursacher unserer Lebenssituation. Gleichzeitig kann die Erkenntnis der eigenen Verantwortung aber auch sehr befreiend sein, denn Entscheidungen können revidiert werden. Es gibt immer mehr als eine Möglichkeit, mit den Dingen umzugehen. Veränderungen beginnen allerdings zunächst im eigenen Kopf.

Wenn Sie also kein rundherum glückliches Muttertier sein sollten, fangen Sie am besten sofort damit an, die Bilder in Ihrem Geist zu überprüfen. Was zum Beispiel signalisiert die folgende Geschichte? Vater und Sohn verunglücken bei einem Autounfall. Der Vater stirbt, der Junge kommt mit einem schweren Schädeltrauma in die nächstgelegene Klinik. Was für ein Glück: Dort arbeitet eine Kapazität auf dem Gebiet der Hirnchirurgie. Doch die Koryphäe sagt: »Ich kann das Kind nicht operieren, der Junge ist mein Sohn«. Die meisten Leute kommen erst nach einigem Nachdenken auf die Lösung: Ganz klar, der Chirurg ist eine Frau und die Mutter des Patienten! Kaum einer stellt sich bei der Frage nach einem begnadeten Arzt spontan eine Frau vor.

Was ich damit sagen will: Die Realität in einer Gesellschaft wird weitgehend von den in ihr herrschenden Überzeugungen geprägt. Sie werden erlernt und durch die Generationen weitergegeben – so ähnlich wie kulinarische Vorlieben. Kleine Franzosen lernen früh, auch Weinbergschnecken zu essen, was in Deutschland selbst viele Erwachsene eklig finden. Kinder in Neuseeland lieben Vegimite auf dem Pausenbrot – eine ziemlich salzige Paste, die für europäische Gaumen ungefähr so attraktiv schmeckt, wie geronnenes Maggi auf der Stulle. Deutsche essen Vollkornbrot, was viele Engländer ausgesprochen unbekömmlich finden und Japaner rohen Fisch, den ein Teil der restlichen Menschheit für ungenießbar erklärt. Genauso wie wir als Kinder die Ernährungsgewohnheiten unserer Kultur annehmen, übernehmen wir zumindest in Teilen die Vorstellungen der Gesellschaft, in der wir aufwachsen.

Diese Vorstellungen haben große Macht. Sie formen zunächst unser Bild von der Wirklichkeit und schließlich die Realität selber. Weil wir glauben, ein ordentlicher Chirurg ist ein Mann, sind die ordentlichen Chirurgen zumeist Männer. Weil wir an ein Medikament glauben, hilft es uns auch, selbst wenn uns der Mediziner nur ein Placebo gegeben hat.

Solange Frauen glauben, sie seien ähnlich wie Behinderte eine besonders förderungswürdige Minderheit, bleiben sie im öffentlichen Leben eine Minderheit, die gefördert werden muss. Und solange auch nur zehn Prozent aller weiblichen Befragten sagen, wenn sie die Wahl hätten, würden sie lieber für einen weiblichen Chef arbeiten, leben wir alle mit einer gewaltigen Schere im Kopf. Weil wir glauben, Männer seien die Chefs und Kindererziehung sei vor allem Aufgabe der Frau, ist es auch so. Weil wir glauben unser Mann sei zu beschäftigt, um sich mit seinen eigenen Kindern auseinanderzusetzen, ist es auch so. Weil wir glauben, Kindergärtner sei ein Frauenberuf, ist es auch so. Weil wir glauben, Generaldirektoren laufen in Anzug und Krawatte herum, ist es auch so. Wenn jedoch wir glauben, dass der Vorstandsvorsitzende von Hewlett-Packard genauso gut Carly heißen kann wie Carl, wird es auch so. Carly Fiorina wollte den ranghöchsten Job bei Hewlett-Packard (HP) und bekam ihn auch, trotz des Handicaps, nie zuvor für ein Computerunternehmen gearbeitet zu haben. Sie überzeugte das männliche Spitzengremium mit dem Argument: Was ihr fehle, habe HP im Überfluss, nämlich hohe Computer-Expertise. Was sie mitbringe, brauche jedoch HP: Die strategische Vision für ein Weltunternehmen. Das Beste an dieser Geschichte ist, dass sie nicht erfunden ist – und das zweitbeste: Sie zeigt, was alles passieren kann, wenn Frauen sich endlich von ihrer Bescheidenheit, Angst und Vorsicht verabschieden und ernsthaft den Weg antreten, sich die Hälfte der Welt zu nehmen.

Viele Frauen hängen jedoch erbittert an ihren erlernten Vorstellungen (siehe obige Liste 1. bis 10.), die Frauen zu Ehefrauen und Müttern mit maximal einem Teilzeitjob machen und Männer zum abwesenden Ernährer und Entscheider. So sagt zum Beispiel Elisabeth Eulenstein, die Geschäftsführerin der Aschaffenburger Impuls Training und Beratung, die Karrieretrainings für Frauen anbietet: »Mangelndes Selbstbewusstsein und Angst vor Veränderung sorgen dafür, dass die eine oder andere lieber in der wohligen Badewanne bleibt, anstatt in das kalte unbekannte Karriere-Gewässer einzutauchen. Das eigene Selbstverständnis auf den Prüfstand zu stellen, ist der erste wichtige Schritt, den karrierewillige Frauen unternehmen sollten«.

Dabei beschreibt die »wohlige Badewanne« auch ein gerütteltes Maß an Bequemlichkeit: Wer die Macht und die damit verbundene Verantwortung erst gar nicht übernimmt, läuft auch nicht Gefahr, dieselben Fehler zu machen, wie die zuvor Herrschenden, die man über Jahre hingebungsvoll kritisiert hat. Denken Sie beispielsweise mal an die Grünen. Solange die aus der oppositionellen Randlage heraus die herrschenden Verhältnisse kritisieren konnten, war ihr politisches Leben vergleichsweise nett; seitdem sie Teil der Bundesregierung waren und Teil diverser Landesregierung sind, scheitern sie ähnlich oft und kläglich an den Sachzwängen, wie alle anderen politischen Gruppierungen auch. Um in diesem Bild zu bleiben: Viele Frauen leben als eine Art ewige außerparlamentarische Opposition. Sie sitzen mit Gleichgesinnten zusammen und beklagen die herrschenden Verhältnisse – so ähnlich wie die Fundamentalisten bei den Grünen. Das kann und wird auch noch lange so weitergehen. Denn das Mantra »Die lassen uns bloß nicht. Wenn wir regierten, wäre alles besser« verkörpert ein sicherlich attraktives Weltbild, das sich beliebig lange aufrecht erhalten lässt, weil es sich der kritischen Überprüfung durch die Realität ja gar nicht erst stellt. Egal ob »die« die Realos der eigenen Partei meint, die Gegner von der CDU oder SPD, oder ganz schlicht und allgemein »die Männer«.

Die Alternative zur wortreichen Larmoyanz ist allerdings sehr viel schmerzhafter. Sie heißt: Wer die Verhältnisse ändern will – persönlich in der eigenen Beziehung und/oder gesellschaftlich – dem wird nichts anderes übrig bleiben, als bei sich selbst und den eigenen Konzepten von der Wirklichkeit anzufangen. Und dem wird auch nichts anderes übrig bleiben, als sich wie ein Realo zu verhalten und sich endlich ernsthaft aufzumachen in die Institutionen und Unternehmen mit dem Versuch, sie von innen zu verändern. Natürlich holen wir uns dabei jede Menge blauer Flecken an Körper und Seele, denn in einer komplexen Gesellschaft ökonomisch oder politisch Verantwortung zu übernehmen, ist kein Spaziergang. Auch das beweist das Beispiel von Carly Fiorina: Sie hatte ihre persönliche Karriere davon abhängig gemacht, dass es ihr als HP-Vorstandsvorsitzende gelingt, den Computerhersteller Compaq zu übernehmen. Das gelang und damit auch die Geburt des damals größten Computerherstellers der Welt. Doch 2005 zwang sie ihr Aufsichtsrat zum Rücktritt – man war sich nicht einig über die künftige Strategie des Unternehmens. Das war vermutlich schmerzhaft – und doch wieder ein Sieg, denn auch diese Konsequenz war die Folge ihrer eigenen Entscheidungen.

Wer weiß, vielleicht kriegen wir deutschen Frauen ja auch nicht mehr zustande als die Realpolitiker von den Grünen. Trotzdem – fürchte ich – wäre die Bereitschaft, endlich Verantwortung zu übernehmen, der einzige Weg, wenn die Diskussion um die Geschlechterfrage nicht in den gegenwärtigen Schuldzuweisungen an die Männer stecken bleiben soll. Denn mal Hand aufs Herz: Wer soll die Frauen in der Gesellschaft repräsentieren, wenn die Frauen es selber nicht tun?

»Die Männer« sicher nicht, denn keiner gibt freiwillig Macht ab. Außerdem sind die bestehenden Verhältnisse, in denen sie den unangenehmen und anstrengenden Teil der Erziehung an ihre Frauen loswerden, vielen Männern auch ganz recht. Nach dem achtwöchigen »Wickelpraktikum«, das die ehemalige Familienministerin Ursula von der Leyen für junge Väter einführte, die ihrer Familie die vollen Segnungen des Erziehungsgelds sichern wollen, sind viele Herren ziemlich durch mit dem Thema Kinderkacke. Die Vorstellung, jede Woche von neuem diskutieren zu müssen, wer seine Dienstreise antreten kann und wer die Kids vom Kindergarten abholt, ist vielen Männern ein Gräuel. Vielen Arbeitgebern auch. Die Unternehmen freuen sich nicht gerade auf die Aussicht, plötzlich aktive Väter zu beschäftigen. Die würden dann nämlich ähnliche Kosten und Umstände machen wie die angestellten Mütter – nur auf wesentlich höherem Niveau. Das jedoch ist der einzige Weg zur Gleichberechtigung. Ein Weg, den übrigens die Britinnen, Däninnen, Französinnen oder Amerikanerinnen längst eingeschlagen haben. Irene Rosenfeld führt Kraft Foods, Indra Noonyi PepsiCo, Carol Bartz Yahoo. Anne Lauvergeon den französischen Atomkonzern Areva, Ho Ching Singapurs Tomasek Holdings, Ana Patricia Botin die spanische Banesto Bank.[2]

Viele weibliche Bosse hassen es, wenn sie erwähnt werden, weil sie Frauen sind und hübsch dazu und nicht, weil sie einen guten Job machen. Und sie haben recht mit dieser Wut, weil dieses Lob nämlich irgendwie immer klingt wie: »Guck mal eine Frau. Und sie kann sogar denken!« Vor allem wir Frauen müssen die Fixierung auf unser Geschlecht aufgeben. Natürlich sind wir neun Monate lang schwanger und werden in der Regel stillen und das erste Jahr bei unserem Baby bleiben wollen. Aber danach? Was haben Eierstöcke und Testikel mit der Frage zu tun, wer zum Elternabend geht? Oder einen Stahlkonzern führt? Warum drehen wir den Spieß nicht um und fangen an, nicht »die Männer« zu kritisieren, sondern Forderungen an unseren eigenen Mann zu stellen? Die Autorin Sabine Hildebrandt-Woeckel schlägt beispielsweise vor: Lassen Sie Ihren Partner aufschreiben, was alles für seine Berufstätigkeit spricht und welche Befriedigung er daraus zieht. Dann nehmen Sie den Zettel und machen bei allen Punkten einen Haken, die auch für Sie selber zutreffen. Und wenn sie das geklärt haben, machen Sie am besten noch einen Zettel, der den Alltag betrifft: Wer bleibt zu Hause, wenn das Kind krank ist? Wer paukt Mathe? Wer geht zum Kinderarzt? Wer macht die Wäsche? Wer kocht? Hildebrandt-Woeckel berichtet: »Das mag banal klingen, ist jedoch offenbar bitter nötig. Solange Frauen immer noch gute Miene zum bösen Spiel machen und ihren Männern den Rücken frei halten, schaden sie nicht nur der eigenen beruflichen Entwicklung. Sie festigen auch die traditionellen Weltbilder und fallen denjenigen Frauen in den Rücken, die selbst gerne die Karriereleiter erklimmen möchten.«

Und falls Sie Ihre Interessen nicht um Ihrer selbst willen oder für Ihre Schwester durchsetzen wollen: Tun Sie es Ihrer Tochter zuliebe. Denn sonst wird die nächste deutsche Generation erneut keine weiblichen Vorbilder vorfinden, aber dafür die alten Rollenmuster. Und der Kampf wird wieder von vorne anfangen, wie seinerzeit für die Mama und Oma.

Anmerkungen

Vorwort – Veränderung nur in homöopathischen Dosen

1. *Die Zeit*: »Ein Buch der Gattung Wutschrei«, 3.2.2011

Vorwort – Ein Buch über Erfüllung und Glück

1. Mihaly Csikszentmihalyi: *Flow – Das Geheimnis des Glücks*, Klett-Cotta 1990 und derselbe: *Lebe gut!* Klett-Cotta 1992

1. Die Nadel im Heuhaufen oder Warum Frauen so unsichtbar sind

1. Simone de Beauvoir: *Das andere Geschlecht*, Rowohlt 1969
2. Martin Symonds: *American Journal of Psychoanalysis*, 1976
3. Colette Dowling: *Der Cinderella-Komplex oder die heimliche Angst der Frauen vor der Unabhängigkeit*, Fischer 1984
4. Shere Hite: *Sex & Business – Männer und Frauen bei der Arbeit*, Financial Times Prentice Hall 2000
5. *Wirtschaftswoche* vom 4.4.2011
6. Statistisches Bundesamt, jüngste Zahlen für 2009
7. Klaus Schweinsberg und Heiner Thorborg: *Frauen in der Geschäftsführung von Familienunternehmen*, Intes 2010
8. *Spiegel* 7/2011
9. Sonja Bischoff: *Männer und Frauen in Führungspositionen der Wirtschaft in Deutschland*, Wirtschaftsverlag Bachem 1999 und *Wer führt in (die) Zukunft?*, Deutsche Gesellschaft für Personalführung, Schriftenreihe Band 77, 2005
10. Catalyst: *Women on Boards*, New York City, Dezember 2010
11. *Der Spiegel* 26/2008
12. Barbara Bierach und Heiner Thorborg: *Oben ohne*, Econ Verlag 2006
13. Executive Letter des BDI, Ausgabe 1, 2011
14. Bundesministerium für Familie, Senioren, Frauen und Jugend: *Gleichstellung von Männern und Frauen in der Bundesverwaltung* 2010
15. *Handelsblatt* vom 18.6.2010
16. *Spiegel* 5/2011
17. Patricia Aburdene und John Naisbitt: *Megatrends: Frauen*, Econ Verlag 1993
18. *Wirtschaftswoche Online* vom 22.4.2009
19. Sonja Bischoff: *Wer führt in (die) Zukunft? Männer und Frauen in Führungspositionen der Wirtschaft in Deutschland*, Deutsche Gesellschaft für Personalführung 2005
20. *Spiegel* 24/2007

Das dämliche Geschlecht Barbara Bierach

ISBN 978-3-527-50601-9

2. Den Kopf nur für den Friseur? Frauen wollen, lesen und lernen das Falsche

1. *Spiegel* 5/2011
2. Wirtschaftswoche vom 4.4.2011
3. Bascha Mika: *Die Feigheit der Frauen*, C. Bertelsmann Verlag, Februar 2011
4. Statistisches Bundesamt: Berufe von Männern und Frauen – Weiter in getrennten Welten 2010
5. http://magazin.elitepartner.de/der-ideale-partner.html
6. Wirtschaftswoche 48/2000
7. Stanford Gifted Child Study, beschrieben z. B. in Eleanor Maccoby: *The Development of Sex Differences*, Stanford Press 1969
8. *Spiegel* 4/2011
9. *Spiegel* 8/2011
10. *FAZ* vom 19.4.1999
11. Brigitte Kommunikationsanalyse 2010, siehe beispielsweise http://www.brigitte-ka.de/de/ka/ka2010/pdf/–pdf/KA–2010–Kapitel–8.pdf
12. *Wiwo.de* vom 24.4.2009
13. Manager-magazin.de vom 16.6.2009
14. Alexander Fortunato und Kertin Eggert: *Die freien Berufe in Deutschland im Zahlenbild 2009*, ifb Nürnberg 2009
15. *FAZ* vom 13.2.2011
16. Barbara Bierach: »Mann oben, Frau unten. Weibliche Wege in der Werbung«. *Adc Sushi* 10, 2007
17. Zitiert nach prpraxis.de: http://www.prpraxis.de/news-archiv/sind-public-relations-wirklich-eine-traumbranche-fuer-frauen-wann-faehigkeiten-zum-stolperstein-werden-814.html

3. Macht ist eklig oder Die Angst der Frauen vor der Verantwortung

1. *Der Spiegel* 25/1999
2. Beth Milwid: *Allein unter Männern*, Econ Verlag 1993
3. Max Weber: *Soziologische Grundbegriffe*, Tübingen 1996
4. Daniel Goleman: *EQ 2. Der Erfolgsquotient*, Carl Hanser Verlag 1999
5. Ute Ehrhardt: *Die Klügere gibt nicht mehr nach*, Krüger Verlag 2000
6. Shere Hite: *Sex & Business – Männer und Frauen bei der Arbeit*, Financial Times Prentice Hall 2000
7. Janet Shibley/Hyde Rosenberg: *Half the Human Experience: The Psychology of Women*, Lexington 1976
8. *Welt am Sonntag*, 23.8.2009
9. Rotraut Perner: *Lust Macht Mut*, Ueberreuter 2000
10. *Der Spiegel* 52/1998
11. Barbara Bierach und Heiner Thorborg: *Oben ohne*, Econ 2006.
12. Francis Fukuyama: *Das Ende der Geschichte: wo stehen wir?*, Kindler 1992
13. Barbara Ehrenreich: »Fukuyama's Follies – So what if Women ruled the World?«, in: *Foreign Affairs* Jan/Feb 1999
14. Martina Schäfer: *Die Wolfsfrau im Schafspelz*. Sphix Verlag 2001
15. *FAZ* vom 31.1.2011
16. Rüdiger Safranski: *Nietzsche*, Carl Hanser Verlag 2000
17. Harriet Rubin: *Machiavelli für Frauen. Strategie und Taktik im Geschlechterkampf*, Wolfgang Krüger Verlag 1998
18. Reinhard Kreissl: *Die ewige Zweite*, Droemer Verlag 2000

Exkurs 1: Geschichte

1. Gabriele Hoffmann: *Frauen machen Geschichte,* Bastei Lübbe 1995
2. Martin Stankowski: *Köln – Der andere Stadtführer,* Kiepenheuer & Witsch, Köln 1997
3. Gabriele Hoffmann: *Frauen machen Geschichte,* Bastei Lübbe 1995
4. Vincent Cronin: *Katharina die Große,* Piper Verlag 1996
5. Carola Stern, in: Hans Jürgen Schulz: *Frauen – Portraits aus zwei Jahrhunderten,* Kreuz Verlag 1981
6. Gabriele Hoffmann: *Frauen machen Geschichte,* Bastei Lübbe 1995
7. Dorothee Sölle/Annette Kopetzki »Rahel Varnhagen«, in: Hans Jürgen Schultz: *Frauen – Portraits aus zwei Jahrhunderten,* Kreuz Verlag, 1981

4. Frauen leben länger – aber wovon? Die liebe Not mit dem Geld

1. Cornelia Heins: *Männer spekulieren – Frauen investieren,* Heyne Verlag 2001
2. *Taz* vom 23.4.2008
3. *Spiegel* 5/2009
4. *FTD* 19.4.2009
5. *Manager-magazin.de* vom 31.12.2007
6. *Taz* vom 23.4.2008
7. *Spiegel* 41/2010
8. *Chrismon* 01/2010
9. http://www.finews.ch/news/banken/3866-lmehr-frauen-koennten-die-loesung-seinr

5. Mein Gefühl sagt, dass das irgendwie richtig ist! Weibliches Verhalten im Privatleben

1. *Spiegel.de* am 17.2.2011
2. Ute Ehrhardt: *Die Klügere gibt nicht mehr nach,* Wolfgang Krüger Verlag, 2000
3. *Spiegel* 45/2010
4. *Die Welt* vom 20.3.2011
5. *Die Welt* vom 20.3.1999
6. *Elle* 11/2001
7. *Spiegel* 50/2010
8. www.myhappylife.de/
9. http://warcraft.ingame.de/forum/showthread.php?p=3768531
10. *Geo Wissen* Nr. 26, »Frau und Mann« 2001
11. *Financial Times,* 25.6.2006
12. Esther Vilar: *Der dressierte Mann,* dtv 1987
13. *Die Welt,* 13.4.2007
14. http://www.handelsblatt.com/politik/oekonomie/wissenswert/weniger-depressionen-laengeres-leben-wie-uns-die-ehe-gut-tut/4108098.html
15. *Spiegel* 45/2010
16. *Spiegel* 46/2010
17. *Der Spiegel* 47/1999
18. Katharina Rutschky: *Emma und ihre Schwestern,* Carl Hanser Verlag 1999
19. *Die Welt* vom 15. 8. 2001
20. *Financial Times* vom 10.9.2007

Exkurs 2: Biologie

1. *Der Spiegel* 34/2001
2. *Der Stern* 38/2001
3. *Der Spiegel* 41/2001
4. *Der Stern* 38/2001

6. Wo bitte bleibt der Frauenbonus? Weibliches Verhalten im Job

1. *Die Welt* vom 29.3.2011
2. *Der Spiegel* 52/1998
3. *Neue Zürcher Zeitung* vom 16.8.2000
4. *Cooking, caring and volunteering: Unpaid work around the world,* OECD März 2011
5. Ärztekammer Berlin, 8.3.2010
6. *Die Welt am Sonntag,* 23.8.2009

7. slate.com: *Desperate Feminist Wives*, 6.3.2006
8. Barbara Bierach und Heiner Thorborg: *Oben ohne*. Econ 2006
9. Harriet Rubin: *Machiavelli für Frauen. Strategie und Taktik im Geschlechterkampf*, Wolfgang Krüger Verlag 1998
10. *Vogue Business* Herbst/Winter 2001
11. *Welt online* vom 2.5.2006
12. *Der Spiegel* 52/1998
13. Anja Busse: *Zicken unter sich*, Orell Fuessli 2004, Nan Mooney: *I can't believe she did that*, St. Martin's Press 2005
14. *Wams* vom 23.10.2005

Exkurs 3: Shere Hite über »Sex & Business«

1. *Der Spiegel* 50/2001
2. Shere Hite *Sex & Business – Mämmer und Frauen bei der Arbeit*, Financial Times Prentice Hall 2000

8. Die Mutterkreuzphilosophie oder Ein Kind braucht seine Mutter!

1. *Geo Spezial* Nr. 26, »Frau & Mann« 2001
2. Statistisches Bundesamt: *Alles beim Alten – Mütter erstellen Erwerbstätigkeit hinten*, 4. März 2010
3. *Spiegel* 17/2006
4. OECD: *Cooking, Caring and Volonteering: unpaid work around the world*, April 2011
5. Barbara Vinken: *Die deutsche Mutter*, Pieper 2002
6. Jutta Hoffritz: *Aufstand der Rabenmütter*, Knaur 2008
7. *Süddeutsche Zeitung* vom 25.10.2007
8. Esther Vilar: *Das Ende der Dressur. Modell für eine neue Männlichkeit*, Deutscher Taschenbuchverlag 1987
9. *Spiegel* 17/2006
10. Christine M. Todd: *The NICHD Child Care Study Results: What do they mean for parents, child-care professionals, employers and decision-makers?* National Network for Child Care, May 2001
11. »Irrtum! Die Lüge von der Supermama und 11 andere Irrtümer rund um die Familie«, sowie »Kinderbetreuung tut Not!«, *Brigitte.de*, 1.Februar 2006
12. *Spiegel* 20/2008
13. *Spiegel* 09/2008

9. Der Schwachsinn mit der Quote oder Frauen und Politik

1. *Wirtschaftswoche* 30/2001
2. *Wirtschaftswoche online* vom 31.1.2011
3. *Handelsblatt vom 7.2.2011*
4. »Führungsspitzen«, in: *Wirtschaftswoche online* vom 12.10. 2010
5. *Spiegel* 7/2011
6. *Spiegel online* vom 1.2.2011
7. *Wirtschaftswoche* vom 31.1.11
8. *Spiegel* 13/2011
9. http://www.heinerthorborg.com/generation–ceo/Generation–CEO--Kronberger–Erklaerung–2010.pdf
10. *Wirtschaftswoche* vom 4.4.2011
11. »Führungsspitzen«, *Wirtschaftswoche online* vom 5.4.2011
12. *Spiegel* 5/2008
13. *Spiegel* 13/2011
14. *Spiegel* 8/2011
15. Reinhard Kreissl: *Die ewige Zweite*, Droemer Verlag 2000
16. »One woman's advice to another«, in: knowledge@wharton am 30.3.2011
17. *Die Zeit* vom 13.7.2006

10. Das wirklich schwache Geschlecht: Männer.

1. *The Wall Street Journal* vom 7.3.2001
2. *Spiegel online* vom 21.2.2010
3. *Der Spiegel* 36/2001
4. Walter Hollstein: *Was vom Manne übrigblieb,* Aufbau Verlag 2008
5. *Spiegel* 6/2008
6. *Die Zeit* 25/2006
7. *The Economist* vom 10.7.1999
8. Warren Farrell: *Mythos Männermacht,* Verlag Zweitausendeins 1995

11. Bossa nova? Wenn Frauen managen, sind sie oft richtig gut.

1. *Die Welt* 11.11. 2010
2. http://knowledge.insead.edu/INSEAD-knowledge-gender-negotiations-110324.cfm
3. http://www.mckinsey.de/html/presse/2010/20101008–studentenspiegel.asp
4. McKinsey: *Women matter 3,* September 2009
5. Deutsche Bank: *Auf dem Weg zum »gender-balanced leadership,* Februar 2011
6. Robert Kabacoff: *Gender and Leadership in the Corporate Boardroom,* Management Research Group, Portland, Maine, 2000
7. *Handelsblatt* vom 3.11.2009

12. Wer, wenn nicht wir? Plädoyer für die Selbstverantwortung

1. Shere Hite: *Sex & Business – Männer und Frauen bei der Arbeit,* Financial Times Prentice Hall 2000
2. Forbes: *Power Women 2010* 10. Juni 2010

Literatur

Ausgewählte Bücher

Aburdene, Patricia/John Naisbit: *Megatrends: Frauen*, Econ Verlag, Düsseldorf, 1993

Anker, Richard *Gender and Jobs – Sex segregation of occupations in the World*, International Labor Office, Genf, 1998

Asgodom, Sabine/Hermann Scherer *Jetzt komm ich! – Wie Frauen durch Marketing in eigener Sache nach oben kommen*, mvg-Verlag, Landsberg/Lech, 2001

Baron, Stefan/Leendertse, Julia *Keative Zerstörer – 100 deutsche Gründergeschichten*, Verlagsgruppe Handelsblatt, Düsseldorf, 2001

Bischoff, Sonja *Männer und Frauen in Führungspositionen der Wirtschaft in Deutschland – Neuer Blick auf alten Streit*, Wirtschaftsverlag Bachem, Köln, 1999

The Catalyst Guide *Advancing Women in Business – Best Practices from Corporate Leaders*, Jossey-Bass Publishers, 1998

Cronin, Vincent *Katharina die Große*, Piper Verlag, München, 1996

Csikszentmihalyi, Mihaly *Flow – Das Geheimnis des Glücks*, Klett-Cotta, Stuttgart, 1999

Csikszentmihalyi, Mihaly *Lebe gut! Wie Sie das Beste aus Ihrem Leben machen*, Klett-Cotta, Stuttgart, 1999

Dirie, Waris *Wüstenblume*, Schneekluth, München, 1998

Döbler, Thomas *Frauen als Unternehmerinnen – Erfolgspotenziale weiblicher Selbständiger*, Deutscher Universitäts Verlag, 1998

Dörpinghaus, Eva *Was Frauen über Geld wissen sollten*, Goldmann Verlag, München, 1996

Dowling, Colette *Der Cinderella-Komplex – Die heimliche Angst der Frauen vor der Unabhängigkeit*, Fischer Taschenbuch Verlag, Frankfurt, 1984

Dowling, Colette *Sterntaler – Wie Frauen mit Geld umgehen*, S. Fischer Verlag, Frankfurt, 1998

Ehrhardt, Ute *Die Klügere gibt nicht mehr nach – Frauen sind einfach besser*, Krüger Verlag, Frankfurt, 2000

Farrell, Warren *Mythos Männermacht*, Zweitausendeins, Frankfurt, 1995

Goleman, Daniel *EQ 2. Der Erfolgsquotient*, Carl Hanser Verlag 1999

Hein, Carola *Männer spekulieren, Frauen investieren*, Wilhelm Heyne Verlag, 2001

Hertzer, Karin/Christine Wolfrum *Lexikon der Irrtümer über Männer und Frauen*, Eichborn Verlag, Frankfurt, 2001

Hildebrandt-Woeckel, Sabine *Karrierefalle Erziehungsurlaub*, Rowohlt Taschenbuch Verlag, Reinbek, 1999

Hite, Shere *Sex & Business – Männer und Frauen bei der Arbeit*, Financial Times Prentice Hall, München, 2000

Hoffmann, Gabriele *Frauen machen Geschichte*, Gustav Lübbe Verlag, Bergisch-Gladbach, 1991

Das dämliche Geschlecht Barbara Bierach

ISBN 978-3-527-50601-9

Huber, Angelika *Existenzgründung für Frauen*, mvg-Verlag, Landsberg/Lech, 1999

Kreissl, Reinhard *Die ewige Zweite – Warum die Macht den Frauen immer eine Nasenlänge voraus ist*, Droemer Verlag, München, 2000

Kuschel, Svea *Geld steht jeder Frau*, Heinrich Hugendubel Verlag, München, 2001

Milwid, Beth *Allein unter Männern – Beruflich engagierte Frauen sprechen über Macht, Sexualität und Moral*, Econ Verlag, Düsseldorf 1993

Perner, Rotraud *Lust Macht Mut – Ein Strategiehandbuch für Frauen*, Verlag Carl Ueberreuter, Wien, 2000

Rubin, Harriert *Machiavelli für Frauen. Strategie und Taktik im Geschlechterkampf*, Wolfgang Krüger Verlag 1998

Schäfer, Bodo und Carola Ferstl *Geld tut Frauen richtig gut*, mvg-Verlag, Landsberg/Lech 1999

Schultz, Hans Jürgen (Hg.) *Frauen – Portraits aus zwei Jahrhunderten*, Kreuz Verlag, Stuttgart 1981

Sick, Helma *Wie frau sich bettet – Wege zu Wohlstand im Alter*, Piper Verlag, München, 1999

Stanny, Barbara *Märchenprinzen warten nicht. Sieben Schritte zur finanziellen Unabhängigkeit*, Conzett Verlag, Zürich, 1999.

Vilar, Esther *Der dressierte Mann, Das polygame Geschlecht, Das Ende der Dressur, (Neuausgabe in einem Band)* Deutscher Taschenbuch Verlag, München, 1987

Vinken, Barbara *Die deutsche Mutter. Der lange Schatten eines Mythos*, Piper Verlag, München, 2001

Ausgewählte Artikel

Assig Dorothea und Beck Andrea: »Was hat sie, das er nicht hat«, in: *Aus Politik und Zeitgeschichte* vom 22.5.1998

Barth, Ariane et al: *»Der öffentliche Sex« (Serie)*, Der Spiegel 50, 51, 52 1998

Beyer, Susanne und Marianne Wellershoff *»Comeback der Mutter«*, Der Spiegel 29/2001

Bierach, Barbara *»Hälfte des Himmels«*, Wirtschaftswoche 48/2000

Bierach, Barbara *»Cherches la Femme«*, Wirtschaftswoche 4/2001

Böhmer Reinhold *»Luxus Kind«*, Wirtschaftswoche 31/1998

Economist »For Better or Worse – A Survey of Women and Work«, *The Economist* 18.7.1998

Ehrenreich, Barbara «Fukuyama's Follies«, *Foreign Affairs* Jan/Feb 1999

Gronwald, Silke *«Stunde der Frauen«*, Manager Magazin 5/2000

Guyon, Janet *«The Power of Fifty«, Fortune* 15.10.2001

Jester, Tom *»Gefallene Helden«, Geo Wissen* Nr. 26 »Frau & Mann« 2001

Kucklick, Christoph *»Neuer Mann – was nun?«, Geo Wissen* Nr. 26 »Frau & Mann« 2001

Künast, Renate *»Mit der Quote am Ende«*, Der Spiegel 52/1998

Macha, Hildegard *»Frauen und Macht – die andere Stimme in der Wissenschaft«, in: Aus Politik und Zeitgeschichte* vom 22.5.1998

Morris, Betsy *»It's her job too«, Fortune* vom 2.2.1998

Piel, Edgar *»Sture Böcke, eitle Zicken«, Geo Wissen* Nr. 26 »Frau & Mann« 2001

Röhl, Wolfgang *»Ein Zwist, der nie zu Ende geht«*, Der Stern 38/2001

Sharpe, Rochelle *»As Leaders, Women rule«, Business Week* vom 27.11.2000

Supp, Barbara und Kneip, *Ansbert et al »Bilanz im Geschlechterkampf« (Serie)*, Der Spiegel 9 und 10 1998

Supp, Barbara *»Die Emanzipation der Frau«*, Der Spiegel 9/1999

Supp, Barbara und Susanne Weingarten et al *»Die heimliche Revolution«*, Der Spiegel 25/1999

Tannen, Deborah *»The Power of Talk«*, Harvard Business Review Sep/Oct 1995

Traufetter, Gerald et al *»Medizin für Männer – Power ohne Ende«*, Der Spiegel 36/2001

Weber, Andreas *«Die kleinen Verführer«*, *Geo Wissen* Nr. 26 »Frau & Mann« 2001

Weingarten, Susanne und Marianne Wellerhoff *»Fordert, was ihr kriegen könnt«*, Der Spiegel 47/1999

Daneben Hunderte von kürzeren Artikeln und Kommentaren aus Elle, *Business Vogue, Financial Times Deutschland, Glamour, Frankfurter Allgemeine Zeitung, Frankfurter Rundschau, Handelsblatt, Kölner Stadtanzeiger, Lebensmittelzeitung, Manager Magazin, Neue Zürcher Zeitung, Süddeutsche Zeitung, Time, The Wall Street Journal, Die Welt, Die Welt am Sonntag, Wirtschaftswoche, Die Woche, Der Spiegel, Der Stern, taz, Die Zeit.*

Register

Das dämliche Geschlecht Barbara Bierach

ISBN 978-3-527-50601-9

y

z

Gehen Sie auf unternehmerische Entdeckungsreise!

PETER F. DRUCKER

Die fünf entscheidenden Fragen des Managements

2009. 189 Seiten. Gebunden.
ISBN: 978-3-527-50451-0
€ 14,95

Mit fünf einfachen und doch komplexen Fragen schaffen es Peter Drucker und seine Mitautoren auf die essenziellen Bestandteile und Verbesserungsmöglichkeiten des Managements von Unternehmen aufmerksam zu machen. Sie sind ein Instrument zur Selbsteinschätzung für Manager und Organisationen, ein Bekenntnis zur Zukunft, ein Versprechen für den Kunden, eine Begeisterung für die Mission des Unternehmens und der volle Abeitseinsatz, die Organisationen und Führungspersönlichkeiten Energie und Mut zum Wachsen verleihen. Damit wird sich die Arbeitsweise in Unternehmen von Grund auf verändern. Wenn sich Manager trauen diese Fragen zu stellen, werden sie Antworten bekommen, die Ihnen zeigen, warum sie tun was sie tun und wie sie es in Zukunft noch besser machen können. Das macht „Die fünf entscheidenden Fragen des Managements" zu einem unschätzbaren und cleveren Begleiter für die Hemdtasche des Managers.

Wiley-VCH
Postfach 10 11 61 • D-69451 Weinheim
Fax: +49 (0)6201 606 184
e-Mail: service@wiley-vch.de • www.wiley-vch.de

WILEY-VCH

608301009_kn_PT